# 보편 철학으로서의 유학

# 보 편
# 철학으로서의
# 유     학

**유학은 무엇을 말하려고 했는가**

지은이 / 나성
펴낸이 / 강동권
펴낸곳 / (주)이학사

1판 1쇄 발행 / 2016년 11월 30일
1판 2쇄 발행 / 2017년 8월 10일

등록 / 1996년 2월 2일 (등록번호 제 03-948호)
주소 / 서울시 종로구 윤보선길 65(안국동 17-1) 우 03061
전화 / 02-720-4572 · 팩스 / 02-720-4573
홈페이지 / ehaksa.kr
이메일 / ehaksa1996@gmail.com
페이스북 / facebook.com/ehaksa · 트위터 / twitter.com/ehaksa

ⓒ 나성, 2016, Printed in Seoul, Korea.
ISBN 978-89-6147-289-0 93150

이 책의 저작권은 저자가 가지고 있습니다.
저작권법에 의해 보호를 받는 저작물이므로 이 책 내용의 일부 또는 전부를 재사용하려면
저작권자와 (주)이학사 양측의 동의를 얻어야 합니다.

* 책값은 뒤표지에 표시되어 있습니다.

이 도서의 국립중앙도서관 출판시도서목록(CIP)은 e-CIP 홈페이지(http://www.nl.go.kr/ecip)와 국가자료공동목록시스템(http://www.nl.go.kr/kolisnet)에서 이용하실 수 있습니다. (CIP제어번호: CIP2016027130)

# 보편 철학으로서의 유학

유학은
무엇을
말하려고
했는가

나성 지음

이학사

이 책을 삼가 고 덕산(德山) 이한빈(李漢彬, 1926-2004)
총장님의 영전에 바칩니다.

## 책머리에

『어쩌다 사회학자가 되어(Intellectual Adventure of an Accidental Sociologist)』라는 책이 있다. 미국 보스톤(Boston)대학 사회학과 명예교수인 저명한 사회학자 피터 버거(Peter Berger, 1929-)의 자서전이다. 재미있게 읽었다. 내용도 유익했지만, 무엇보다 신학을 공부하려다가 어쩌다 사회학자가 된 그의 처지에 공감이 갔기 때문이다.

나도 신학을 하려다가 어쩌다 동양철학자가 되었다. 석사과정에서 나는 또 한 번 어쩌다 다산 정약용(丁若鏞, 1762-1836)을 논문 주제로 삼게 되었다. 기초도 안 돼 있는 나에게 은사가 주제를 부여했기 때문이다. 그러나 이번의 "어쩌다"는 나에게 학문의 흥미와 아울러 필생의 학문적 과제를 발견하는 계기를 마련해주었다.

다산이 청나라 철학자 대진(戴震)의 영향을 받았다는 어느 중국학자의 논문을 읽고, 나는 타이완대학으로 가서 대진을 주제로 다시 석사 논문을 썼다. 연구 결과, 다산과 대진은 모두 맹자에 대한 저작이 있었다는 점 외에는 아무런 관련이 없었다. 다만 흥미로운 점은 두 사람이 주자를 바라보는 시각과 이해가 달랐다는 점이다. 논문을 준비하며 틈틈이 읽은 『주자어류』에서도 나는 우연히 주자의 진술이 다른 부분들을 발견했다. 왜 주자에 대한 학자들의 이해가 다르고, 주자의 진술 자체에도 불일치가 있을까? 결국 나는 이 문제를 연구하기 위해 당시에는 미수교 국가였던 중국의 자료와 북한의 자료를 자유로이 접할 수 있는 미국의 하버드대학으로 유학을 갔고, 하버드대학에서의 수학은 나의 학문 생애에 크나큰 행운이자 축복이었다.

하버드대학에서의 나의 연구의 우선적 목표는 이러한 차이와 불일치를 설명하는 방법론의 개발이었다. 이 책은 나의 초기 학문적 관심사에서 싹튼 후속 과제와 방법론의 연구에 관한 총결산이다. 이 책에서 나는 남의 이론이나 주장이 아니라 나 자신의 이야기만 한다. 따라서 나의 이야기가 없는 부분은 과감히 생략했다. 맹자가 그 경우에 해당한다. 사실 맹자에 대한 연구는 많다. 특히 모우쭝산(牟宗三)이 맹자를 심학의 핵심으로 삼은 뒤 맹자는 중화주의의 본령이 되었다. 내가 맹자를 배제한 데에는 아마도 이런 이데올로기적 성격에 대한 심리적 거부감도 작용했을 것이다. 하지만 차후 재판을 발행할 기회가 있다면 그때는 맹자를 본격적으로 다룰 것이다.

이 책이 세상에 나오기까지 나는 많은 분에게 정신적, 물질적 빚을 졌다. 편폭의 제한 때문에 일일이 거명할 수는 없지만, 다음의 세 분에 대한 은연(恩緣)은 반드시 밝혀야겠다.

고 벤자민 슈워츠(Benjamin Schwartz) 교수는 나의 지도 교수였다.

그는 나에게 학문의 깊이와 넓이를 보여주었으며, 나의 학문의 지평을 넓혀주었다. 10개 언어를 구사하며 동서양의 사상과 종교에 정통한, 게다가 열린 마음을 가진 그 앞에서 잘못 사용하는 개념과 편견은 여지없이 무너지기 십상이었다. 그와의 면담 전에 나는 항상 전전긍긍해야 했다. 내가 개념에 대한 정의에 엄격하게 된 것은 전적으로 그의 영향이다. 하지만 나는 귀염 받는 제자는 아니었다. 주자에 대한 의견이 그와 달랐고 고집을 굽히지 않았기 때문이다. 그는 나의 문제의식을 이해하지 못했고, 나는 그의 관심이 국부적(局部的)이라고 생각했다. 하지만 복잡다단한 주자의 사로(思路)에 막혀 길을 잃고 헤맬 때 그의 통찰력은 항상 나에게 구원의 빛이 되었다. 대표적인 경우가 "무극이태극(無極而太極)"에 대한 그의 "ineffable, but still effable[말로 표현할 수 없지만 말로 표현할 수밖에 없는]"이라는 해석이었다. 이 계시가 없었다면 나는 주자에게 존재하는 긴장을 영원히 이해할 수 없었을 것이다. 나는 그의 넓은 도량에 항상 감사한다.

작가 황석영 선생을 만난 것은 1992년 가을, 귀국 직전이었다. 뉴욕에서 망명 아닌 망명 생활을 하던 선생이 강연차 케임브리지에 올라왔다. 강연 후 뒤풀이 자리에서 서로 이야기를 나눌 기회를 얻었다. 그때 선생이 내게 해준 충고가 "귀국 후 3년간 아무 말 하지 말고 남의 이야기만 들으라"는 것이었다. 그 이유를 물었더니, 감금의 격리 생활에서 풀려나면 1년에 3개월의 적응 기간이 필요한데, 12년의 해외 생활을 했다면 36개월, 즉 3년의 적응 기간이 필요할 것이라는 논리였다. 선생의 충고는 서두르지 말고 현실부터 먼저 이해하라는 논리였다. 선생의 이 소중한 충고는 발표 조급증, 성과 조급증이라는 심적 부담을 극복하고 장기적인 학문적 계획을 수립하는 데에 큰 도움이 되었다. 그 대신 나는 외국 연구서들의 번역에 매진할 수 있었다. 3년이 22년으로 연장되는 동안 나는 관련 분야의 새로운 연구 업적들을 접할 수 있었고 아울러 책 내용을 머릿속으로 쓰고 지우기를 무수히 반복했다. 그리고 오늘 이 책을 세상에 내어놓게 되었다.

고 덕산(德山) 이한빈 총장님과의 만남은 나의 인생에서 획기적인 사건이라 할 수 있다. 덕산을 통해 나는 인생의 진로를 바꿀 수 있었기 때문이다. 덕산의 미래학의 중심에는 『신약』「히브리서」 13장 1절, "믿음은 바라는 것들의 실상이요 보지 못하는 것들의 증거니"가 자리 잡고 있다. 덕산은 이 믿음을 "미래완료의 시관(時觀)"이라고 바꿔 표현했다. 1974년 1월 1일 신정 세배 자리에서 덕담을 하던 중 덕산은 "과거의 한국 사회가 김구, 이승만 등 정치적 영웅들의 시대였고, 현재가 한경직, 김수환, 강원룡 등 종교적 영웅들의 시대라면, 21세기의 한국 사회는 문화적 영웅들의 시대가 될 것이다"라고 말했다. 이때는 서태지가 한 살 때였고 소녀시대는 그 부모들이 아직 중·고등학교에 재학할 당시였다. 신학을 해야 할지 말아야 할지의 갈등은 나의 10대 말과 20대 초반을 지배한 고민거리였다. 선뜻 결단을 못 내리고 갈팡질팡할 때, 덕산의 이 말은 계시의 섬광처럼 내 뇌리에 꽂혔다. 내가 고민하는 종교의 문제는 결국 이 시대, 즉 70년대의 정치적 질곡이 빚은 문제라는 데에 생각이 미쳤고, 나는 과감히 종교인의 길을 떠나 학자의 길을 선택할 수 있었다. "30년 앞을 내다보며 살라"던 덕산의 가르침은 나를 미래지향적 인간으로 만들었다. 덕산의 가르침이 없었다면 결단코 오늘의 나는 없었을 것이며 따라서 나는 감사의 마음으로 그의 영전에 이 작은 책을 바친다.

마지막으로 출판계의 사정이 녹록지 않음에도 선뜻 이 책의 출판을 맡아준 이학사의 강동권 사장님과 꼼꼼한 교정으로 이 책을 깔끔하게 다듬어주신 편집부의 임양희 선생님께 감사의 마음을 전한다.

병신 중하(丙申 仲夏)
관이재(觀梨齋)에서

나성

차례

책머리에 7

## 제1장 중국학의 변증법 15

    1절 오리엔탈리즘 15
    2절 수정 오리엔탈리즘 23
    3절 자발적 오리엔탈리즘 29
    4절 보편주의 32
    5절 의미의 맥락화 37

## 제2장 공자의 형이내학 49

    1절 무엇이 문제인가? 49
    2절 일원론의 세계관 56
    3절 예 63
    4절 정명 77

제3장 북송의 도덕 존재론 논쟁 90

    1절 장재의 기(氣)이원론 90

    2절 정이의 이기이원론 121

    3절 정호의 심(기)일원론 146

제4장 주희의 종합과 완성 172

    1절 종합 172

    2절 완성 224

    3절 양면성, 모순, 혼란 그리고 오해 232

제5장 맺는 글: 이데올로기를 넘어서 241

    참고 문헌 245
    찾아보기 249

# 제1장 중국학의 변증법

## 1절 오리엔탈리즘

한동안 식자층에서 회자되었던 "오리엔탈리즘"이라는 술어는 에드워드 사이드(Edward Said, 1935-2003)가 지은 동명의 저서에서 유래했다. 이 책에서 사이드는 오리엔탈리즘을 다의적 개념으로 사용하고 있다. 첫 번째 의미는 "동양학" 또는 "동양에 대한 연구"쯤으로 번역될 수 있는 학문 일반을 말한다. 두 번째는 서양과의 대비에서 본 동양의 독특한 존재론 또는 인식론의 사고 스타일을 의미한다. 세 번째는 이 술어가 진정으로 표출하고자 하는 것으로, 지나간 세기들에서 특별히 구체화된, 동양에 대해 서양이 갖고 있던 태도, 즉 동양을 서양의 눈으로 이해하고 재단하여 서양의 가치관에 종속시키려는 서구의 고압적인 사고방식을 의미한다.

서양의 중국에 대한 학문적 입장도 이 세 번째 의미의 오리엔탈리즘을 벗어나지 못했다. 막스 베버(Max Weber, 1864-1920)는 이러한 오리엔탈리즘의 선봉에 서서 중국 연구에 대한 현대적 방법론의 효시가 되는 영예를 차지한다. 베버가 사용한 고유의 방법론은 이념형(Ideal Type)이다. 이념형은 어떤 현상의 가장 보편적인 부분을 추출하여 모델화한 것으로서, 이 추상적 모델을 비교의 기준으로 사용할 때 실제 세계의 측면들을 더욱 분명하고 체계적으로 볼 수 있도록 한다. 1904-1905년에 걸쳐 출판된 그의 저서 『프로테스탄트 윤리와 자본주의 정신(Protestant Ethic and the Spirit of Capitalism)』에서 표출된 "프로테스탄트 윤리"가 바로 이념형의 구체적 실례이다.

베버는 가톨릭 사회와 청교도 집단의 비교 관찰을 통해 종교적 태도와 경제적인 여유 사이에 상관관계가 있음을 발견했다. 내재적 신성을 추구하는 가톨릭 사회는 경제적으로 빈곤한 데 반해, 초월적 신성을 추구하는 청교도는 경제적으로 윤택한 생활을 영위한다는 사실의 근거에 루터(Martin Luther, 1483-1546)가 주장하는 소명(召命, calling)과 칼뱅(Jean Calvin, 1509-1564)의 예정론이 자리 잡고 있다고 그는 생각한다. 이것이 바로 그가 말하는 개신교 윤리이다. 예정론이란 초월자의 절대주권을 강조하여 현재의 상태가 그의 명령의 결과라고 가정하는 생각이다. 한편 소명이란 자신의 일을 "초월자의 부르심"으로 간주하는 것으로서, 개인에게 부과된 이 의무의 성취가 물질적, 영적 보상으로 이어진다고 생각한다. 이러한 이념형을 다시 분석하면, 우리는 그것의 심층에서 일련의 긴장이 작동함을 발견하게 된다. 먼저 개신교도의 내면에 자리 잡은 선악 간의 도덕 투쟁이라는 긴장이 있고, 다음으로 그 긴장이 초월자의 부르심을 계기로 외부로 동력화하면서 부르심의 일터인 세상과의 관계에서 또다시 긴장이 발생하는 것이다. 결국 베버가 상정하는 개신교 윤리의 요체는 긴장이며, 초월자의 부르심에 의해 추동되는 이 긴장의 결과 자본의 축적과 자본주의가 가능했다는 것이다.

베버는 『중국의 종교: 유교와 도교(Religion of China: Confucianism and Taoism)』[1]에서 이러한 가설을 중국의 종교에 적용하여 그 타당성의 입증을 시도한다. 베버는 유교와 청교도 정신(puritanism)을 비교하여 그 유사성과 차이점을 제시한다. 양자는 모두 자기통제와 절제를 중시하며 부의 축적을 반대하지 않는데, 이러한 성질들은 모두 각자의 최종 목표를 위한 수단이 된다는 공통점이 있음을 지적한다. 그러나 바로 여기에서 극복할 수 없는 차이가 발생한다고 베버는 생각한다. 청교도의 목표가 "신의 도구(tool)"가 되는 것임에 반해 유자의 목표는 "교양 있는 사회적 신분"을 갖는 것이며, 따라서 유자는 순전히 차안적이고 형이상학적 관심을 결여한 채 현실 세계를 최상으로 여긴다는 것이다. 그 결과 유자의 도덕적 이상과 현실 사이에는 긴장이 결여되고, 윤리적 요구를 제기하는 초월적 신의 윤리적 예언이 없었던 탓에 세상과의 긴장도 발생하지 않았다고 베버는 생각한다. 아울러 강렬한 내적 투쟁과 그것이 외부로 표출되는 행위에서의 열성도 청교도와는 달리 유자에게는 결여되었다는 것이다. 베버는 결국 이러한 차이가 중국을 정체된 사회로 만들었고, 그 결과

---

[1] 원저는 *Konfuzianismus und Taoismus*으로 1915년에 출판되었으며, 그의 사후 부인에 의해 개정판이 간행되었다.

중국은 자본주의가 발달할 수 있는 토양을 상실하게 되었다고 진단했다.

베버에 이어 중국에 대한 이러한 부정적 평가를 반세기 만에 다시 확인시켜준 학자가 있었으니, 그가 바로 조지프 레븐슨(Joseph Levenson, 1920-1969)이다. 레븐슨의 방법론을 이해하기 위해서는 역사주의(historicism)의 이해로부터 시작하는 것이 좋을 것 같다.

역사주의는 사회현상의 본질을 자연주의적, 초역사적인 입장에서 이해하는 것이 아니라 시간, 장소, 지역적 조건 등의 특별한 사회적 맥락에서 이해하는 사유 방법이다. 이에 따르면 모든 사상(事象) 또는 역사는 이러한 요소들에 의해 생성, 발전, 소멸하는 것으로 이해된다. 따라서 모든 발전을 설명하는 데에 불변의 근본원리를 상정하는 환원주의나 역사의 변화를 우연의 결과라고 생각하는 입장을 거부한다. 역사주의는 모든 현상이 역사성을 지니며 따라서 역사적 제약을 벗어날 수 있는 현상은 존재할 수 없다고 생각한다. 역사주의는 인간도 자신의 존재 근거와 방향을 역사적 사고를 바탕으로 역사적 차원에서 찾을 것을 제안한다. 결국 역사주의에 따르면 인간의 모든 사고와 행동은 역사적 조건의 지배를 받으며 그 존재 방식은 인식의 대상인 역사적 객체의 성격을 벗어날 수 없다.[2]

레븐슨은 유대인이며 강렬한 유대적 정체성을 가지고 있었다. 그가 역사주의적 관점을 가진 것은 민족의 이산(diaspora)이라는 유대

---

[2] 따라서 니체(F. Nietzsche) 등은 역사주의가 인간의 주체성과 창조력을 간과할 위험이 있다고 비판했고, 포퍼(Karl Popper)는 역사주의의 뿌리에 결정론(determinism)과 전체론(holism)이 자리 잡고 있다고 경고했다.

후예로서의 경험과 밀접한 관계가 있다. 아울러 그가 군에서 제대한 후 1946년대의 시점에 중국으로 연구 방향을 전환한 것도 자신의 뿌리에 대한 역사의식에 기초한, 중국에 대한 동질감과 관련이 있을 것이다.[3] 이러한 역사주의적 배경하에서 레븐슨은 문화나 사상이 아니라 역사적 맥락 속의 인간을 관심의 대상으로 삼는다. 그가 제창한 방법론인 "인간에 대한 생각(men thinking)"은 이것을 일컫는다. 그러나 그가 특별히 선호하는 대상은 인간 일반이 아니라 "딜레마"에 빠진 인간이다. 그것도 역사적 조건의 딜레마 속에서 "생각하는 인간", 더 정확히는 고뇌하는 인간이다. 따라서 그의 men thinking은 thinking men으로 치환할 수 있다. 더 자세히 말하면 그는 문화의 충돌이라는 상황에서 자신의 "지적 연속성(intellectual continuity)"을 둘러싸고 고뇌하는 인물의 딜레마를 대상으로 삼는다. 누구나 자신의 역사(history)와 그 가치(value)에 애착을 갖는다. 전자에 대한 것이 감정적인 것이라면 후자에 대한 것은 지성적인 것이다. 이 경우 역사와 가치 사이에는 등식이 성립한다. 그러나 다른 문화와 충돌할 때, 그 등식은 깨어진다. 이것이 딜레마의 상황이다. 따라서 레븐슨은 men thinking의 세부 내용으로 "역사"와 "가치", 즉 "*meum*(what is mine)"과 "*verum*(what is true)"의 갈등을 상정한다. 이러한 관점하에서 레븐슨의 시야에 포착된 중국의 인물이 바로 량치차오(梁啓超, 1873-

---

[3] 대학에서 유럽사를 전공한 레븐슨은 해군 일본어 학교에서 일본어를 배운 후 제2차 세계대전에 참전한다. 제대 후 그는 1946년에 중국으로 관심을 돌려 하버드대학교 대학원에 진학한다. 우리는 일본어를 공부하고 중국으로 관심을 전환한 동일한 경우를 그레이엄(Graham)과 슈워츠에게서도 볼 수 있다.

1929)이다. 그는 량치차오를 박사 학위논문의 주제로 정하고, 이 논문을 1953년에 『량치차오와 현대 중국의 심리(Liang Ch'i-ch'ao and the Mind of Modern China)』[4]라는 단행본으로 출판한다.

량치차오는 중국 개화의 전야(前夜)에 활동했던 중국의 대표적 지성의 한 사람이었다. 그는 학자, 저널리스트 그리고 정치가로서 변신을 거듭했다. 이 책에서 레븐슨은 량치차오가 처한 이상과 현실의 갈등 구조의 심리 상태를 세 단계의 변화로 나누어 설명하면서 역사와 개인 사이의 상호작용에 주목한다. 그는 역사적 분석을 통해 량치차오의 생각을 설명하고 또 량치차오의 생각 속에 드러난 것을 가지고 역사를 조명한다. 이러한 상호작용 속에서 레븐슨은 량치차오의 생각에 많은 "불일치"가 있음을 발견한다. 이러한 모순은 논리적인 성질의 것이 아니다. 이것은 개인적인 필요에 의한 것으로 량치차오의 심리적 갈등 구조를 반영하는 것이다. 레븐슨은 바로 이 점에서 이 불일치들은 역설적으로 합리적이며 아울러 역사적인 가치를 갖는다고 주장한다. 레븐슨은 량치차오의 이러한 불일치의 모순들을 "애국적 정신분열증(patriotic schizophrenia)"이라고 부른다.

레븐슨이 자신의 이러한 방법론을 개인이 아닌 전체로서의 중국 역사의 연구에 적용한 책이 바로 1958년에서 1965년에 걸쳐 3부작으로 출판된 『유교 중국과 그 현대적 운명(Confucian China and Its Mod-

---

4 이 책에 대한 학계의 최초의 반응은 냉담했다. 그러나 방법론의 창조성으로 인해 이 책은 점차 호평을 받게 되었다. 량치차오에 대한 레븐슨의 시각을 비판, 보정하는 책으로 Hao Chang[張灝], *Liang Ch'i-ch'ao and Intellectual Transition in China, 1890-1907*(Chang, 1971)이 있다.

ern Fate)』이다.

"운명"이라는 말로 암시하듯이 레븐슨은 중국 근대사에는 어떤 종류의 긴장이나 그 힘에 의해 유지되는 역사의 연속성이 없었다고 본다. 그래서 그는 '제국' 중국이 멸망할 수밖에 없었다는 견해를 진술한다. 레븐슨의 논리를 소개하자면 다음과 같다.

먼저 레븐슨은 청대에 기학(氣學)이 이학(理學)을 비판한 것을 서양에서의 관념론과 경험론 사이의 갈등 구조와 비교한다. 하지만 서양에서는 아우구스티누스(St. Augustinus, 354-430)의 관념론을 비판한 사상으로 아벨라르(Pierre Abélard, 1079-1142)의 유명론과 베이컨(Francis Bacon, 1561-1626)의 귀납적 경험론이 있으나, 중국 청대의 기학에는 유명론적 비판만 있을 뿐 귀납적 경험론이 결여되어 있기 때문에 중국에서는 자연과학이 발달할 수 없었다고 레븐슨은 진단한다.

다음으로 레븐슨은 중국의 회화사(繪畫史)를 고찰하여 중국에서 아마추어 정신에 입각한 문인화(文人畵)를 중시한 사실을 중요하게 본다. 그는 직업 정신이 결여된 이러한 아마추어리즘은 서양 근대의 프로페셔널리즘이 도전해 왔을 때 붕괴될 수밖에 없었다고 주장한다.

체용(體用)은 주희(朱熹)에게 있어서 한 사물의 두 측면을 나타내는 관계 술어이지만, 장지동(張之洞, 1837-1909)은 이 체용을 분리시켜 중국을 체로 서양을 용으로 규정했다. 그리고 여기에 근거해 그는 체인 중국이 용인 서양보다 우월하다고 주장했다. 하지만 실제적 가치에 있어서는 그 반대였다. 따라서 장지동의 도식은 성립할 수 없었다는 것이 레븐슨의 주장이다.

중국에서는 전통적으로 관료권과 왕권 사이의 긴장이 중국 역사를 이끌어왔다. 그러나 이것이 태평천국의 난으로 인해 깨어졌다. 레븐슨은 중국은 이러한 이유들로 인해 멸망할 수밖에 없었다고 진단한다. 결과적으로 레븐슨은 중국 역사에는 근대와 현대 사이에 심각한 역사적 "단절"이 불가피했다는 견해를 피력한다.

레븐슨은 자신의 책에서 지식의 모든 분야를 망라하여 자신의 해박함을 토대로 중국과 서양을 비교하며 그 역사적, 문화적 차이점들을 분석한다. 그의 이러한 저작 태도는 "지식의 교향곡"에 비교되기도 하며, 그 누구도 그가 이룬 중국 지성사 연구의 업적들을 능가할 수 없다(couldn't be better)는 점과 그가 천수를 다하지 못하고 일찍 타계한 점에서 그를 음악계에서의 모차르트(W. A. Mozart, 1756-1791)의 위상에 비교하여 "모차르트 같은 역사가(The Mozartian Historian)"라고 부른다(Meisner, Murphey, 1976). 결과적으로 레븐슨은 자신의 창조적 방법론을 통해 중국 역사를 하나의 지역사가 아닌 인간의 보편적 역사의 지평으로 끌어올리는 공헌을 하게 되지만, 그에 의해서 진단되는 중국 역사는 단절과 정체의 성격을 지울 수 없었다.[5]

"단절"로서의 중국 역사를 주장하는 레븐슨의 견해는 "긴장의 결

---

[5] 최근 구미에서 활동하는 중국계 학자들(Madeleine Yue Dong, Ping Zhang)에 의해 레븐슨의 학문을 옹호하는 새로운 견해가 발표되었다. "Joseph Levenson and the possibility of dialogic History(조지프 레븐슨과 대화적 역사의 가능성)"이라는 논문에서 저자들은 레븐슨의 학문이 유럽 중심적, 오리엔탈리즘적이라는 비판을 반박한다. 저자들은 현대 중국 역사에 대한 레븐슨의 분석에서는 제3의 차원인 유대교, 즉 유대전통의 이해가 중심 역할을 하고 있다고 주장하며, 그의 역사 방법론을 "대화적 역사"라고 명명한다(Madeleine Yue Dong, Ping Zhang, 2014).

여에 의한 정체"로 중국 사회를 해석하는 베버의 입장과 상호 공조 체계 속에 있었다. 공조 관계를 형성한 두 입장은 적어도 1960년대까지는 중국의 역사와 문화의 해석에 있어 난공불락의 기정사실이었다. 그러나 이른바 "철의 장막"의 붕괴 후 중국에 대한 연구열의 폭발, 유교적 가치관을 사회 이념의 일부분으로 갖고 있는 일본의 성공적인 산업화, 그리고 1970년대에 이르러 두각을 나타내기 시작한 이른바 "유교 문화권"의 산업화로 인해 베버와 레븐슨의 공조 체계는 그 타당성의 한계를 보이기 시작하였다. 이러한 베버-레븐슨 공조 이론에 도전한 학자가 있었으니 그가 토머스 메츠거(Thomas A. Metzger, 1926-)이고, 그 책이 『곤경의 탈피(Escape from Predicament)』(메츠거, 2014)이다.

### 2절 수정 오리엔탈리즘

메츠거의 책을 한마디로 정리하면 "한자를 아는 베버가 한자를 모르는 베버를 비판한 책"이다. 그러나 양자 사이에는 한자의 이해 여부 외에도 엄연한 차이가 존재한다. 이 책의 근본 목적은 중국 근대화의 동력을 설명하는 것이다. 물론 제국적 중국과 중국 공산주의 체제의 연속성에 대한 연구는 이전에도 있어왔다(Schwartz, 1979). 메츠거의 책은 중국 문화와 역사의 연속성을 그 속에 내재하는 긴장이라는 통시적인 틀 안에서 설명하며, 아울러 이것을 통해 중국 근대화의 동력을 설명하려는 것이다. 다시 말해 베버와 레븐슨을 극복하고 근대화까지 한꺼번에 잡겠다는 일거삼득을 노리는 것이다. 이 목적을 위해 메츠거는 중국인의 심층심리(depth psychology)라는 이념형(ideal type)을 대전제로 한다. 나아가 그는 이러한 중국인의 심층심리를 천착하는 도구로 신베버주의, 인문주의, 인류학, 행동주의, 지성사의 다섯 가지 방법론을 동원한다. 한편 메츠거가 자신의 책의 전체적인 개념의 틀을 수립하는 데 결정적 도움을 받았으나 그것을 결코 드러내놓고 밝히지는 않는 책이 제임스 류(James T. C. Liu, 劉子健)의 『중국 송나라의 개혁: 왕안석과 그의 신법(Reform in Sung China: Wang An-shih(1021-1086) and His New Policies)』이다(Liu, 1959). 우선 메츠거는 중국인의 심층심리에 자리 잡고 있는 긴장을 천착한다.

일반적으로 우리는 중국인은 권위에 약하다고 평한다. 그래서 우리는 중국인의 성격에 쉽게 의존적, 수동적, 순종적이라는 부정적 인상을 씌운다. 메츠거는 중국인을 누르고 억압하는 이 권위의 정체를 추적하여, 이것이 결국에는 우주에 투사된 자기 자신이라고 주장한다. 다시 말해 중국인은 자기 자신에게 가위눌려 지냈다는 것이다. 이로써 메츠거는 중국인의 심리에는 우주적, 권위적 자아와 세간적, 순종적 자아 사이의 긴장이 존재한다고 주장한다.

제임스 류는 위의 책에서 왕안석의 개혁, 즉 신법(新法)을 다룬다. 그의 결론은 왕안석의 신법이 실패함으로써 중국인에게는 더 나은 세상을 건설할 수 있다는 희망이 사라져버렸고, 이에 지성인들은 관심을 내면으로 돌릴 수밖에 없었으며, 그 결과 송명 철학이 발전하는 계기가 마련되었다는 것이다.[6] 이 이론에 편승해 메츠거는 중국 송명 시대 사대부들의 수양론을 둘러싼 심층심리를 더욱 생생하고 풍성하게 만든다. 일반적으로 유학에서의 악(惡)은 그 실재성이 선(善)보다 약한 것이 사실이다. "악은 거울에 앉은 먼지와 같아서 불면 사라지는 우연적 존재"라는 것이 흔한 비유적 설명이다. 그러나 메츠거의 설명에 따르면 신유가들은 사생결단의 심정으로 악의 문제에 매달렸다. 메츠거의 설명을 읽으면 혹시 기독교에 대한 설명이 아닐까 하는 착각마저 들 정도이다. 결국 메츠거는 탁월한 설득력으로 신유가의 심성론에서 선악 사이의 긴장을 역동적인 것으로 설명해낸다.

송명 시대에 있어서 이러한 긴장의 계기를 입증한 메츠거는 나아가 이 긴장을 청대의 관료 제도 속에서도 발견한다. 그가 고안한 근신 윤리(謹愼倫理, probationary ethic)가 바로 그것이다. 외견상 청대 관료 제도는 병리적이고 정체적인 것으로 보이지만, 사실 그 속에는 긴장의 역동성이 있었다는 것이 그의 지론이다. 청대의 관료는 유학자로서 기본적으로 사기(士氣)를 갖고 있었다. 사기란 황제의 면전에서도 적절한 예의를 요구할 정도로 당당한 도덕적인 자존심이다. 그러나 관방(官方) 문헌 속에 투영된 관료들은 실제로는 온갖 부정을 일삼으며 징계의 두려움에 전전긍긍할 정도로 팽배한 악의 지배 아래에서 생존을 모색하던 비굴한 존재들이었다. 메츠거는 선악의 투쟁과 긴장으로 상징되는 이러한 근신 윤리가 청대 관료 제도를 지탱했다고 주장한다.

---

6 제임스 류는 나중에 이 부분에 초점을 맞춰 *China Turning Inward: Intellectual-Political Changes in the Early Twelfth Century*(Liu, 1988)라는 책을 출판한다.

높이뛰기에서 더 높이 올라가기 위해서는 강력한 도움닫기가 필요하듯이, 지금까지의 설명은 메츠거의 결론 도출을 위한 준비 단계였다. 이처럼 풍성하고 역동적인 중국인의 마음은 시간이 경과하며 깊은 병에 걸린다. 외세, 특히 서양의 자연과학과 사상의 조류가 밀려오고 청조 내부의 정치적 무능의 난맥상이 노골화되고 심화되면서, 한때 신적인 위상을 누렸던 중국인의 마음은 역동성을 상실한 채 치유 불능의 불임(不姙) 상태에 빠지게 된다. 이 어찌할 수 없는 상태가 바로 메츠거가 말하는 "곤경(predicament)"이다. 이 상황에서 서구에서 들어온 문물이 왕안석의 개혁 실패 이후 까맣게 잊어버렸던 세계의 개혁에 대한 희망과 가능성의 불씨를 지폈다. 절망의 강도와 깊이만큼이나 강력하고 신속한 반동으로 중국인들은 외래의 구원을 붙들었고, 이것이 결국 중국 근대화의 동력이 되었다는 것이 메츠거의 가설이다.

 요점을 다시 정리하면 "문화의 융합은 이차선 도로"라고 한다. 문화 융합의 핵심은 수용 집단이 주어진 요소들에 어떤 반응을 취했는가에 달려 있다는 말이다. 다시 말해 제국의 붕괴 이후 중국이 자신만의 특정한 집단주의를 채택하고 성공할 수 있었던 비결은 전통문화가 있었기 때문이라는 것이다. 메츠거는 서구의 문화가 만일 중국의 유구한 문화의 정향(定向)들과 맞물리지 않았다면 주어진 서구의 이념은 뿌리내릴 수 없었다고 설명함으로써 양자 사이에 상호 의존의 긴장이 있었음을 시사한다.

 출판되자마자 이 책에 대한 반응은 극명한 이분법으로 갈렸다. 메츠거의 이론은 역사학자들과 송명 철학의 연구자들로부터 맹렬한 공격을 당한다. 그들의 비판의 핵심은 메츠거의 견해에 과장과 왜곡이 있다는 것, 결론을 미리 내리고 논리를 꿰어 맞췄다는 것, 동양에 대해 우호적인 척하지만 결국 그도 서구의 지적 제국주의(intellectual imperialism)라는 큰 틀을 벗어나지 못했다는 것, 송명 철학에 대한 그의 이해가 상식적 근거를 결여한다는 것 등이다(Tillman, 1978: 503-510; Harootunian, 1980: 245-254; Ch'ien, 1980: 255-258; Chang, 1980: 259-272). 결국 메츠거의 책은 미녀가 야수를 천년의 잠에서 깨워준다는 "미녀(서구)와 야수(중국)"라는 현대판 서구 영화의 주제에 불과하다는 것이다.

그러나 메츠거의 가설은 그리 오래가지 못했다. 그의 이념형 가설에 타격을 가한 것은 적극적인 반론이 아니라 오히려 일본의 근대화에 대한 연구였다.

일본은 메이지유신이라는 분명한 근대화의 시점을 가지고 있다. 메이지유신은 쿠데타를 통해 봉건적 막부를 전복시키고 구체제에서 명목상의 지도자에 불과했던 황제의 권위를 되찾자는 일본판 "존왕양이(尊王攘夷)" 운동이었다. 그러나 결과적으로 실권은 황제가 아니라 무사계급 출신들이 잡게 되었고, 그들은 대규모 파견단을 구미로 보내 개혁을 실시했다. 이 과정에서 충성과 절제라는 사무라이 계급의 봉건 윤리가 사회의 모든 계급에 파급되어 근대 기업 문화를 탄생시켰으며, 산업 경제와 자본주의의 발흥에 영향을 미쳤다. 우리가 여기에서 얻을 수 있는 결론은 근대화가 반드시 서구화는 아니라는 것이다. 다시 말해 근대성은 다중적(multiple)이라는 사실이다. 아울러 이 연장선상에서 자본주의는 반드시 베버식의 청교도 윤리로만 가능한 것이 아니라는 점이다.

이 책은 이 외에도 많은 심각한 문제를 가지고 있다. 아이디어가 앞서다 보니 너무 많은 것을 희생시켰던 것이다. 메츠거는 신유학의 심성론을 근본적으로 오해하고 있었다.

원래 느낌(feeling, 感)이란 "의식 또는 분명치 않은 인식"을, 감정(emotion, 情)은 "구체적 감정들을 경험하는 정의적 의식 상태"를, 그리고 적절한 번역어가 없는 sentiment는 "앞선 느낌이나 감정의 영향을 받은 순화된 감정이나 생각"을 의미한다. 그렇다면 중국 성리학의 핵심 개념인 성(性)과 정(情)은 어떻게 옮겨야 할까? 저자는 "심통성정(心統性情)"을 "the mind controls the heaven-conferred nature and the feeling"이라고 번역하여 성을 추상적 개념으로, 정을 "느낌(feeling)"이라고 이해한다는 것을 보여준다.

신유학자들이 이해했던 성은 추상적 개념이 아니라 아주 친근한 인간 내면의 생명 현상이었다. 따라서 그들은 성의 요체가 생의(生意)라고 생각했고 또 여기에는 지각(知覺) 능력이 있다고 생각했으며, 이 모든 성격을 한마디로 요약하여 인(仁)이라고 특징지었다(程明道,「識仁說」). 이러한 것은 수양론에도 잘 나타나 있다. 주자는 선불교 좌선(坐禪)의 영향을 받은 것이 분명한 정좌(靜坐)의 구별성을 설명하면서, 좌선은 죽은 것인 데 반해 정좌는 살아 있는 것이라고 역설한다. 그 이유는 좌선은 멸진정(滅盡定, 지각과 느낌의 소멸)을 목표로 하지만, 정좌는 미발(未發)의 지각 상태에 초점이 있기 때문이다. 다시 말해 미발의 성은 의식 또는 막연한 인식의 상태이고, 이발(已發)의 정은 이 지각이 대상과 접해 감정이 발현한 상태인 것이다.

따라서 성은 "느낌(feeling)"으로, 정은 "감정(emotion)"으로 옮겨야 옳았다. 여기에서 우리는 성리학의 핵심 사안이 현대 심리학과도 통할 수 있는 보편 철학의 가치를 확인할 수 있다.

결국 "세 마리의 토끼"를 다 잡은 듯한 메츠거의 이론은 일본의 근대화론으로 한계를 드러낸다. 일본의 경우 근대화와 자본주의를 가능케 한 근간은 사무라이 정신이다. 일본의 경우는 근대화가 바로 서구화는 아니라는, 더 나아가 자본주의의 성립이 반드시 베버식의 개신교 윤리로만 가능한 것이 아니라는 사실을 시사한다. 따라서 메츠거의 대전제, 중국 근대화의 동력이 베버식 이념형에 있다는 가설은 정당성을 상실했지만, 중국 역사에 긴장과 연속성이 존재한다는 가설만은 현재 인정되고 있다.

### 3절 자발적 오리엔탈리즘

서구 이론의 직접 적용이나 변형 적용에 관한 이러한 한계를 보면서, 이제 펑유란(馮友蘭, 1895-1990)의 『중국철학사』를 검토의 대상으로 삼을 차례가 되었다. 나는 이 책에 나타난 펑유란의 방법론의 성격을 주저 끝에 "자발적 오리엔탈리즘"이라고 부르기로 했다. 자발적 오리엔탈리즘이란, 아무런 폄하의 의도 없이, 동양인이 스스로 동양의 해석에 서양의 이론을 적용하는 태도를 말한다. 즉 남의 이론을 빌려 자신의 문화를 설명하려는 태도를 가리킨다. 중국철학의 이해에 엄청난 영향을 미치게 되는 이 책은 하지만 1934년(영문판은

1952-1953년)에 출판된 이래 중국 국내에서는 극복의 대상으로, 국외, 즉 서양에서는 권위의 대상으로 자리매김해왔다.

이 책에서 논란의 대상이 되는 부분은 두 가지이다. 우선은 중국 철학의 기점에 관한 문제이다. 이 책은 1927년 평유란이 연경(燕京) 대학에서 중국철학사 강의를 위촉받은 것을 계기로 탄생했다. 당시는 5.4운동의 실증적 정신이 여전히 위력을 발휘하던 때라 의고(擬古)와 변위(辨僞)는 당시의 확고한 시대정신이었다. 그 결과 중국 최초로 중국철학사를 저술한 후스(胡適, 1891-1961)는 1919년 출판된 자신의 『중국철학사대강(中國哲學史大綱)』에서 역사적 고증이 가능한 노자(老子), 공자(孔子)를 중국철학의 기점으로 삼았다. 후스와는 다른 방식으로 공자를 기점으로 삼은 평유란은 공자 철학의 합리적 특성을 부각시키기 위해 공자 이전 시대를 원시종교·철학의 시대로 상정하고 대비시켰다. 이러한 과정에서 평유란은 은연중 신화적 사고에서 이성의 사고로 전환하는 서양철학사의 모식을 따랐다.

다음은 송명 철학, 즉 신유학에 관한 부분이다. 평유란은 이 부분의 완성에 지대한 영향을 끼친 것은 자신이 컬럼비아대학에 유학하면서 접한 신실재론(neo-realism)이었다고 고백한다. 그가 신실재론의 영향을 받은 것은 이미 알려져 있었으나 자세한 내용은 알 수 없었던 것이 그간의 학계 사정이었다. 이 점에 대해 그의 자서전은 귀한 정보와 자료를 제공해준다(평유란, 2011: 389-423). 평유란은 "잠존(潛存, 잠재 존재, subsist)"이라는 용어로 신실재론을 설명한다. 그가 설명하는 잠존이란 "존재하지 않지만 그렇다고 해서 아주 없다고 말할 수도 없는 것"이다. 평유란은 이것의 예로 비행기와 그 리

(理)를 든다. 그는 아직 비행기가 발명되기 전에는 비행기의 리는 있는 것도 아니지만 아주 없는 것도 아니라고 설명한다. 즉 그 리는 잠존한다는 것이고 이것이 그의 신실재론의 요체인 것이다. 펑유란은 송명 철학, 더 정확히 말해 주자의 리 개념의 성격이 바로 잠존이라고 확신한다. 이러한 확신은 아마도 그에게 "사상은 동서양으로 나뉘지 않는다"라는 동서 회통의 신념을 심어주기에 이른 것 같다.[7] 이러한 이해 아래에서 펑유란은 송명 철학을 이학·기학·심학의 정립(鼎立) 관계로 산뜻하게 정리한다. 앞으로 보겠지만 서양식 방법론 위에서 완성된 산뜻함은 중국철학사에 크나큰 재앙을 초래한다. 그리하여 그의 이 산뜻함은 중국 내부에서 끈질긴 비판과 극복의 대상이 된다.[8] 나의 책의 근본 목적 중의 하나도, 자세한 내용은 나중에 확인되겠지만, 송명 철학의 이해에 관한 펑유란의 이러한 서구 지향의 자발적 오리엔탈리즘을 비판하는 것이다.[9]

---

[7] 이 표현은 실제로 그의 자서전 제2부 4장에 나오는 중간 제목 중 하나이다.
[8] 모우쭝산(牟宗三, 1909-1995)은 『心體與性體』에서 송명 철학이 주돈이(周敦頤)-장재(張載)-정호(程顥)-호굉(胡宏)-유종주(劉宗周), 육구연(陸九淵)-왕수인(王守仁) 그리고 정이(程頤)-주희(朱熹)의 계통으로 구성된다고 주장한다. 한편 라오쓰광(勞思光, 1927-2012)의 『新編中國哲學史』는 송명 철학을 단일 계통으로 설명한다.
[9] 펑유란은 1986년 리쩌허우(李澤厚, 1930-)에게 다음과 같은 대련(對聯)을 써주었다. "西學爲體中學爲用, 剛日讀史柔日讀經[서학으로 체를 삼고 중학으로 용을 삼으며, 홀수 날에는 역사서를 읽고, 짝수 날에는 경전을 읽는다]." 이로 볼 때 유학기에 형성된 서체중용(西體中用)의 자발적 오리엔탈리즘은 나중에 그가 이에 대해 자아비판을 했음에도 평생 그를 지배한 것 같다(리쩌허우, 2013: 287).

**4절 보편주의**

　이러한 서구 본위 및 서구 지향의 모든 형태의 방법론이 갖는 한계를 일찍이 통찰한 학자가 있었으니, 그가 바로 슈워츠(Benjamin Schwartz, 1916-1999)이다. 정확히 말해 그가 방법론을 반대하는 이유는 모든 방법론의 적용에 필연적으로 개입하는 비대칭성 또는 불평등성 때문이다. 왜냐하면 방법론은 항상 규정자, 지배자의 위상을 차지하기 때문이다. 슈워츠는 모든 문화 교차적인 지성적 기획과 시도에서 중요한 것은 기본적인 접근 태도라고 생각한다. 슈워츠가 주장하는 이러한 기본 태도가 바로 "보편적 인간(universal humans)", 즉 인간의 보편성이다. 펑유란이 터득한 "사상은 동서양으로 나뉘지 않는다"라는 동일성의 깨우침이 겉으로 드러난 표피적인 같음에 관한 것이라면, 슈워츠의 보편성은 심층적 뿌리에서의 같음에 관한 것이다. 이러한 입장에서 그가 쓴 책이 바로 1964년에 출판된 『부강을 찾아서: 옌푸와 서구(In Search of Wealth and Power: Yen Fu and the West)』이다.

　제목이 암시하듯이 이 책은 옌푸(嚴復, 1854-1921)와 서구와의 만남에 관한 것을 내용으로 한다. 옌푸는 조부와 부친이 모두 의사였던 유복한 가정에서 태어났으나, 부친의 별세 후 몰락한 가세로 인해 전통적 관료의 길을 포기하고 13세에 양무(洋務, 서양학)로 전향하여 중국 최초의 해양학교인 푸저우선정학당(福州船政學堂)에 들어간다. 22세 때인 1876년 그는 영국으로 유학을 떠나 왕립해군대학(Royal Naval College)에서 수학한다. 산업혁명(1760-1850)을 겪고 한창

번성하던 영국과의 만남은 옌푸에게 충격 그 자체였고 심각한 영향을 남기게 된다. 그는 유학 기간 중 서양의 철학, 사회과학의 책들을 탐독하고 영국의 선진적 정치제도를 면밀히 관찰한다. 그는 25세인 1879년에 귀국하여 그가 영국에서 감명 받았던 8권의 책을 번역한다. 그는 이 번역서들 속에 자신이 영국 체재 중에 받았던 감흥과 조국을 향한 제안과 대안을 쏟아놓는다. 이 과정에서 그는 새로운 번역 개념들을 만들어내고 심지어는 원저의 의도와 맥락을 파괴시킨다. 객관적으로 판단한다면 그의 번역은 오역 그 자체로서 전혀 고려의 대상이 될 수 없다.

사실상 옌푸는 레븐슨이 연구 대상으로 좋아할 만한 타입의 인물이다. 역사주의의 맥락 속에 처한 인식 대상으로서의 개인. 다시 말해 문화의 충돌이 부여한 딜레마 속에서 지적 연속성의 확보를 위해 고뇌, 고민하는 인간(thinking men). 그리고 레븐슨이라면 옌푸의 번역서들에 대해 아마도 거침없이 "정신분열적 오역" 또는 "애국적 오역"이라는 결론을 내렸을 법하다. 그의 판단 기준은 서양의 원저에 있을 것이기 때문이다.

하지만 슈워츠는 달랐다. 그는 원저와 옌푸의 번역을 비교하면서 판단의 기준을 옌푸에 두었다. 옌푸에게 원전을 기준으로 적용하는 것은 공평하지 않다. 그가 제한된 영어 독해 능력을 가지고 있었고, 그리고 그가 중국과는 전혀 다른 성격의 서양의 지식과 학문 체계를 처음으로 접했다는 점을 감안한다면, 번역을 시도했다는 것 자체가 가상한 일이다. 그렇다면 중요한 문제는 어떤 동기가 옌푸로 하여금 특정 맥락을 그렇게 번역하도록 만들었을까를 물으며 옌푸의 마음속으로 들어가는 작업일 것이다. 레븐슨이 바깥에서 유리창 너머로 량치차오의 고뇌를 관찰했다면, 슈워츠는 방 안으로 들어가 옌푸와 마주 앉아 옌푸가 발달한 영국을 보며 조국에 대해 느낀 소회를 경청하였다. 사실 옌푸는 뻐꾸기가 남의 둥지에 알을 낳아 새끼를 키우듯 남의 책 속에서 조국을 향한 자신의 절실한 이야기를 하고 있었던 것이다. 옌푸가 사실상 정상적인 저술을 할 수 있는 능력이 없었다는 점을 감안한다면, 옌푸의 책들은 번역서가 아니라 남의 책을 빌린 저술서로 간주하는 것이 정확한 이해일 것이다. 슈워츠는 원서(原書)와 번역서의 비교를 통해 옌푸의 절실한 동기가 바로 조국의 부강(富强)이었다는 것을 읽어낸다. 결국 슈워츠의 『부강을 찾아서: 옌푸와 서구』는 선진국과 낙후된 조국 사이에서 지식인이라면 누구라도 가졌을 법한 보편적 마음을 천착한 것이다. 이로써 슈워츠의 책에 구현된 인간의 보편성은 레븐슨의 『량치차오와 현대 중국의 심리』에 나타난 방법론과 태도에 대한 해독제(解毒劑)의 역할을 한다.

  슈워츠가 이러한 보편주의를 보다 넓은 맥락에 적용한 것이 그의 『고대 중국의 사상 세계(The World of Thought in Ancient China)』이다. 사실 눈치 챈 사람이 거의 없지만, 그의 책 제1장 「초기의 문화적 정향들」은 펑유란의 『중국철학사』, 더 정확히 말해 제3장 「공자 이전과 당시의 종교·철학 사상」에 대한 비판과 대안인 것이다. 앞에서도 설명했듯이 펑유란은 이 부분에서 서양철학사 기술의 모식을 따르고 있고, 결과적으로 중국철학사를 서양철학사의 "2중대"로 만들어 버렸다. 얼핏 보기에 원시적 종교·철학 사상에서 합리적 사유로의 전환이 모든 문화에 보편적인 것 같지만, 그것은 너무도 거친 일반화라는 비판을 면하기 어렵다. 그렇게 싸잡아 일반화하기에는 고대 중국의 문화는 너무도 독창적이기 때문이다. 다시 말해 근대화의 모식이 반드시 서구화가 아니듯이, 원시종교적 사유가 합리적 사유의 모태라고 가정하는 것은 견강부회가 아닐까?

 이 문제, 즉 중국의 합리적, 철학적 사유의 원형을 천착하기 위해 슈워츠가 대안으로 제시한 것이 "오리엔테이션(orientation, 定向, 방향설정)"이라는 개념이다. 우리가 일상생활에서 번역하지 않고 너무나 자주 쓰고 있으면서도 정작 분명한 뜻은 잘 모르는 단어의 하나가 "오리엔테이션"일 것이다. 이 단어는 라틴어 *orient*에서 유래했다. 오리엔트는 "동방, 해 뜨는 곳"을 의미하며, 여기에서 오리엔테이션이 파생했다. 원래 오리엔테이션은 서양에서 건축물의 방향을 동쪽에다 맞추는[定向] 관습을 의미했으나, 여기에서 발전하여 현재는 개인이나 단체를 주위 환경이나 상황에 맞추는 것을 가리킨다. 슈워츠가 관심을 갖는 부분은 중국 문화의 최초의 정향, 오리엔테이션이 무엇이며 그 내용이 무엇인가 하는 것이다. 다시 말해 중국 사상을 포함하는 넓은 의미의 중국 문화가 갖는 고유한 특징을 최초로 형성했던 원형이 무엇인가를 묻는 것이다. 슈워츠는 이것을 중국 문자의 원형인 상(商)나라 갑골문, 더 자세히 말해 갑골문에 나타난 제사, 즉 조상숭배에서 찾는다. 그 까닭은 상대(商代)의 갑골문에 지배적으로 많이 등장하는 문자가 조상숭배에 관한 것이기 때문이다. 다시 말해 중국 최초의 문자를 지배하는 내용이 조상숭배라면, 조상숭배 속에 중국적 사유의 원형이 있을 것이라는 것이 그의 추론의 근거이다. 따라서 슈워츠는 조상숭배의 현상을 추적하여 대략 다음과 같이 중국 문화 전반의 특징을 연쇄적으로 추출해낸다.

혈연관계의 주도성, 영혼들의 지배성, 신성과 인간의 경계가 소멸됨에 따른 일원론의 세계, 예(禮) 개념의 발생, 창조 신화의 결여와 이에 따른 생(生) 개념의 지배적 은유, 혈족 중심 국가, 조상숭배와 자연종교의 결합, 이 통합에 나타난 관료 제도적 특징, 정교의 일치와 이에 따른 승려 계층의 쇠퇴 등이다. 그리고 슈워츠는 이러한 정향으로부터 공자의 사상과 이어지는 제자백가 사상의 발전과 특징을 변증법적으로 풀어나간다(슈워츠, 2004: 제1장).[10]

그러나 슈워츠는 이러한 중국의 정신적 유산에 철학, 좀 더 정확하게는 philosophy라는 이름을 붙이기를 꺼려 한다. 그렇기 때문에 그는 자신의 책에 "고대 중국의 사상 세계"라는 이름을 붙인 것이다. 그렇다고 슈워츠가 중국의 사상이나 정신사를 폄하하는 것은 결코 아니다. 그는 philosophy가 서양의 사상적 흐름과 특징을 가리키는 다른 이름이라고 보는 것일 뿐, 결코 "사상(thought)"과 philosophy 사이에 위계질서를 상정하지 않는다. 다시 말해 중국의 정신사가 서양 사상, 즉 philosophy가 탄생하고 발전한 노정을 밟아 발전한 것은 아니라는 것이다. 실제로 동양에서는 사상과 철학 사이에 보이지 않는

---

10 중국에서 중국 사상사의 시원을 갑골문에서 찾는 대표적인 학자로는 리쩌허우를 들 수 있다. 그는 슈워츠와 달리 갑골문에 나타난 무사(巫史)의 전통을 중국 사상의 시원으로 상정하며, 여기에 근거하여 다음과 같은 유학 4기설을 주장한다. 1기(공자·맹자·순자), 2기(한대 유학), 3기(송명 이학) 그리고 4기(현대 유학). 물론 이것은 펑유란과 슈워츠에 대한 대안이기도 하며, 유학 3기설을 주장하는 뚜웨이밍(杜維明)에 대한 비판이기도 하다. 자세한 내용은 리쩌허우(2005a)의 『학설』(원제는 己卯五說) 참조. 이 책의 홍콩과 타이완 판본은 『波齋新說』이라는 제목으로 출판되었다.

위계질서를 상정하고, 철학에 좀 더 숭고한 의미를 부여하는 것이 사실이다.『고대 중국의 사상 세계』를 번역 출간한 뒤 시중에서 발견한『중국고대 철학의 세계』라는 책에서 이러한 심리를 읽을 수 있었다(구라하라 고레히토, 1996). 이러한 동양적 관행은 일본의 계몽가 니시 아마네(西周, 1829-1897)가 1874년 서양어 philosophy를 철학(哲學)으로 번역하면서 시작됐다. 그리하여 은연중 철학(philosophy)은 정신의 숭고한 단계, 사상(thought)은 정신의 일반적 단계라는 편견을 갖게 되었다. 이러한 편견과 무분별은 오늘날에는 리쩌허우에 의해 심지어 "식사 철학[吃飯哲學]"이라는 표현과 심지어 "식사 철학은 일종의 국가철학[吃飯哲學是一種國家哲學]"이라는 주장까지도 낳게 하는 단계에 이르렀다(李澤厚, 2006 참조). 철학의 원래 영역에 개념의 정확한 사용이 포함될진대, 이 시점에서 우리는 혼란이 더 악화되기 전에 슈워츠의 주장에 귀 기울일 필요가 있다고 생각한다.

### 5절 의미의 맥락화

지금까지 진행된 중국철학 연구에 적용된 방법론의 역사에 대한 회고는 다음과 같이 정리할 수 있을 것 같다. 중국철학에 대한 현대적 연구는 방법론의 혁신적 발전에서 시작했다. 뒤집어 말하면 서구적 방법론의 혁신적 발전이 중국철학의 내용과 의미를 현대적으로 조명할 수 있는 가능성을 열었다. 그러나 이것은 필연적으로 서구의 시각과 입장을 중국에 적용하는 형국을 만들어 양자 사이에 비대칭성을 조성하였다. 따라서 초기에 중국을 들여다보기 위해 착용한 서구의 안경인 이념형과 역사주의는 혁신적인 성과를 가져왔음에도 오리엔탈리즘의 성격을 면할 수 없었다. 베버의 안경을 약간 수정한 신베버주의도 그 산뜻함과 그럴듯한 설득력에도 불구하고 결국에는 방법론의 평계하에 감춰진 서구의 지적 제국주의의 성격을 드러낼 수밖에 없었다. 자발적 오리엔탈리즘의 경우에는 더욱 참담하다. 펑유란이 중국철학을 처음으로 세계에 체계적으로 소개한 공로를 부정할 수 없지만, 그는 드러내놓고 서양의 모식을 적용했던 탓에 중국철학사에 "서양철학 중국 분과"의 성격을 부과하고 말았다. 펑유란의 『중국철학사』에 대한 중국 내의 민족주의적 반동이 이 점을 잘 대변한다. 이러한 상황에서 슈워츠의 깊은 성찰에서 나온 "보편주의"는 방법론의 역사에서 획기적인 전환점을 마련했으며, 중국철학도들이 참고해야 할 가치가 있는 소중한 혜안이 아닐 수 없다. 이것이 소중한 이유는 우리에게 오리엔탈리즘과 민족주의를 넘어 인간의 보편성에 입각한 중국철학 연구의 가능성과 지표를 제시해주었기 때문이다. 하지만 하나의 과제는 여전히 남는다. 과연 보편주의는 보편 철학으로 발전할 수 있는가? 인간의 보편성에 근거해서 철학의 보편성에 도달할 수는 없을까?

이로써 중국철학 연구에 관한 방법론을 탐구하려는 나의 시도는 수많은 시행착오 끝에 출발점에 섰고 지향점도 확보했다. 말할 필요도 없이 내가 가장 많은 시사와 영향을 받은 것은 슈워츠의 저작들이다. 앞에서 본 것처럼 슈워츠는 방법론 자체를 배격하지는 않지만 보편주의가 지향점이 되어야 한다고 주장한다. 그렇다면 모든 형태의 비대칭적 오리엔탈리즘에서 자유로운 보편주의의 방법론은 불가능한 것인가? 이러한 의문과 모색에 해답을 준 것은 리처드 니버(Richard R. Niebuhr)[11]의 『슐라이어마허의 그리스도 및 종교론(Schleiermacher on Christ and Religion)』(Niebuhr, 1964)과 데이비드 칼루파하나(David J. Kalupahana, 1933-2014)의 『붓다는 무엇을 말했나(Buddhist Philosophy)』(칼루파하나, 2011)였다.

하버드에서 선택했던 니버와의 자율 학습(independent study) 과목은 나에게 매우 큰 영향을 미쳤다. 그를 통해 나는 철학의 주류에서는 다루지 않는, 하지만 역사적으로는 중요한 인물들의 사상을 배울 수 있었고, 이를 통해 나는 사고를 180도 전환하는 계기를 가질 수 있었다. 니버는 나에게 체험의 종교(experiential religion)라는 생면부지의 시야를 열어주었다. 그를 만나기 전 나의 종교관은 관념적이었다. 나는 종교를 이해하는 데에 체험은 무시하고 머리만을 사용하고 있었다. 종교의 이해에 있어 느낌(feeling)의 역할과 중요성을 가르쳐 준 것도 니버였다. 그뿐만 아니라 딜타이(Wilhelm Dilthey, 1833-1911)의 해석학(hermeneutics), 즉 보편적 해석학이 무엇인지, 어떻게 적용하는지를 가르쳐준 것도 그였다. 이 모든 것은 앞에서 말한 그의 저서를 통해서 이루어졌다.

제목에서 알 수 있듯이 니버의 책은 슐라이어마허(Friedrich Schlei-

---

11 그는 미국의 저명한 신학자 집안 출신이다. 그의 아버지는 예일대 교수를 지낸 리처드 니버(Richard Niebuhr, 1894-1962)이고, 큰 아버지는 뉴욕의 유니온신학교 교수를 역임한 라인홀드 니버(Reinhold Niebuhr, 1892-1971)이다. 그의 이름(Richard Reinhold Niebuhr)은 이러한 가족의 배경을 반영한다.

ermacher, 1768-1834)의 신학 사상을 구성하는 가장 결정적이고 독특한 특징들을 설명한 것이다. 이 작업을 수행하면서 니버는 일반적인 연대기(전기) 기술식, 백과사전식 서술 방법을 지양하고 독특한 해석학적 방법을 사용한다. 니버는 자신의 방법을 카메라맨의 방법에 비유한다. 카메라맨은 움직이고 활동하는 인물의 특징을 잘 함축할 수 있는 순간을 포착한다. 같은 방식으로 니버는 슐라이어마허의 학술적 삶에서 그의 사상을 잘 대변할 수 있는 네 가지 "순간"을 추출한다. 그는 이 "순간"들이 잘 알려지지 않은 슐라이어마허의 책『크리스마스이브: 대화(Die Weihnachtsfeier: Ein Gespräch)』에서 발전되어 그의 "해석학 강의", 그리고 역사와 문화에 대한 그의 철학인 "철학적 윤리학"을 거쳐 마지막으로『기독교 신앙(Christian Faith)』의 "순간"들로 이어진다고 서술한다. 니버는 이 방법을 통해 슐라이어마허가 주장한 "저자가 자기 스스로를 이해한 것보다 훨씬 더 잘 이해한다"는 해석학적 방법과 목적을 구체적으로 보여주고 있다.

칼루파하나의『붓다는 무엇을 말했나(Buddhist Philosophy)』는 나의 방법론을 개념적으로 정형화하는 데에 많은 도움을 주었다. 칼루파하나가 자신의 책에서 사용하는 방법은 "역사의 맥락화(historical contextualization)"라는 방법이다. 그는 불교의 역사와 핵심 교의를 거시적, 미시적 방법을 사용하여 조명하고 있다. 거시적이라 함은 아리안의 침입부터 중국 선불교 교의의 내용(부록 포함)까지를 범위로 하여 불교의 역사를 서술하는 것을 말한다. 미시적이라 함은 특정 교의를 확대하여 서술하는 것을 가리킨다. 이 모든 서술에서 칼루파하나는 역사의 맥락을 장악하여 독자의 이해를 돕는다. 특히 칼루파하나는 붓다 생존 당시에 유행하던 요가 수행의 맥락을 복원하여 열반의 개념을 명증하게 설명한다. 금욕적 수행자들인 요기의 수행에 있어 최고 단계는 상수멸정(想受滅定, 느낌과 지각의 소멸)인데, 칼루파하나는 스스로 요가 수행을 했던 붓다가 요가 수행의 최고 단계에서 생각과 느낌은 없으나 상수멸정과는 달리 자아의식 없이 세상과의 교섭이 발생하는 정신적 경계를 열반으로 상정했다고 주장한다. 이로써 칼루파하나는 특히 서구에서 관념적으로 치닫던 불교의 열반 개념의 이해를 체험의 맥락 속으로 복귀시킨다.

이러한 방법들에서 시사를 받고 나는 나의 방법론을 "의미(해석)의 맥락화"라고 부르기로 했다. 왜 하필 의미의 맥락화인가? 우선, 중국철학에 대한 기존의 연구는 사용하는 개념의 변화에 신경을 쓰지 않았다. 인간 사유의 결정체인 개념은 시대에 따라 변하게 마련이다. 앞으로 자세히 논하겠지만 예를 들어 예(禮)라는 개념을 보자. 중화학술원판의 『중문대사전(中文大辭典)』과 모로하시 데쓰지(諸橋轍次, 1883-1982)의 『대한화사전(大漢和辭典)』 모두 예의 의미를 17개 항목으로 설명하고 있다. 중국의 상무인서관(商務印書館)에서 나온 『한영사전(漢英詞典)』은 이것의 필수 의미를 세 가지로 줄여서 설명한다. 내가 보기에 『논어(論語)』에서 예는 적어도 크게 두 가지 의미로 사용되고 있다. 기존의 연구는 마땅히 구별되어야 하는 이 의미를 구별하지 않았다. 기(氣)의 의미는 더욱 복잡하다. 기 개념의 용례를 조사하면 기는 구체적 사물에서부터 형이상의 존재, 즉 영적 존재에 이르기까지 그 쓰임새가 다양하다. 초점을 송대 철학자 장재(張載)로 제한하더라도 기는 맥락에 따라 세 가지 다른 의미로 쓰이고 있다.

이러한 의미의 혼동이 많은 철학적 불명료성과 오해를 초래했다. 의미의 구별화, 즉 맥락의 재구성이 필요한 것은 바로 이 때문이다.

둘째, 기존의 연구서에는 중요한 원전의 자료들을 누락한 것이 너무 많다. 특히 북송 사철(北宋四哲), 즉 장재·이정(二程, 정호와 정이)·주자(朱子)의 경우가 그렇다. 이 철학자들의 전집을 읽으면서 나는 "왜 이러한 자료들이 기존의 연구에서 빠졌을까" 하는 놀라움을 느낀 동시에 개탄을 한 순간이 많았음을 고백한다. 나는 이것의 근본적 책임이 펑유란에게 있다고 생각한다. 중국철학사라는 전인미답의 길을 개척하면서 펑유란은 자발적 오리엔탈리즘의 태도를 취했다. 그가 차용한 서구의 방법론이라는 체(篩)로 송명 철학의 자료를 거르는 과정에서 서구의 "눈금"에 맞지 않는 자료들은 걸러지지 않고 새어 나갔던 것이다. 그리고 이에 대한 반동으로 등장한 중국의 문화 이데올로기는 대(對) 국민 "선무공작(宣撫工作)"이라는 민족적 자긍심을 고양하는 작업의 수행 과정에서 존재를 늘여 필요 이상으로 형이상학적으로 만듦으로써 이러한 누락된 자료들의 가치에 눈을 감게 되었던 것이다.[12] 이 누락된 자료들을 의미의 맥락에 넣어

---

12 현대 중국철학은 대부분 1937년 일본의 침략으로 인해 쿤밍(昆明)으로 피난을 가 만든 전시연합대학[西南聯合大學]에서 태동했으며, 현대 중국철학의 대표자 중 한 사람인 모우쫑산의 철학은 "중국 문화 선언"으로 탄생한다. 공산당에 의한 본토의 함락으로 인해 1949년 타이완으로 이주하여 뚱하이(東海)대학에서 교편을 잡고 있던 모우쫑산과 쉬푸꽌(徐復觀, 1913-1982)은 장쥔마이(張君勵, 1887-1969)와 탕쥔이(唐君毅, 1909-1978)가 미국 체류 중 서양인들과 중국의 문화와 철학에 대해 토론하던 가운데 느낀 감회를 적어 보내 온 것을 읽고 의기투합하여, 이것을 약간의 수정을 거쳐 "문화 선언"의 형태로 발표한다. 이 문화 선언의 원제는 「중국 문화를 위하여 삼가 전 세계인에게 드리는 선언[爲中國文化敬告世界人士宣言]」이며, 부제는

연결시킬 때 그 속에 내재하는 보편 철학적 가치를 발견할 수 있다고 나는 생각한다. 이 책의 후반에서 송대 철학을 논하면서 나는 이러한 누락된 자료들을 주로 사용할 것이다.

셋째, 마지막으로 서양과 달리 중국 전통 시대의 철학적 저작들은 논리적으로 구성되지 않았다. 『논어』만 보더라도 제목이 시사하듯이[13] 이 책은 공자가 제자들과 나눈 대화들을 편집한 것이지, 공자가 의도적으로 집필한 것이 아니다. 게다가 중국의 도서에는 경(經)·사(史)·자(子)·집(集)이라는 서열이 있었다. 학자들의 철학적 학문 활동은 주로 경(經)을 대상으로 했기 때문에 경의 비논리적 편제를 따를 수밖에 없었다. 그러나 유기체의 생각에는 일관성이 있다고 가정할 수 있다. 하물며 그 유기체가 공자와 그를 추종하던 중국의 철학자들이라면 그 일관성은 가정을 넘어 의심할 수 없는 단계에 이른다. 철학자에게 있어 생각의 일관성이 파괴된다는 것은 생각이 변했다는 것을 의미한다. 주자의 경우가 그렇다. 주자의 저작, 특히 『주자어류(朱子語類)』와 『주자대전(朱子大全)』 사이에는 상호 모순되는 부분도 많다. 이 문제를 해결할 방법이 없자 학자들은 저작 연대를 고증할 수 있는 서신(書信)들을 모은 『주자대전』에만 관심을 쏟은 경

"중국 학술 연구 및 중국 문화와 세계 문화의 앞날에 대한 우리의 공동 인식[我們對中國學術研究及中國文化與世界文化前途之共同認識]"이다.

13 『논어』의 논(論) 자의 의미는 "가리다, 선택하다"이다. 따라서 『논어』의 문자적 의미는 "가려 뽑은 공자의 대화"라는 뜻이다. 논어의 영어 번역인 Analects도 같은 의미이다. 라틴어인 이 단어는 그리스어 analekta(things gathered up)에서 유래하였다. 따라서 『논어』의 문자적 의미를 영어로 표현하면 "edited conversations of Confucius"가 된다. Analects라는 번역어를 최초로 사용한 사람은 제임스 렉(James Legge, 1815-1897)이다.

향이 있다. 심지어 어떤 학자는 서신만을 연대별로 정리하여 주자의 사상을 조명했다(陳來, 1989). 그가 바로 주자학의 대가였던 첸무(錢穆, 1895-1990)의 기념비적 저작 『주자신학안(朱子新學案)』의 고증 오류를 30대 초반의 나이에 지적하여 유명해진 칭화(靑華)대학 교수 천라이(陳來, 1952-)이다. 그러나 엄밀히 말해 이것은 서지학의 문제이지 철학이 다룰 문제는 아니다. 물론 서지학이 사상을 연구하는 데에 차지하는 보조 자료로서의 가치마저 부정하는 것은 아니다. 나는 복잡한 주자 사상의 해석에 중요한 자료들은 사실 『어류』에 있다고 생각한다. 아울러 이 자료들은 장재와 이정의 철학 사상이 발전하는 연장선 위에서 해석해야 한다고 생각한다. 다시 말해 북송 사철 사이에는 철학적 담론이 있었다는 것이 나의 가정이다. 아울러 나는 이 철학적 대화의 근원이 공자에게로 소급한다고 생각한다. 이 철학적 담론을 복원하는 것이 편년사 수준에 머물러 있는 주자를 제대로 이해하는 방법이라고 생각한다. 그리고 이 복원 작업은 개념들의 의미를 맥락 속에서 해석하는 일을 매개로 한다. 그런 의미에서 의미의 맥락화는 해석학의 작업이며 또한 해석의 맥락화라고도 할 수 있을 것이다. 이 작업 속에서 궁극적 실재의 존재 방식에 대한 이해를 둘러싼 중국철학의 보편 철학적 가치를 확인할 수 있으리라고 나는 생각한다.

 다시 한번 내가 추구하는 보편 철학의 성격에 대한 정리와 개괄적 설명이 필요할 것 같다. 이 문제는 의미의 맥락화가 추구하는 목적과, 다른 한편으로는 의미의 맥락화가 사용하는 방법론과 관계하기 때문이다.

우선 내가 주장하는 보편 철학은 슈워츠가 주장하는 보편주의 정신의 세부적 천착이다. 보편주의를 실현하는 데에는 두 가지 길이 있다. 하나는 서양의 사유 방식과 합리성의 기치 아래 통일을 추구하는 보편주의이다. 이러한 보편주의의 한편에는 우리가 앞에서 다뤘던 여러 가지 형태의 오리엔탈리즘이 있고, 다른 한편에는 우리가 최근에 경험한, 미국의 금융 질서 아래 세계화를 추구하는 신자유주의가 있고 또한 서양 합리성을 기준으로 모든 학문을 통합하려 하는 이른바 통섭이 있다. 한편 우리는 서양의 질서를 강요하는 세계화의 광풍 속에서 비록 작은 소리지만 "가장 지역적(local)인 것이 가장 세계적(global)이다"라는 저항의 외침이 있었던 것을 기억한다. 슈워츠가 표방하는 "보편적 인간"은 이러한 생각과 그 궤를 같이한다. 중국철학의 기조가 일원론이라는 주장에 이의는 없을 것이다. 앞으로 보겠지만 중국철학이 이원론으로 흐를 때 항상 위기와 문제가 초래됐다. 그렇다면 왜 중국적 철학함의 기조인 일원론의 특성은 천착하지 않은 채 이원론의 모식을 중국철학 연구에 적용하려 드는가? 왜 일원론의 문제를 이원론의 "포장지" 속에 담으려고 하는가? 이원론은 두 개의 항, 즉 본체와 현상으로 구성된다. 하지만 일원론은 통전체 안에서 본체와 현상, 중국식 표현으로는 체와 용이 나뉘기 때문에 전체적으로는 세 개의 항으로 구성된다. 그런데 통전체와 용이 같은 술어를 사용하는 관계로 구별이 쉽지 않은 점이 문제를 복잡하게 만들었고, 기존의 연구들은 이 핵심 문제에 주의를 기울이지 않았다. 그러기에 개념의 분석과 의미의 맥락화가 필요한 것이다. 앞으로 보겠지만 우리는 이러한 경우를 예(禮)·기(氣)·심(心)에서 목격하게 될 것이다.

다음으로 내가 주장하는 보편 철학은 보편적 언어를 사용하는 이해하기 쉬운 철학이다. 그레이엄(Angus C. Graham, 1919-1991)이 독창성을 극찬한 서양의 두 권의 저술 중에 *Thinking Through Confucius*(『공자, 해체와 재사유』)가 있다. 이 책에서 저자들, 즉 데이비드 홀과 로저 에임즈는 "차이나타운 현상(Chinatown phenomenon)"이라는 표현을 사용한다(Hall and Ames, 1987: 308). 이 말은 중국인들이 이민을 와서도 섞여 살지 않고 자기들끼리 모여 살며 전통적인 생활 방식을 고집하는 것을 빗대어 학문 연구에서도 자신들의 전통 방식만을 고집하는 중국 학문계의 편협성을 꼬집은 말이다. 나는 이 표현에 전적으로 동의한다. 중국철학, 특히 주자의 철학이 풍부한 보편 철학적 함의를 갖고 있음에도 그 잠재력을 충분히 이끌어내지 못한 것은 차이나타운 현상 때문이라고 생각한다. 중국철학의 설명에서 사용되는 "객관적 유심론", "절대적 유심론", "일원론적 이원론" "이원론적 일원론" 등의 특수 용어(jargon)는 도대체 무엇을 표출하려는 것일까? 이러한 것들을 영어로 번역하면 더욱 가관이다. "objective idealism", "absolute idealism", "monistic dualism", "dualistic monism". 동양인에게도 잡힐 듯 말 듯한 이러한 용어들로 서양인이 중국철학의 실체를 가늠할 수 있을까? 결국 이러한 용어들은 중국철학 속에 지성과 체험, 일원과 이원 사이에 긴장적 모순이 존재한다는 의미를 표출하려는 것이다. 사실 이러한 모순적 긴장에 관한 문제는 위에서 말한 일원론이 갖는 독특한 구조를 제대로 이해하지 못한 데에 원인이 있다고 나는 생각한다. 앞으로 보겠지만 이러한 문제는 일원론에 내재하는 고유 구조를 파악하면 해결되는 사안이다. 일원론의 구조가 스스로 관련 문제를 설명한다.

마지막으로 내가 주장하는 보편 철학의 핵심은 인본주의이다. 서양 이원론을 자리매김한 플라톤의 철학은 "만물은 변한다"는 주장을 요체로 하는 헤라클레이토스 철학이 초래한, 정체성의 기반이 부재하는 틈을 타 사회적 위기를 조장한 소피스트들에 대처하기 위해 만들어졌다. 플라톤은 모든 변화하는 것들의 기초에 변하지 않는 것을 상정하고, 그 모형을 소크라테스의 불변의 도덕률에서 발견하였다. 그리고 이것을 피타고라스 수학의 형식(form)을 빌려 이데아 또는 형상(Form)이라고 이름 짓고 감관을 초월하는 곳에 두었다. 따라서 플라톤의 이데아는 그 발생에서 요청적 성격을 지울 수 없다고 말할 수 있다. 플라톤의 이데아는 중세 말 신플라톤주의를 통해 신학에 이론적 근거를 제공한다. 칸트는 이러한 발전의 연장선상에서 신의 존재 성격을 요청(postulate)으로 규정하여 계몽주의를 완성한다.

공자의 일원론, 달리 표현해 내재론에는 종교의 영역을 예외로 한다면 외재적인 초월 실재가 존재할 공간이 구조적으로 존재하지 않았다. 인(仁)이 보여주듯이 단지 내재적인 초월적 실재만이 존재했다. 도가, 특히 노자에는 도라는 외재적인 초월 실재를 중심으로 하는 존재론의 개요가 존재하지만, 보다 구체적인 초기 존재론은 동중서(董仲舒, BC 176-104)의 천인감응론에서야 모습을 보인다. 이러한 지성적 노력의 기초 위에서 위진 시대에 발전하는, 기 개념을 중심으로 하는 중국의 존재론 탐구의 시도에 결정적 촉매제의 역할을 하는 것은 정작 불교의 자극이다. 이러한 과정을 통해 탄생하는 것이 이른바 북송의 도덕 존재론, 정확히 말해 도덕 존재론을 둘러싼 시행착오와 이에 따른 철학 논쟁이다. 이 논쟁을 이어받는 주희의 철학적 과제의 핵심에는 내재론에서 외재적인 초월적 실재를 어떻게 상정하고 설명할 것인가에 있다. 앞으로 보겠지만 주희의 지적 노력의 중심에는 요청적인 초월적 실재를 중심으로 하는 인본주의가 있다. 철학에서 인본주의보다 보편성을 가질 수 있는 것이 있을까? 주희의 이러한 노력에서 중국철학의 보편 철학적 성격은 정점에 도달한다. 하지만 안타깝게도 외재적인 초월적 실재를 둘러싼 주희의 진술에는 모순, 불일치가 존재하고, 제자들은 실체로서의 외재적인 초월적 실재가 스승의 본래의 생각이라고 간주했고 이러한 전통은 현재까지 이어진다. 앞으로 보겠지만 이것이 바로 내가 해명하고자 하는 주희 철학의 양면성이다.

# 제2장 공자의 형이내학

**1절 무엇이 문제인가?**

몇 년 전 『논어』 열풍이 우리 사회를 휩쓴 적이 있었다. 앞다투어 『논어』에 관한 고만고만한 책들이 현란한 제목으로 독자를 유혹하며 쏟아져 나왔다. 마치 『논어』를 모르면 시대에 뒤지는 듯, 『논어』에 대한 배움의 열기도 세간에 높았다. "고만고만하다"는 것은 내용이 별 차이가 없다는 말이다. 실제로 그 책들은 모두 도덕주의자로서의 공자를 수사법을 달리해 그렸을 뿐 내용에는 별 차이가 없었다. 나에게도 어떤 그룹으로부터 강의 요청이 들어왔다. 『논어』 자체보다도 공자 사상의 형성 배경을 먼저 배우라고 했더니, 그 뒤로 연락이 없었다.

그렇다면 왜 공자 사상의 형성 배경을 먼저 배워야 하는가? 나는

『논어』, 즉 공자 사상에 관한 해석의 다양성은 공자 사상의 다의성, 풍부성 때문이라기보다는 오히려 정통 해석이 없기 때문이라고 생각한다. 정통 해석이 없을 수밖에 없는 주된 이유는 공자 사상의 특성에 대한 천착의 노력 없이 너무 일찍 공자를 비교철학의 지평 위에서 조명했기 때문이라고 생각한다. 이러한 노력의 결핍이 다양성이라는 미명하에 혼란을 초래했다고 생각한다. 따라서 공자 사상에 관한 한 "다양성"과 "혼란"은 동의어이다. 그렇다면 무엇이 문제인가? 무엇 때문에 공자의 사상은 이러한 특성을 갖게 되었는가? 이 문제를 천착하기 위해서는 우선 공자 사상에 관한 대표적인 기존 연구를 발판으로 문제점을 진단하는 것이 순서일 것 같다. 나는 펑유란, 그레이엄, 슈워츠의 연구를 대표적인 연구로 선정하되, 공자에 대한 전반적 평가와 공자의 사상 중 인(仁)과 예(禮)의 관계로 검토의 초점을 제한하겠다. 이렇게 하는 이유는 이들의 연구가 기존의 공자 사상 연구에 관한 한 세 가지 대표적인 표본이고, 인과 예의 관계가 공자 사상의 핵심이기 때문이다.

 공자가 중국과 동아시아 문명사에서 차지하는 위치에는 이견의 여지가 없을 것이다. 펑유란이 자신의 『중국철학사』에서 처음으로 공자를 중국철학자의 효시로 자리매김한 이래 동아시아 문명, 지성사에서 공자는 확고한 위상을 차지하고 있다. 펑유란은 공자를 철학의 문제를 자연에서 인간으로 전환시킨 서양의 소크라테스에 비교한다. 하지만 그는 한 걸음 더 나아가 공자는 학술을 보편화시키고, 선비 계급을 창립, 선양, 발전시킨 인물이기 때문에 어느 면에서 소크라테스를 능가할지도 모른다고까지 주장한다 (펑유란, 1999a: 85, 93).

한편 공자 사상의 핵심이 예와 인 중 어느 것이냐에 관한 문제에 있어 펑유란은 분명한 입장을 나타내지는 않는다. 하지만 펑유란이 직(直)·인·충(忠)·서(恕)를 함께 다루면서 개인 내면의 도덕성을 강조하는 것으로 판단하면 그는 단연 예보다는 인을 높게 평가하는 것으로 추측할 수 있다.

그런가 하면 야스퍼스(Karl Jaspers, 1883-1969)는 한 걸음 더 나아가 공자를 기축 시대에 인류 문명의 진로에 영향을 미친 창조적 소수(creative minorities)의 한 사람으로 추존함으로써 공자의 위상을 본격적으로 세계 문명사에 자리매김한다(야스퍼스, 1986). 야스퍼스는 공자가 외부의 초월적 존재들을 통해 인간의 초월적 욕구를 해소하던 이전 세기와는 달리 초월의 계기와 역량을 인간 안에서 확인하고 추구하여, 이른바 기축 시대의 보편적 기조인 초월의 돌파(transcendental breakthroughs)를 중국에서 이루어내는 데 공헌했다고 생각한다. 이런 이유로 야스퍼스는 공자를 주목하며 세계 4대 성인의 한 사람으로 인정한다.

시야가 중국으로 제한되어 있는 데다가 더욱이 앞으로 보겠지만 편견, 그것도 아주 심각한 편견에서 자유롭지 않은 그레이엄은 공자의 위상과 공헌을 중국 내로 제한하고 있다.[1] 따라서 그레이엄은 공자의 근본 공로가 귀족의 신분으로서 귀족의 교육을 대중화시킨 데

---

1 최근에 출판된 『공자, 잠든 유럽을 깨우다』(황태연·김종록, 2015)에서 저자들은 이러한 일반적 이해를 뛰어넘는 다소 충격적인 사실을 진술하고 있다. 저자들은 18세기 서양의 지성계에 공자와 중국에 대한 대단한 흠모의 열기가 있었으며, 서구 계몽주의 사상의 핵심에도 공자의 영향이 있었다는 주장을 한다.

에 있다고 주장한다. 그 결과 주나라 문화의 핵심인 예와 악(樂)이 귀족들만의 전유물에서 대중의 삶 속으로 들어오게 되었다는 것이다. 따라서 일반인들도 천(天)과 귀(鬼) 등 초월적 존재들의 지배에서 벗어나 인이 상징하는 귀족들의 도덕과 가치를 인간적 삶의 영역 안으로 포괄하는 관심의 전환이 가능하게 되었다고 주장한다(그레이엄, 2001). 결국 그레이엄도 중국에 있어 초월의 돌파가 공자를 통해 가능해졌다는 것을 한정적으로, 일면적으로 인정한다는 것을 알 수 있다. 한편 예와 인의 관계에 있어 그레이엄은 예에 우선권을 준다. 그리고 인을 "귀족다움"이라고 해석하여 당황스럽게도 인을 인간의 내면이 아니라 외면적 특질로 파악한다.

전적으로 야스퍼스의 견해를 수용하는 슈워츠는 야스퍼스의 관점을 바탕으로 공자를 중국의 "첫 번째 개인 사상가(the first private thinker)"라고 주장한다.[2] 이러한 공자의 위상은 세 가지로 설명할 수 있다. 우선 육예(六藝)는 원래 귀족의 신분 유지를 위한 실용적 기술(arts)이었으나, 공자는 이것을 관방(官方)의 상징적 기술에서 해방시켜 그 도덕적 함의를 적극적으로 추구했다는 것이다. 둘째, 공자는 내면적 가치의 총부(總府)인 인이 모든 사람에게 갖추어져 있다는 것을 설득하고, 이것의 바탕 위에서 예를 수행할 것을 주장함으로써 인간이 도덕적으로 자기를 초월할 수 있는 가능성을 설파했다는 것이다. 셋째, 인과 예 사이의 역학(力學)이 학(學)을 매개로 한다는 것,

---

[2] 슈워츠가 "철학자" 대신에 "사상가"라는 단어를 사용하는 이유는 제1장에서 설명했다.

즉 인의 계발은 전통적인 예의 학습을 통해 완성된다고 상정했다는 것이다. 나아가 슈워츠는 예를 초기 중국 문화의 정향인 조상숭배, 즉 제사에서 추출해내어 예가 갖는 중국 사상사에서의 중심성을 이론적으로 정립하고 있다.

이상의 설명에서 우리는 공자와 그의 사상을 둘러싼 동서양 학자의 인식에 존재하는 근본적인 상이성을 목도할 수 있다. 공자에 대한 평가가 확고한 견해의 차이를 보여주는 반면에, 공자 사상의 핵심에 대한 인식은 ― 인의 인식에 대한 근본적 차이점에도 불구하고 ― 전체적인 초점이 인에서 예로 옮겨 가는 것을 볼 수 있다. 외견상 별개인 것 같은 위의 두 문제는 사실상 하나의 문제이다. 다시 말해 공자 사상의 핵심에 대한 인식이 공자의 업적에 대한 평가를 결정한다고 나는 생각한다. 사실 공자의 사후 제자들은 스승의 사상적 핵심이 인이냐 예이냐를 둘러싸고 쟁론을 벌였으며,[3] 그 쟁론은 현재까지 이어지고 있다.

평유란은 전인미답의 길을 개척하면서 서양철학사를 모델로 삼았기 때문에 이 쟁점을 파악하려는 노력을 염두에 두지 못했다. 따라서 공자 속에서 철학의 문제를 자연에서 인간으로 전환시킨 소크라

---

[3] 공자 사후 그의 제자들은 여러 파로 나뉘었다.『한비자(韓非子)』「현학(顯學)」은 유가에 여덟 개 분파("子張·子思·顏氏·孟氏·漆雕氏·仲良氏·孫氏·樂正氏")가 있다고 증언한다. 한편『맹자(孟子)』「등문공상(滕文公上)」에는 공문(孔門) 안에 예를 중시한 유약(有若)을 둘러싸고 인과 예에 관해 갈등이 있음을 암시하는 부분("子夏·子張·子游以有若似聖人, 欲以所事孔子事之, 強曾子. 曾子曰, 不可")이 보인다. 이러한 분파는 최종적으로 증자(曾子)를 중심으로 인을 받드는 내성파(內省派)와, 자하(子夏)·자유(子遊)·자장(子張)을 중심으로 예를 중시하는 숭례파(崇禮派)로 나뉘었다. 그리고 증자의 계열은 맹자에게로, 자하의 계열은 순자에게로 이어졌다.

테스를 발견하고, 내면 가치에 치중하는 도덕가로서의 공자를 서술했다.

그레이엄은 인과 예의 문제에 있어 그가 추종하는 핑거렛의 생각을 전수한다(Fingarette, 1972). 따라서 인과 예를 평면적 관계로 이해했고, 그 결과 놀랍게도 그레이엄이 파악한 공자는 내면성을 상실한 일차원적인 인간이다. 그는 이러한 일차원적인 인간에게서 도덕의 계기를 추출하는 신공(神功)을 발휘한다. 따라서 그레이엄이 공자에게 문명사적 위상을 부여할 가능성은 철저하게 차단되어 있다. 그의 실증적 방법이 오히려 고정관념이 되어 그는 공자를 철저하게 중국 내부의 인물로 만들었을 뿐만 아니라 공자를 비유학의 계보인 묵자(墨子)와 고자(告子)와 연결하는 자기모순을 저지르고 말았다.

슈워츠는 공자 사상의 기초를 갑골문에 나타난 조상숭배, 즉 제사에서 찾아 예가 차지하는 중심성을 이론적으로 확보했다. 하지만 예와 인의 관계는 정확하게 설명하지 못하고 인을 막연하게 도덕과 가치의 내면성을 가리키는 것으로 설명하고 있다.

여기까지가 내가 생각하는 기존의 공자 연구가 안고 있는 문제점에 대한 개괄적 평가이다. 그러나 나는 공자에 대한 이러한 이해는 피상적이라는 과감한 주장을 하고 싶다. 공자 사상에 대한 다양한 해석은 공자 사상의 특성 때문이라기보다는 공자를 심층적으로 이해하지 못했기 때문이라고 나는 생각한다. 공자 사상의 진면목을 탐구하는 길은 공자를 도덕주의자와 인문주의자로 보는 기존의 시각을 넘어 공자 사상의 문화적 모태를 조명하는 것이라고 나는 생각한다. 공자가 도덕주의자, 인문주의자라는 사실을 부정하려는 의도는 전혀 없다. 다만 그가 도덕주의자와 인문주의자가 되는 근본 모태를 탐구하자는 것이다. 그 모태는 샤머니즘을 토대로 하여 발전하고 성숙된 일원론의 세계관이라고 나는 생각한다.

이원론은 이해하기도 설명하기도 쉽다. 현상과 본체, 현실과 초월, 세속과 가치 등으로 구별할 수 있는 이질적인 이항(二項)이 화해의 가능성을 배제한 채 대립하고 있기 때문이다. 이와 비교해 흔히들 일원론은 분절적이지 않아서 분명하지 않고 모호하다는 탓을 한다. 이것은 오해이다. 일원론, 송명 철학의 술어로 표현하면 일본(一本, 하나의 원본) 속에도 이원론에서 보이는 이항이 존재한다. 일원론에도 초월 및 존재와 가치의 근원을 탐구하려는 노력이 분명히 있었다. 인간으로서 가치, 존재, 초월을 추구하는 것은 동서를 막론하고 보편적인 일이다. 다만 중국철학은 그것을 표현을 달리해 일본 속에서 했을 뿐이다. 앞으로 보겠지만 이러한 관계로 인해 이원론은 이항의 개념들로 구성되지만 일원론은 삼항의 개념들로 구성된다.

내가 이해한 공자는 중국 문화 안에서 오랜 시간에 걸쳐 성숙한 일원론의 철학 문제를 최초로 종합하여 구체적으로 표출한 인물이다. 그는 이러한 자신의 종합자의 위상과 책무를 "설명은 하되 새로이 만들지는 않는다[述而不作]"는 표현 속에 담고 있다. 그가 종합하고 구체화한 일원론의 핵심은, 앞으로 보겠지만 예와 정명(正名)에 있다. 따라서 공자 사상의 모태인 일원론적 세계관의 규명이 논리적인 순서일 것이다.

## 2절 일원론의 세계관

내가 조상숭배 의식인 제사에서 중국 문화의 정향을 찾는 슈워츠의 생각을 높이 사는 이유는, 정작 슈워츠 본인은 명확하게 지적하지 않았지만, 그 속에 일원론의 싹이 있기 때문이다. 제사 속에는 현실의 후손과 초월의 영계에 있는 조상의 영이 어떤 단절도 없이 가족의 일원으로서 상호 교통하는 모습이 담겨 있다. "죽음은 생명이 끝나는 것이지, 관계가 끝나는 것은 아니다(death ends a life, not a relationship)"(Albom, 1977: 174)라는 모리 슈워츠(Morrie Schwartz, 1916-1995)[4]의 잠언은 비록 서양인이 한 말이지만, 제사를 두고 하는 말이라고 해도 무방할 정도로 제사의 정신을 정확하게 서술한다. 조상의 영령이 제사에 대한 보상으로 후손을 위해 복을 내려주고 지켜준다면, 제사에 나타난 관계는 현실의 어떤 인간관계보다도 강력한 실재성을 갖고 있다고 할 수 있을 것이다. 존재 양식이 다르기는 해도 조상의 영령은 현세 자손의 지속적인 숭배를 통해 계속 살아 있었다고 할 수 있다. 상나라 때에는 이러한 조상의 영령을 신(神)이라고 불렀으며, 이러한 신은 자신의 자손만을 도와주는 자기중심적인 존재였고, 따라서 후손도 자신의 조상신만을 섬겼다. 이러한 구조는 심지어 남의 신들은 인정하지 않는 배타적인 성격을 띠고 있었다.[5]

왕족의 조상들이 점차 세상을 뜨게 됨에 따라 제사의 대상도 늘어

---

4 미국 브랜다이스(Brandeis)대학교 사회학과 교수 역임.
5 "人之鬼, 非人也. 兄之鬼兄也. 祭人之鬼, 非祭人也. 祭兄之鬼, 乃祭兄也."(『墨子閒詁』 「小取」)

났다. 이때 조상의 영령들과 자연종교가 결합하는 현상이 등장하여 왕조의 시조와 보다 강력하고 존재감이 있는 영령들은 자연신의 모습을 갖게 된다. 아울러 지상의 정권이 점차 정비된 관료 제도를 갖춰감에 따라 천상의 신들의 세계도 관료 제도의 체제로 운영되게 된다. 이리하여 천상의 세계에 최고신 제(帝)가 등장할 때쯤에는 지상의 왕에게도 제 자(字)가 붙는 것을 역사에서 목도하게 되는데, 그들이 바로 상의 마지막 두 임금인 제을(帝乙)과 제신(帝辛)이다(슈워츠, 2004). 여기에서 지상의 왕에게도 똑같이 제 자를 붙였다는 것은 통치자의 보편 왕, 즉 천하 공주(天下共主)로서의 자신감을 상징하는 것으로 해석할 수 있을 것이다. 그러나 다른 한편으로는 제 자를 공유할 정도로 천상의 권력과 지상의 권력 사이에 간극이 없다는 것을 암시하는 것으로 해석할 수도 있을 것이다.

이러한 중국의 조상숭배 의식과 대비하기 위해 이원론을 대변하는 『성서』의 한 구절을 보자. 모세가 신을 만나러 시나이 산(Mt. Sinai)에 올라갔을 때, 그는 "네가 선 곳은 거룩한 땅이니 네 발에서 신을 벗어라"는 신의 음성을 듣는다. 이에 "모세는 신을 뵙기가 두려워서 얼굴을 가렸다."(「출애급기」 3:5)[6] 여기에는 신발이 상징하는 차안의 세속과 두려워서 마주 볼 수 없는 성스러운 신의 영역이 극복 못할 정도로 분할된 이원론의 세계가 그려져 있다. 신의 별칭인 야훼(Yahweh)라는 명칭도 이러한 세계관을 반영한다. 원래 야훼는 "나는 나다(I am who I am)"라는 일종의 농(joke)으로 "내가 누구인지 알려

---

6 「여호수아」 5:15에도 비슷한 구절이 보인다.

고 하지 말라(never you mind who I am)" 또는 "네 일이나 열심히 하라(mind your own business)"라는 뜻을 함축하는 말이다. 신은 인간과는 질적으로 다르다 — 질적인 단절이 있다 — 는 경고이다. 그러나 이 말이 중세 교부철학에서는 아리스토텔레스 철학의 영향을 받은 아퀴나스(T. Aquinas, 1224/1225?-1274) 신학의 맥락에서 "나는 스스로 있는 자다(I am who I am)"로 해석되어 아리스토텔레스 철학의 제1원인, 즉 "부동의 동자(unmoved mover)"의 지위를 갖게 된다(암스트롱, 1999: 56-57).

 조상신은 결코 이러한 절대자가 아니다. 따라서 제사에는 이원론의 세계관에서 볼 수 있는 초월계와 현상계 사이의 단절이 보이지 않는다. 이러한 단절이 없는 세계관은 『상서(尙書)』의 다음과 같은 구절에도 보인다. "중과 려에게 명하시어 땅과 하늘의 통함을 끊어, [영령이] 내려오지 않게 하셨다."[7] 주어가 불분명하지만 문맥 전체로 판단해보면 아마 이전에는 땅의 인간들과 하늘의 신이 직접 소통을 했던 것 같으나, 이제 그러한 직접 소통을 금하고 종교적 전문인, 아마도 무당이 그 소통을 담당한다는 뜻인 것 같다. 다소 모호한, 그러나 샤머니즘의 맥락 속에 있음이 분명한 이 구절에서 내가 관심을 갖는 부분은 어떻게 땅과 하늘의 통함을 끊었느냐가 아니라, "땅과 하늘의 통함 또는 뚫림[地天通]"이다. 이 구절은 적어도 당시의 우주관에서는 땅과 하늘이 통했다는 것, 즉 땅과 하늘을 연결된 것으로 인식했다는 사실을 말한다. 이것은 샤머니즘의 우주관을 강하게

---

**7** "乃命重黎, 絶地天通, 罔有降格."(『尙書』「周書」"呂刑")

연상시킨다.

 지역마다 약간의 변형이 있는 샤머니즘의 공통점은 다음의 세 가지로 요약할 수 있겠다. 우선 샤머니즘의 우주관은 천상계, 현실계 그리고 지하계의 3층 구조를 갖고 있다. 둘째, 샤머니즘의 우주관은 텐트(tent)와 같은 구조를 갖고 있다. 텐트의 중심에서 기둥이 텐트를 떠받치듯이, 샤머니즘의 우주관의 중심에는 예외 없이 구멍, 기둥, 다리, 계단, 규모가 더 큰 것으로는 우주산이나 세계수(世界樹)가 있어 우주를 받치고 있다(엘리아데, 1992: 243-250). 마지막으로, 샤머니즘의 우주관에는 접신을 통해 비상하고 하강하는 무당이 존재한다. 다시 말해 우리는 가장 보편적인 샤머니즘의 형태에서 무당의 영혼이 접신을 통해 서로 통하는 중심축을 이용해 자유롭게 세계의 권역을 오르락내리락하는 그림을 떠올릴 수 있다. 샤머니즘의 영향을 받은 우리의 단군신화에서도 환웅은 신단수(神檀樹)를 타고 인간계로 내려온 것으로 기록되어 있다.

 사실상 상나라 때의 지배적인 종교는 샤머니즘이었다. 그리고 상(商)과 주(周) 시대의 제사는 이러한 샤머니즘이 표상하는 세계관의 배경하에서 발전한 것으로 보인다. 당시의 사람들은 무당을 통해 하늘과 통할 수 있었다.[8] 상나라 청동기의 동물 문양은 무당이 영과 접촉하기 위해 환각 상태에 돌입할 때 활용한, 즉 무당이 천지 및 신인(神人)과 교통할 수 있도록 도와주는 매개 동물들의 형상이다(張光直,

---

[8] 『초사(楚辭)』와 『산해경(山海經)』에는 고대 무당들의 모습과 활동이 자세히 기록되어 있다.

1990: 113). 아울러 이러한 흔적은 요갱(腰坑)이라는 매장 제도에서도 발견된다. 요갱이란 사자의 관의 허리 부분 밑에 굴을 파고 동물을 매장하는 제도를 말한다. 요갱에 매장된 동물들은 사자의 영혼을 조상의 영역으로 인도해주는 저승사자의 역할을 담당한 것으로 학자들은 해석한다(팔켄하우젠, 2011: 269). 아울러 『좌전(左傳)』에도 좋은 증거들이 보인다. 『좌전』에 상당히 많이 등장하는 물(物)이라는 글자는 "희생 동물"로 해석되는데, 제사는 그 신에 맞는 희생 동물을 올려야 하고, 그것도 그 신이 강림한 날에 해당하는 동물을 바쳐야 한다고 『좌전』은 주장한다.⁹ 다시 말해 희생 동물은 해당하는 신과 날짜에 따라 다르며, 해당하는 희생 동물이 하늘과 교통하는 데 필수적이라는 말이다. 한편 갑골문에 보이는 빈(賓) 자는 조상의 영혼을 빈객의 예로써 불러 모신다는 뜻이다. 『초사(楚辭)』에는 이러한 혼을 부르는 행위, 즉 초혼(招魂)이 하나의 독립된 편장(篇章) —「초혼」— 으로 나타난다. 제사에는 후손의 어린아이 중에서 선발된 시(尸)가 조상의 구현자로서 도입되었고, 시의 역할은 대부분 수동적이며 환각에 빠지지 않도록 되어 있었다. 이것은 보다 이른 시기의 제사에서 보이는 샤먼적 무아 상태에서 이루어진 영적 교류를 대체한 것이었다(팔켄하우젠, 2011: 90).¹⁰

---

9 "以其物享焉, 其至之日, 亦其物也."(『左傳』「莊公 32年」)
10 제사는 최종적으로 샤머니즘의 요소들이 기(氣)와 음양 이론에 의해 이론적으로 합리화되고 인문화된 형태로 나타난다. 우리는 이러한 형태를 『예기(禮記)』에서 발견할 수 있다. "魂氣歸於天, 形魄歸于地. 故祭求諸陰陽之義也."(『禮記』「郊特牲」) "體魄則降, 知氣在上."(『禮記』「禮運」)

상나라와 주나라의 교체기에 사회의식이 크게 변했다고 전해진다. "은나라 사람들은 신을 높여서, 백성을 거느려 신을 섬기고, 귀신이 의례보다 우선이었다. … 주나라 사람들은 의례를 높이고 베풂을 숭상하며, 귀신을 섬기고 존경하나 멀리하고, 사람을 가까이 하여 진실됨이 있었다."[11] 여기에 나타난 변화의 핵심은 의례, 즉 제사이고, 변화의 본질은 무게중심이 영령, 즉 신에서 의례와 인간으로 옮겨 가는 것이다. 한마디로 주나라에 들어와 인간이 중심이 되는 인문주의가 대두하는 것이다. 그러나 이러한 변화는 말처럼 급작스러운 것은 결코 아니었다. 사실상 상나라와 서주 시기까지는 여러 면, 특히 종교 사상에 있어 연속성을 갖는 것이 사실이다(楊寬, 1999).[12] 위에서 인용한 『예기(禮記)』 「표기(表記)」에 나타난 인문적 변화는 서주 말에 시작되어 춘추전국시대에 비로소 구체화된다. 이 문제에 있어 팔켄하우젠(Lothar von Falkenhausen, 1959-)[13]의 책, 『고고학 증기로 본 공자 시대 중국 사회(Chinese Society in the Age of Confucius(1000-250 BC): The Archaeological Evidence)』는 우리가 관심을 갖고 있는 사실들에 관한 아주 훌륭한 정보들을 제공해준다. 그는 살아 있는 사람들의 사회에서 벌어진 의식(意識)상의 변화가 무덤 속 죽은 사람들의 세계, 즉 묘제와 부장품 등에 반영되어 있다고 가정한다. 따라서 그는 두 개의 세계 사이에 존재하는 이러한 대칭성을 전제로, 고

---

11 "殷人尊神, 率民以事神, 先鬼而後禮. … 周人尊禮尙施, 事鬼敬神而遠之, 近人而忠焉."(『禮記』 「表記」)
12 팔켄하우젠(2011: 34)도 같은 견해를 기술하고 있다.
13 UCLA대학 예술사학과 교수.

고학적 증거 속에서 지금은 사라진 당시 사람들의 의식 변화를 읽어 낸다.

공자가 태어나기 얼마 전인 기원전 600년경 춘추 중기 주나라(동주東周)에서 서주 말의 의례 재편에 이어 두 번째의 중대한 의례 재편이 발생한다. 재편의 핵심은 제사의 초점이 조상의 영령으로부터 현세의 제사 공동체로 이전되는 것이다. 제사의 성격은 이전의 종교적 분위기에서 탈피하여 현실의 공동체의 결속을 확보하기 위한 행사로 변모하게 된다. 따라서 조상의 영령은 이제 더 이상 초자연적인 원조를 잠재적으로 제공하는 자가 아니다. 다시 말해 정권의 지속은 후손들이 의례적, 정치적으로 올바른 행위를 지속한 도덕적 노력의 결과이지, 초월적 권위로부터 승인을 받은 결과가 아니라고 해석하는 의식의 변화가 발생하는 것이다(팔켄하우젠, 2011: 378-381). 이제 우리는 초월의 계기를 인간 주체 안에서 추구하는 중국판 초월의 돌파를 목도하고 있다.

이러한 돌파의 정신은 『시경(詩經)』 속에서 내재론으로 구체화된다. "하늘이 만백성을 내시니, 사물이 있으면 반드시 법칙이 있도다. 백성은 타고난 착한 성품이 있으니, 아름다운 덕을 좋아하네."[14] 여기에서 분명히 알 수 있는 것은 샤머니즘에서 보이는 영령의 초월적 권위는 사라지고 그 대신 인간 주체 속에 초월의 가치가 자리 잡는 일원론 철학이 발전하기 시작한다는 것이다. 따라서 위의 구절은 일원론 철학의 대명제에 대한 천명이라고 해석할 수 있다.

---

14 "天生蒸民, 有物有則, 民之秉彝, 好是懿德."(『詩經』「大雅」"蒸民")

나는 공자의 역사적 위상, 특히 보편 철학적 위상은 이러한 발전의 연장선 위에서 파악되어야 한다고 생각한다. 공자가 『시경』의 저자인가 아니면 편찬자인가 하는 해결 가능성 없는 해묵은 논쟁은 중요하지 않다. 공자는 이러한 대전제의 맥락 속에서 일원론의 내재철학을 처음으로 표출해낸 인물이다. 나는 그 내재철학의 결정체가 바로 예(禮)와 정명(正名) 사상이라고 생각한다. 바꿔 말하면 공자는 예와 정명을 통해 아직은 대전제만 주어져 막연한 일원론 철학의 내용을 구체화한 것이다.

### 3절 예

내가 예(禮)의 문제에 관심을 갖게 된 계기는 미국 유학 시설의 경험에서 비롯됐다. 비록 중국의 역사나 철학을 다루지만, 지역이 미국인지라 모든 강의와 세미나가 영어로 진행되는 것은 당연한 일이었다. 더욱이 경전의 원전을 다루는 세미나에서도 모든 원문은 영어로 번역해서 토론을 진행했다. 얼마 지나지 않아 나는 '예'라는 개념의 번역에 있어 나와 미국 학생들 사이에 근본적인 차이가 있음을 감지할 수 있었다. 물론 다른 술어들의 번역에도 차이는 있었지만 그것은 단어 선택의 차이였다. 예를 들어 '인'의 경우는 benevolence나 humanity가 주로 사용됐다. 하지만 예의 번역에서는 근본적인 차이가 있었다. 예라는 단어를 미국 학생들은 일률적으로 "ritual(의례)"로 이해하고 번역했지만, 나는 "norm/propriety(규범)"로 번역했고 그것을 일관되게 고집했다. 전자는 "몸으로 하는 것"이고 후자는 "관념(mental contents)"으로 완전히 다른 성격이다. 예를 둘러싸고 왜 이런 차이가 발생할까? 무엇이 이런 차이를 만들까? 이어지는 의문을 품고 『논어』를 다시 차분히 읽었다. 얼마 지나지 않아 예의 개념이 위의 두 가지로 쓰인다는 사실을 발견할 수 있었다.

예를 들어 다음의 예문을 보자. "예가 아니면 보지 말고, 예가 아니면 듣지 말고, 예가 아니면 말하지 말고, 예가 아니면 움직이지 말라."[15] "삼실로 짠 면류관을 쓰는 것이 예이다. 오늘날은 검은 비단이 쓰이는데, 이것은 검소한 것이다. 나는 많은 사람이 하는 것을 따르련다. 계단을 오르기 전에 절하는 것이 예이다. 오늘날은 오른 다음에 하는데, 이것은 교만한 것이다. 비록 많은 사람과는 다르지만 나는 오르기 전에 하련다."[16] 이 예문에 나오는 예는 분명 규범을 가리킨다. 이것을 의례로 번역할 수 있을까? 하지만 다른 예를 살펴보자. "예는 사치스런 것보다는 차라리 검소한 것이 낫다."[17] "예에 대해 이러쿵저러쿵 말들을 하는데, 예가 어찌 옥이나 비단을 가지고 말하는 것이겠는가?"[18] 이곳의 예는 분명 규범이 아니라 의례를 가리킨다. 이것을 규범으로 번역하면 문맥의 의미가 어색해질 것이다. 그렇다면 우리가 물어야 할 것은 '예가 어떻게 두 가지 의미를 가질 수 있을

---

15 "非禮勿視 非禮勿聽 非禮勿言 非禮勿動."(『論語』「顏淵」)
16 "麻冕, 禮也. 今也純, 儉, 吾從衆. 拜下, 禮也. 今拜乎上, 泰也. 雖違衆, 吾從下."(『論語』「子罕」)
17 "禮與其奢也寧儉."(『論語』「八佾」)
18 "禮云 禮云, 玉帛云乎哉."(『論語』「陽貨」)

까' 하는 것일 것이다. 이럴 때는 『설문해자(說文解字)』를 통해 예의 자원(字源)을 살피는 것이 문제 해결의 순서일 것이다.

예는 몸으로 시행하는 것이다. 신을 섬겨 복을 받기 위한 것이다. 示(시)를 따르고 豊(풍)을 따른다. … 풍은 예를 시행하는 그릇이다.[19]

이에 따르면 예(禮)의 어원은 신주[示] 앞에 두[豆]라는 이름의 제기(祭器)가 있고 그 위에 제물인 고기 산적이 차려져 있는 모습을 그린 것이다. 그리고 중요하고도 분명한 사실은 예는 규범의 개념이 아니라 복을 받기 위해 제물을 차려놓고 신에게 몸으로 시행하는 의례, 즉 영어로 표현하면 performance라는 점이다. 이 뜻을 『예기』에서는 같은 의미의 다른 글자[同義異字]인 제(祭)를 통해 설명한다.[20] "안으로 몸을 가지런히 하고, 가지런한 마음을 밖으로 확산하는 것이다."[21] 또 다른 곳에서는 "타의적으로 하는 것이 아니라, 마음 깊은 곳에서 우러나오는 것이니, 마음이 두려워 의례를 통해 받드는 것"이라고 설명한다.[22] 결국 자원의 정의에 따를 때, 예는 복을 받기 위해 수행했던 일단의 상징적 가치를 갖는 행위였다. 상징(symbol)이라

---

19 "禮, 履也. 所以事神致福也, 從示從豊. … 豊, 行禮之器也."
20 祭 자는 신주[示], 고기[肉], 손[又]으로 구성되며, 전체적인 의미는 손으로 고기를 신주 위에 올리는 모습이다.
21 "致齋於內, 散齋於外."(『禮記』「祭義」)
22 "非物自外至者也, 自中出生於心也. 心怵而奉之以禮."(『禮記』「祭統」)

는 말이 희랍어 syn(함께)과 balein(던지다)의 합성어라는 점을 감안할 때, 예는 신, 즉 조상의 영령의 호의를 입어 복을 받으려는 "간절함과 진정성을 담아 던진" 상징적 "몸짓"이었음을 알 수 있다.

멀리 갈 것 없이 우리 주위에서 예의 경우를 찾아 이해를 돕자. 매년 대학 입시 철이면 수많은 어머니가 사찰이나 성당, 교회를 찾아 자녀의 합격을 기원하는 기도를 올린다. 성모상, 십자가, 불상 등 신봉하는 종교적 대상을 향해 자신의 간절한 마음을 담아 손을 모으고 고개를 숙여 기도, 합장, 절(拜) 등의 적절한 형식을 갖춰 의례를 수행한다. 여기에서 우리가 알 수 있는 사실은 예의 수행, 몸짓은 내면의 진정성의 표현이며 따라서 예는 원래 내면의 진정성과 밖으로 표현되는 몸짓을 포괄하는 통전성(holism)을 특징으로 한다는 점이다. 이것을 도식으로 표현하면 다음과 같은 구조가 될 것이다.

그렇다면 다음의 과제는 몸으로 시행하는 의례가 어떻게 규범이라는 관념적 의미를 갖게 되었는가 하는 점을 밝히는 일이 될 것이다. 이러한 종교적 의례는 이어지는 세기에 세속화되어 사회의 질서를 확립하는 근간이 되었다. 중국인들이 의례에서 발견한 것은 의례의 시행자와 대상자 사이의 구별 또는 위계의 차이였던 것 같다. 점차 체제를 갖춰가는 국가의 문물제도의 기초를 위계의 분별에 두고, 직책을 반영하는 이름을 분별함으로써 국가 기강의 기틀을 잡아갔다. 그리고 이 규범의 질서를 예라고 불렀다.[23] 아울러 이 예를 관·혼·상·제·향(鄕)·사(射)·조(朝)·빙(聘) 등 개인적 삶의 영역에도 적용하여 의례(儀禮)라고 불렀다. 또한 예를 천지, 우주의 근본 법칙으로, 의를 그것을 본받는 것으로 규정하여 예의(禮儀) 제도의 이론적 토대를 확립했다.[24] 따라서 예의는 중국 사회에서 최초의 법의 역할을 했고 따라서 예의 제도는 중국에서 법률 사상의 연원이라고 할 수 있다.

주대(周代)에 이르러 국가의 문물제도를 정비하면서 예의는 완벽한 제도의 수준으로 정비된다. 예의 제도는 정치제도와 결합되어 사회제도의 기본적인 표준이 된다. 한마디로 이제 "예는 나라의 뼈대이다."[25] 이 말은 예는 정치, 즉 나라를 다스리는 도구라는 뜻이다.[26] 아울러 예는 사람의 뼈대이기도 해서, 예가 없으면 사람은 존재할 수 없게 될 정도로[27] 예는 국가와 개인의 존립 근거가 되었다. 바꿔

---

[23] "禮莫大於分, 分莫大於名. 何謂禮, 紀綱是也. 何謂分, 君臣是也. 何謂名, 公侯卿大夫是也."(『資治通鑑』卷1,「周紀」) "夫禮者, 所以定親疏, 決嫌疑, 別同異, 明是非也."(『禮記』「曲禮上」)

[24] "子大叔見趙簡子, 問揖讓, 周旋之禮焉. 對曰, '是儀也, 非禮也.' 簡子曰, '敢問, 何謂禮?' 對曰, '吉也聞諸先大夫子産曰, 夫禮, 天之經也, 地之義也, 民之行也. 天地之經, 而民實則之.'"(『左傳』「昭公25年」)

[25] "禮, 國之幹也."(『左傳』「僖公」)

[26] "禮, 政之輿也."(『左傳』「襄公」)

[27] "禮, 人之幹也. 無禮無以立."(『左傳』「昭公」)

말하면 예는 국가와 개인을 구성하는 씨줄과 날줄이 되었다. 바로 이러한 생각들을 후대에 와서 결집한 것이 『주례(周禮)』와 『의례(儀禮)』이며, 『예기』는 이 두 책의 기초 위에서 예의 제도의 본질과 형식을 자세히 설명한 것이다. 이제 성숙한 나라와 사회가 되기 위한 예의 삼백과 위의(威儀) 삼천이 풍족하게 갖추어졌다. 다만 이것을 실행할 성인을 기다리는 일만 남았다.[28] 하지만 정작 공자는 제도와 문화의 본질인 규범의 예를 실행할 책임은 사람들 각자에게 있다는 생각을 암시한다.[29] 순자(荀子)는 이러한 생각들을 요약하여 "생명은 천지에서 비롯하고, 통치는 예의에서 비롯하며, 예의는 군자에서 비롯한다"라고 힘주어 말한다.[30]

예의 의미가 이렇게 변화하는 것은 예 자의 용례에서도 확인할 수 있다. 비록 전국시대의 작품이지만 당우(唐虞), 즉 요순에서 주나라까지를 다룬 역사서인 『상서』에는 예 자가 모두 18번 나오는데, 전부 의례에 관한 것이다. 예를 들어 오례(五禮), 대례(岱禮), 서례(西禮), 가례(家禮), 종례(宗禮), 은례(殷禮) 등 몸으로 시행하는 것들이다. 하지만 거의 대부분 춘추시대의 역사를 다루면서도 정작 전국시대에야 만들어진, 노(魯)나라의 역사서 『춘추(春秋)』에 대한 주석서인 『좌전』에는 예 자가 모두 527번이나 나오는데, 놀라운 사실은 예 자의 거의 대부분의 쓰임새가 예의, 규범에 관한 것이라는 사실이다. 눈에 띄는 용례들로는 비례(非禮), 유례(有禮), 불례(不禮), 실례(失禮), 원례

28 "優優大哉, 禮儀三百, 威儀三千, 待其人而後行."(『中庸』)
29 "子曰, 制度在禮, 文爲在禮, 行之, 其在人乎."(『禮記』「仲尼燕居」)
30 "天地者, 生之始也. 禮義者, 治之始也. 君子者, 禮義之始也."(『荀子』「王制」)

(遠禮), 기례(棄禮), 무례(無禮), 근례(勤禮) 등이 있다. 이로써 우리는 춘추시대에 들어와 내적으로는 제도가 정비되고 외적으로는 국제 간의 접촉이 활발해지면서 인간과 인간, 국가와 국가 사이에 지켜야 할 규범에 대한 관심이 폭증한 것을 문헌을 통해 알 수 있다.

내가 예라는 단어를 맞닥뜨릴 때 습관적으로 규범의 의미를 떠올린 것은 적어도 이러한 역사적, 시간적 배경과 무게를 갖고 있는 것이었다. "예의 삼백과 위의 삼천"이 마련됐다는 것은 사회와 개인을 위한 행위 전반의 지침서가 완성됐다는 뜻이다. 어떤 의미로는 사회와 개인의 행위를 규정하는 그물망이 준비되었다는 것이다. 인간이 금수와 달리 인간답게 살도록 문명화하기 위한 장치가 마련되었다는 것이다. 이제 인간은 수많은 것을 규정한 지침서를 외우고 참고하며 그에 따라 행동하면 된다. 따라서 "지침서"는 인간의 삶에서 중요한 위상을 차지하게 된다. 그러나 지침서만 따를 때, 인간을 문명화하려 했던 지침서는 오히려 인간을 기계화하여 결국에는 비인간화의 수단이 되고 만다. 인간은 예의 원본적 의미에서 암시된 진정성의 가치를 상실한 채, 관성의 법칙에 따라 예를 반복적으로 수행하는 기계적 인간으로 전락하고 마는 것이다. 이것은 실제 역사에서 발생했던 사실이다.

공자는 무엇을 했던가? 공자는 누구인가? 이러한 질문에 올바르게 대답하기 위해서는 먼저 앞에서 설명한 맥락을 고려해야 한다. 예를 통한 문명화 과정에서 예는 필연적으로 "예의 삼백과 위의 삼천"이 상징하는 예절과 예의에 관한 규범으로 뜻이 변했다. 다시 말해 인간은 예(禮)의 통전성에서 암시된, 인간이 도덕적 존재가 되기 위한 토대인 "진정성"을 상실한 대가로 수많은 예의 규정들을 얻었다. 그뿐만 아니라 이제 행동의 가이드라인, 즉 규범으로서의 예가 사회와 인간의 "뼈대"가 되었다. 가치의 전도가 발생한 것이다. 공자는 이 가치의 전도를 처음으로 자각한 사람이다. 공자는 이 가치의 전도를 자각하고, 나아가 예의 통전성을 회복하여 인간을 도덕적 주체, 즉 예의의 기능인이 아닌 도덕적 문명인으로 만드는 것을 목적으로 했던 선각자이며 철학자이다. 공자는 자신이 추구하는 도덕적 모델로서의 예의 모델을 주나라 초기의 예에서 발견하고 그것을 자신의 이상으로 삼았던 것 같다.[31] 모델은 과거 주 초(周初)의 통전적 예이고, 현실은 규범적 예인 시기에 공자는 살고 있었다. 『논어』에서 예의 의미가 두 가지인 것은 바로 이 때문이다. 공자가 추구하는 사상을 이해하는 데에 매우 중요한, 그러나 그 가치를 철저하게 인정받지 못했던 다음 구절의 의미를 한번 음미해보자.

자하가 공자에게 물었다. "[『시(詩)』에 이르기를] '우아한 미소 예쁜 보조개, 흑백이 뚜렷한 아름다운 눈동자! 흰 비단이라야 색깔을 칠할 수 있다'라고 했는데, 무슨 의미인지요?" "그림을 그리는 데는 먼저 흰 비단이 있고 색깔은 나중에 칠한다는 말이다." "그럼 예가 나중에 온다는 말씀입니까?" "네가 나를 깨우쳐 주었구나. 이제 더불어 『시』를 논할 만하구나!"[32]

---

31 "夏禮吾能言之, 杞不足徵也, 殷禮吾能言之, 宋不足徵也. 文獻不足故也. 足則吾能徵之矣." "周監於二代, 郁郁乎文哉! 吾從周."(『論語』「八佾」)
32 子夏問曰, "'巧笑倩兮, 美目盼兮, 素以爲絢兮.' 何謂也?" 子曰, "繪事後素." 曰, "禮後

이 구절의 주제는 "흰색"과 "색깔"의 대비이다. 공자 당시에는 그림을 흰 비단에 그렸다. 따라서 여기에서 흰색[素]은 마땅히 흰 비단으로 번역해야 본뜻에 맞을 것이다. 문학에 뛰어난 소질을 보였던 자하[33]는 『시』 속에서 도덕론, 즉 예의론적 함의를 보았던 것 같다. 이러한 의도를 드러내지 않은 채, 자하는 "회사후소"의 의미를 스승에게 물었다. 이에 대해 미처 생각한 적이 없었던 것이 확실해 보이는 스승은 단지 자구의 의미를 해석한다. 대답을 듣자마자 자하는 이내 도덕론의 의미를 집어낸다. 스승의 말귀를 알아채는 제자는 사랑스럽다. 하물며 스승을 깨우쳐주는 제자라면 달리 할 말이 있을까? 이에 공자는 자하를 『시』를 논함에 있어 자신과 동급 수준이라고 인정한다. 요즘 말로 하면 공자가 제자에게 크게 한 방 먹은 셈이다.

"색깔"이 예라면, "흰 비단"은 무엇을 상징할까? 도덕론의 맥락에서 볼 때 그것은 도덕성, 진정성을 암시한다는 것을 알 수 있다. 예의론이 지배하는 사회에서 이제 예에 관한 많은 규정과 가이드라인이 주어져 있다. 사람들은 단지 이것들에 따라 행동하기만 하면 된다. 외적인 형식, 즉 몸짓(performance)을 규정하는 지침에 따라 행동하다 보면 관성이 생긴다. 따라서 행위는 진정성, 즉 도덕성에서 우러나온 것이 아니어도 외적 형식만 지키고 어긋나지 않으면 된다. 결국 예의 제도는 인간을 문명화시키기 위한 원래의 의도에서 벗어나

---

乎?" 子曰, "起予者商也! 始可與言詩已矣."(『論語』「八佾」) 회사후소(繪事後素)의 번역은 현재 『논어』의 표준 번역으로 인정되는 라우(D. C. Lau, 劉殿爵)의 번역서, *The Analects*(Lau, 1983)를 참조했다.

33 "德行: 顔淵, 閔子騫, … 文學: 子游, 子夏."(『論語』「先進」)

형식적인, 기계적인 인간들을 생산하게 되는 것이다. 더욱이 인간들은 자신들 속에 현상의 동물성을 초월하여 도덕적 존재가 되기 위한 능력이 내재한다는 사실조차도 잊어버리고 만다. 따라서 인간에게 도덕적 능력이 내재한다는 사실을 일깨우고, 예 또는 예의라는 이름으로 시행되는 인간의 규범 행위를 도덕성 위에 다시금 자리매김하는 문제는 공자에게 시급한 일이 되었다. 그의 첫 번째 과제는 예의 통전성 속에 매몰되어 있던 암묵적 자산인 "진정성"에 도덕론적인 이름을 붙이는 일이다. 이것이 바로 공자에게서 인(仁)이라는 개념이 탄생하게 되는 배경이다.[34]

인은 공자가 사용하기 전까지는 정태적 동사(static verb)로 쓰였다. 정태적 동사란 존재의 상태를 나타내는 동사다. 인은 『시경』에서 귀족의 존재 상태를 나타내는 "씩씩한, 남자다운, 귀족 같은"의 의미를 풍기는 단어였다(그레이엄, 2001: 46). 공자는 이 외적인 존재 상태를 나타내는 단어를 내면의 도덕적 진정성을 기술하는 초월성의 단어로 전환시킨다. 결국 인은 원본적 예에 함축된 진정성을 새로운 이름으로 규정한 것이다. 공자는 이로써 점점 세분화되고, 따라서 공허하게 형식적으로 전락하는 의례의 몸짓에 원래 도덕성의 기초가 있다는 사실을 환기시키고 강조하려고 했다. 다시 말해 모든 예의의 몸짓은 도덕성의 표현이어야 한다는 뜻을 강조한 것이다. "그림을 그리는 데는 먼저 흰 비단이 있고 색깔은 나중에 칠한다"는 구절의

---

**34** 자하가 질문한 회사후소 구절의 핵심은 결국 소(素), 즉 인(仁)인데, 자하는 예만을 관심의 대상으로 삼는다. 자하가 숭례파였다는 점을 떠올릴 때, 이 구절은 자하의 관심과 성향을 잘 보여준다고 할 수 있겠다.

의미는 이제 "아름다운 의례의 인간과 사회를 만드는 데는 먼저 도덕성의 기초가 있고 예의는 그다음에 온다"로 해석해야 한다. 결국 공자의 목적은 예의, 즉 예를 인의 표현으로 삼아 원본적 예의 통전성을 회복하려는 것이었다고 말할 수 있다. 공자가 이상으로 생각한 예의 구조는 다음과 같은 도식으로 표현할 수 있을 것 같다.

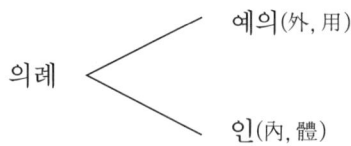

결국 공자에게서 인은 내면성, 도덕성의 다른 이름으로 원본적, 통전적 예의 한 측면이다. 한 가지 흥미로운 점은 위진(魏晉) 현학(玄學)에 와서 본격화되는 일원론의 고유 논리, 즉 체용(體用)의 맹아 또는 원형이 이 의례의 구조 속에 보인다는 점이다.³⁵

『논어』에 예는 75번, 인은 110번 등장한다. 숫자를 중요도로 환산할 수는 없겠지만, 인을 그만큼 많이 말했다는 점은 분명하다. 중요한 사실은 공자가 인을 매번 달리 설명했다는 점이다. 그러니 인을 좇다 보면 공자에 대해 할 말이 많게 된다. 그것이 현재 중국철학계의 현실이다. 이런 것을 두고 핵심을 못 짚었다고 말한다. 공자가 인

---

35 "雖盛德大業而富有萬物, 猶各得其德, 雖貴以無爲用, 不能舍無以爲體也."(『王弼老子注』) 한편 이러한 체용 사유의 이른 예는 한대 사마담(司馬談)이 도가의 종지(宗旨)를 논하는 데에서도 보인다. "其術以虛無爲本, 以因循爲用."(『論六家要指』)

에 대해 엄청 많은 말을 했지만, 거기에는 하나의 공통점이 암시되어 있다. 그것은 내면성이다. 해석자마다 달리 해석하여 논란이 많은 인에 관한 대표적 구절, "극기복례(克己復禮)"를 보자. 아무리 표현을 달리하더라도 이것의 대체적인 뜻은 "사사로움을 극복하여 예를 회복하자"이다. 문제는 어떤 예를 의미하는지가 관건이다. 점점 형식화, 규범화되어가는 공자 당시의 예, 즉 예의를 말할까? 그러한 예는 극복의 대상이지 회복의 대상이 아니다. 분명 여기에서 공자의 마음에 있는 것은 앞에서도 언급한 주례, 즉 주 초의 원본적 의례이다. 공자는 주 초의 의례에 진정성이 전제되어 있는 것을 보았다. 따라서 공자의 의도는 본질 없이 형식만 강조하는 당시의 예의를 극복하여 본질, 즉 도덕성을 회복하자는 것이다. 주 초에는 있었으나 지금, 즉 공자 당시에는 없는 것, 그것을 회복하자는 것이다. 따라서 공자는 "사사로움을 극복하여 예의 본질, 도덕성을 회복하는 것이 인을 실현하는 것[克己復禮爲仁]"(『論語』「顔淵」)이라고 말한다.[36] 인과 예에 관한 공자 사상의 해석에 있어 "회사후소"와 "극기복례위인", 이 둘만 있으면 충분하다. 이 두 구절이 주제(main theme)요 나머지는 변주곡이기 때문이다. 놀라운 사실은 앞에서 언급한 세 명의 학자뿐만 아니라 그 누구도 공자의 인 사상을 논하면서 "회사후소"를 언급하지 않는다는 사실이다.

그레이엄은 핑거렛의 책, 『공자: 신성으로서의 범속(Confucius-The

---

[36] 한편 『좌전』「소공12년」에서 공자는 이 말이 옛 문헌에 나오는 말이라고 분명히 진술한다. "仲尼曰, 古也有志, 克己復禮仁也."

Secular as Sacred)』을 극찬하며 핑거렛이 공자의 사상을 현대 언어철학적 시각에서 해석한 독창성을 높이 산다(그레이엄, 2001: 6). 그러나 엄밀히 평가하면 핑거렛의 책은 공(功)보다는 과(過)가 더 많다. 아니 과보다는 화(禍)라는 표현이 더 적절할 것 같다. 핑거렛은 예를 "신성한 의례, 예식"이라고 부른다. 맞는 말이다. 그러나 우리가 본 것처럼 예를 신성하게 만드는 것은 예를 수행하는 주체의 진정성, 도덕성이지, 예의 형식이 아니다. 핑거렛의 제일 큰 오류는 여기에 있다. 핑거렛은 의례 자체, 즉 그 절차 및 과정이 "인간 대 인간의 역학 관계를 인간화하는 형식"이라고 주장한다(Fingarette, 1972: 7-8). 심지어는 예의 과정이 적절히 수행될 때, 인간은 "자신이 원하는 것을 힘 안 들이고도 얻을 수 있는 마술적 위력"을 갖는다고도 주장한다(Fingarette, 1972: 4). 이러한 본말 전도의 잘못된 생각이 핑거렛으로 하여금 인간, 즉 의례 수행자의 내면성을 보지 못하게 만들었다. 이렇게 되니 인의 해석은 더욱 해괴망측(駭怪罔測)할 수밖에 없었다. 핑거렛은 공자의 인과 예가 입체, 즉 내외 관계에 있다는 것을 모른 채 그것들을 수평적 관계로 해석한다. 핑거렛은 인을 신성한 의례 덕분에 그 수행자가 주변으로 발산하는 위력(power)이라고 주장한다(Fingarette, 1972: 54). 이 위력을 효과적으로 설명하기 위해, 핑거렛은 한술 더 떠 물리학의 벡터(vector)라는 개념을 차용한다. 그는 인을 의례의 수행자에게서 발원하여 그 대상자에게로 향하는 "지향적 힘(directed force)"이라고 주장한다(Fingarette, 1972: 55). 아마 이런 경우를 두고 견강부회라고 할 것이다. 슈워츠는 매우 점잖고 신중한 사람이다. 그런 그가 자신의 책에서 인을 설명하면서 거듭해서 핑거렛의 잘못을 지적하는 장면에서 독자들은 아연실색할 수밖에 없다(슈워츠, 2004: 121-133). 신중하고 예의 바른 슈워츠도 독창성을 빙자한 핑거렛의 사유의 횡포에 참을 수 없었던 것 같다.

  핑거렛의 예와 인에 대한 해석의 문제점은 그대로 그레이엄에게 전수된다. 따라서 그레이엄의 책,『도의 논쟁자들』의 공자 부분은 핑거렛의 문제점을 다른 표현으로 포장한 복제품이다. 그레이엄은 예와 인의 평면적 전이를 "정태적 동사"라는 개념을 만들어 설명한다. 앞에서도 말했듯이 그는 인(仁)을 귀족[人]의 존재 상태를 나타내는 "귀족다움"이라고 해석하며, 여기에서 도덕성을 이끌어낸다. 철저하게 인간의 내면성을 무시한 이 생각은 분명 핑거렛의 영향이다. 나아가 그레이엄은 자신의 주장을 정당화하기 위해 내/외라는 개념들이 중국에서는 『맹자(孟子)』에서야 비로소 등장한다고 주장한다(그레이엄, 2001: 57). 이러한 편견은 중국철학에 대한 그의 근본 입장과 긴밀한 관계가 있다. 그는 중국 고대 철학을 시간적으로 기원전 500-200년의 300년으로 한정한다. 아울러 그는 보편성을 지양하고 언어 분석적 입장에서 특수성을 추구한다. 그레이엄의 이러한 방법론적 전제가 그로 하여금 내/외의 개념이 이미 고대 중국의 의례 개혁에 암시되어 있다는 점과, 이 연장선상에 공자의 예와 인의 개념이 자리매김한다는 사실에 눈을 감도록 만들었다. 사실 중국철학에 있어 내재성과 내/외의 개념은 늦어도 『시경』의 "유물유칙(有物有則, 만물에는 도리가 존재한다)"에 이미 배태되어 있었다고 보는 것이 옳을 것이다. 문헌 자료에만 집착하는 그레이엄과 문헌 자료 너머에 있는 문화의 정향을 찾고 그 원형에서 중국 사상을 이끌어내는 슈워츠,

이 차이가 바로 『도의 논쟁자들』과 『중국 고대 사상의 세계』의 차이이다.[37] 인문학이 어찌 물증만 갖고 성립할 수 있을까?[38]

### 4절 정명

우리는 지금까지 중국 사회조직의 정비와 체계화의 뿌리에 예라는 개념이 자리 잡고 있음을 목격했다. 이 과정에서 원초적 종교 개념인 의례로서의 예는 세속화되어 개인 및 사회의 각종 규범들을 포괄하는 예의 개념으로 발전했다. 공자의 보편 철학적 위상은 바로 이 형식적, 표면적 예의로서의 예에 도덕성의 기초를 회복한 것이었다. 이러한 공자의 노력은 정명, 즉 '이름 바로잡기'로 이어진다.

공자의 사상에서 '정명'이 이렇게 중요함에도 불구하고 기존의 연구는 공자의 정명 사상을 철저히 외면해왔다. 정명 사상도 이미 당시에 통용되던 사상인 것 같다. 정명 사상은, 전국시대에 와서야 간행되었지만, 공자보다 먼저 살았던 관중(管仲)과 관계된 『관자(管子)』에도 보이고, 공자의 동시대인(공자의 제자)인 좌구명(左丘明)의 『국어(國語)』에도 보인다.[39] 정명 사상이 전제하는 것은 개인이 수행

---

**37** 자세한 차이는 그레이엄의 『도의 논쟁자들』에 내가 쓴 「옮긴이의 글」(나성, 2001: 725) 참조.

**38** 예와 인의 관계에 대한 중국 학자의 설명 중에는 리쩌허우의 설명이 가장 설득력이 있다고 생각한다. 그러나 그도 예의 의미가 두 가지인 것과 예와 인 사이에 구조적 역동성이 있다는 것은 보지 못하고 있는 것 같다(리쩌허우, 2005b: 53-99 참조).

**39** "愼守正名, 僞詐自止."(『管子』「正第」) "擧善援能, 官方正物, 正名育類."(『國語』「晉

하는 사회적 지위와 그 지위의 이름이 일치하는, 즉 명실상부(名實相符)한 사회질서이다. 이 정명 사상은 다시 명분(名分)으로 설명할 수 있는데, 여기서 명은 명위(名位), 즉 이름의 위상을 의미하고 분(分)은 신분을 의미하는 것으로 이해되어왔다. 중국에서의 명분을 사전적 의미로 해석하면 명은 유가 사상 중의 군신·부자·부부의 관계를, 분은 각각의 관계에 상응하는 책임이나 의무[君臣父子夫妻的關系稱爲名, 相應的責任義務稱爲分]를 가리킨다. 이것은 이름을 명백하게 외재적으로 해석한 것이다. 즉 이름의 의미와 가치를 그것이 가리키는 대상과의 관계에 고착시키는 신분론이다. 여기에서의 목적은 공자의 정명 사상을 다루는 것이기에 이 신분론을 더 자세히 다루지는 않겠다. 다만 이름과 관련한 이러한 외재적 신분론이 중국 사회에 큰 폐해를 가져왔다는 사실만은 지적해야겠다. 이 점을 소리 높여 규탄한 사람이 바로 후스이다. 후스는 자신의 「명교(名教)」라는 글에서 중국에 종교가 있다면 그것은 명교인데, 이 "명교를 타도하고, 명교를 청산해야만 중국에는 희망이 있다[打倒名教, 名教掃地, 中國有望]"라고 거의 절규에 가깝게 부르짖는다(胡適, 1997).

공자가 이러한 정명 사상을 답습했을까? 공자가 이러한 신분론에 찬동했을까? 알 수 없다. 공자의 자세한 언명이 없기 때문이다. 분명한 사실은 지금까지 본 공자 사상의 특성은 내재론이라는 것이다. 하지만 정명의 전통적 해석은 모두 공자가 표방하는 일원론의 내재론적 맥락과는 배치되는 외재론이다. 이름을 내재적으로 해석하면

語四」)

가치론이 된다. 이름의 담지자가 수행해야 할 역할, 즉 당위를 이름이 담고 있다는 뜻이다. 나는 공자 정명 사상의 본뜻이 인과 예의 제도를 보완하려는 것이었다고 생각한다. 정명은 인의 연장선상에서 해석해야 옳다고 생각한다. 인이 점차 형식화되어가는 예의 제도에 도덕성의 기초를 세우려는 것이었다면, 정명은 명분을 내재적 가치관의 관점에서 해석하여 의례의 자세한 절차와 내용, 즉 곡례(曲禮)가 다하지 못하는 것을 보완하려는 것이었다고 생각한다. 이 과정에서 공자는 이름에 관한 중국 사상을 도덕론적으로 재해석한 자료를 사용한다.

언어, 즉 문자는 초기 사회에서 어떠한 목적을 가지고 어떠한 기능을 했을까? 이러한 의문에 대해서 시라카와 시즈카(白川靜, 1910-2006)는 문자는 신과 소통하고 신을 드러내기 위한 것이자 동시에 신의 대리인인 왕권의 확립을 돕기 위해 만들어진 것이라고 주장한다(시라카와 시즈카, 2009: 26). 이러한 설명은 중국의 최초 문자, 갑골문의 성격을 규명하는 데에도 도움을 준다. 결정을 내리는 데 신중을 기해야 할 여러 사안에 대해 그 사정을 신들에게 보고하고 그것들에 대한 답을 간구하는 갑골문자에서 우리는 종교적, 정치적 분위기를 읽을 수 있다. 더욱이 갑골문은 그러한 소통의 목적을 달성하기 위해 상형(象形)을 사용함으로써 내용과 함께 분위기를 더욱 사실적으로 표현한다. 다시 말해 상형의 종교적, 정치적 분위기는 그대로 글자의 의미로 전환되었을 것으로 보인다. 앞에서 어원을 설명한 예(禮) 자를 다시 한번 보자. 신주[示] 앞에 두(豆)라는 예기가 있고 그 위에 풍성하게 차려진 제물, 고기 산적[豊]. 그리고 이어지는 간절함을 담은 진정성의 몸짓과 간구. 이 모든 것이 이 글자에 담긴 분위기와 무게이고, 이 모든 것은 그대로 의례의 의미로 전환되어 문자적 의미를 가중시킴을 느낄 수 있다. 따라서 이 문자를 우리가 어떤 목적으로 특정 대상에 적용할 때, 우리는 그 의미가 그대로 전이되기를 바라는 마음을 갖는다. 다시 말해 문자가 갖는 이러한 분위기와 무게는 대상에 적용될 때 대상을 규정하는 힘으로 작용했을 것 같다.

중국의 이름 중시 관념은 이러한 배경을 갖고 있는 것이다. 사실상 중국에는 일찍부터 융즉(融卽)이란 관념이 있었다. 융즉이란 이름과 그 사람의 인격이 일체를 이룬다는 생각이다. 다시 말해 이름과 그 대상이 하나가 된다는 관념이다. 나아가 고대 중국에는 이름이 함부로 알려지면 이름 주인의 인격이 상대방에게 좌지우지되고 나아가 이름 주인이 상대방의 지배를 받게 된다고 생각하는 일도 있었다. 따라서 실명 경피(實名敬避)의 풍습이 생겨났는데, 이것의 한 예가 바로 춘추시대 이후 보편화된, 이름 대신에 자(字)를 부르는 관례이다(시라카와 시즈카, 2009: 260-261). 한자를 공유하는 우리 문화도 이러한 이름 중시 관념을 갖고 있다. 이름을 바꾸는 일은 우리 주변에서 흔히 볼 수 있는 일이다. 사업 실패나 이혼 후 이름을 바꾸는 사람들을 심심찮게 본다. 마치 실패의 원인이 이름 탓인 양 새롭게 자신의 미래를 개척하기 위해 새로운 이름의 문자적 규정력에 의존하려는 것이다. 실제 성공하는 경우도 있다. 얼마 전(2015년 봄) KLPGA에서 우승한 한 선수는 예전의 이름에 구름 운(雲) 자가 있었다고 한다. 연이은 우승의 실패가 마치 이름처럼 인생에 구름이 끼어서라고 생각한 그 선수는 이름을 바꾸고 드디어 우승을 차지하게 되었다는 것이다. 프로골퍼 이시온 선수의 이야기이다.

그렇다면 공자가 생각하는 이름의 도덕론적 해석은 어떠한 것일까? 이름이 갖고 있는 규정의 힘이 가치론으로 전환되면 어떤 모습을 가질까?

제나라 경공이 공자에게 정치에 대해 물었다. 공자가 대답했다. "군주는 군주다워야 하고, 신하는 신하다워야 하며, 아비는 아비다워야 하고, 아들은 아들다워야 한다."[40]

아울러

자로가 말했다. "만일 위나라의 군주가 선생님께 정치를 맡기신 다면 무엇을 먼저 하시겠습니까." 공자가 말했다. "반드시 이름을 바로잡겠다." … "이름이 바르지 않으면 말의 조리가 없게 된다. 말의 조리가 없으면 일이 이루어지지 않는다. 일이 이루어지지 않으면 예와 악이 흥성하지 않는다. 예와 악이 흥성하지 않으면 죄와 처벌이 상응하지 않는다. 죄와 처벌이 상응하지 않으

---

40 "齊景公問政於孔子. 孔子對曰, '君君, 臣臣, 父父, 子子.'"(『論語』「顏淵」) 한편 『국어』「진어4」에는 "君君臣臣, 是謂明訓[군주는 군주답고, 신하는 신하다워야 한다는 것은 명확한 훈계이다]"라는 글귀가 보인다. 아울러 『관자』「소광(小匡)」에도 "爲君不君, 爲臣不臣, 亂之本也[군주 된 자가 군주답지 못하고, 신하 된 자가 신하답지 못함은 어지러움의 뿌리이다]"라는 유사한 글귀가 보인다.

면 백성들은 어찌할 바를 모르게 된다."⁴¹

공자는 정명을 『논어』에서 두 번 언급했다. 첫 번째는 36세 때인 기원전 516년 제나라에서 경공이 정치에 대해 물었을 때였다. 공자는 이때 이름이 정치에서 가질 수 있는 도덕론적 함의를 설명했다. 두 번째는 공자가 주유천하를 하던 당시 진(晉)에서 위(衛)로 돌아온 이후인 63세, 즉 기원전 489년이었다. 당시 위나라에서는 아버지 장공(庄公) 괴외(蒯聵)와 아들 출공(出公) 괴첩(蒯輒) 사이에 국군(國君)의 지위를 둘러싸고 정치투쟁이 벌어지고 있었다. 공자는 이 경우에 빗대 정명 사상을 설명하고 있다. 정명이 무엇일까? 정명이 어째서 도덕적 함의를 가질까?

서구어에서 인간을 가리키는 용어에는 여럿이 있다. 우선 anthropos(ἄνθρωπος)가 있다. 이 말은 *ana*(up)와 *prosopos*(face)의 합성어로 "얼굴이 위[하늘]를 향했다"는 뜻이다.⁴² 이 말은 인간의 인류학적 특징을 나타내는 것으로 인류가 전족(前足)을 포기하고 직립한 존재라는 것을 의미한다. 한편 "위"를 향했기 때문에 은유적으로 인간만이 형이상학이나 종교를 가질 수 있는 존재라는 의미도 가질 수 있다.

둘째로는 human이 있다. 이 말은 라틴어 *humus*(earth, 흙)에서 온

---

**41** "子路曰, '衛君待子而爲政, 子將奚先?' 子曰, '必也正名乎!' … '名不正, 則言不順, 言不順, 則事不成, 事不成, 則禮樂不興, 禮樂不興, 則刑罰不中, 刑罰不中, 則民無所錯手足.'"(『論語』「子路」)
**42** 한편 이 말을 *anêr*(man)와 *ôps*(face, appearance, look)의 합성어로 생각하여 "사람[남자]처럼 보이는 자(he who looks like a man)"로 해석하는 관점도 있다.

것으로 인간의 질료적 측면을 의미한다.⁴³ 2015년 광주(光州)에서 열렸던 유니버시아드대회의 시상식에서는 특이하게 〈Gaudeamus(let's enjoy together)〉라는 노래가 연주되었다. 이 곡은 독일 하이델베르크(Heidelberg)대학의 교가이자 세계 대학생의 노래이다. 이 노래의 마지막 절은 "죽는다는 것"을 "흙이 우리를 소유할 것이다(*nos habebit humus*, the earth will have us)"라고 표현하여 우리가 "흙으로 돌아감"을 암시하고 있다.

셋째는 individual이 있다. 이 말의 어원은 라틴어 *individuus*(indivisible)로 "나눌 수 없음"을 의미한다. 원래 이 말은 신학 용어로서 삼위일체(trinity), 즉 성부·성자·성령은 "하나여서 나눌 수 없음"을 나타내던 용어이다. 이 말이 세속화되어 19세기 말부터 "one person", 즉 한 개인을 나타내는 말로 쓰였다.

마지막으로 person이 있다. 이 말의 어원은 라틴어 *persona*인데 이것은 원래 연극에서 배우들이 썼던 나무나 진흙으로 만든 마스크, 즉 가면을 의미했다. 여기에서 발전하여 이 말은 연극에서 배우가 맡은 배역, 즉 역할을 의미하게 되었다. 이 말은 인간의 사회학적 의미를 나타낸다. 사실 한 개인은 사회생활 속에서 여러 가지 역할을 수행한다. 사회의 자연적인 서열 안에서 우리는 때로는 상급자, 때로는 하급자, 때로는 동료의 역할을 수행한다. 뒤집어 말하면 사회 속에서 개인이 부딪치는 삶의 장면 장면은 그 개인에게 해당 상황에 맞는 역할을 수행할 것을 요구한다. 길을 건널 때는 보행자의 역할,

---

**43** 히브리어의 남자를 뜻하는 Adam의 어원인 *adamah*(ground)도 같은 뜻이다.

운전을 할 때는 운전자의 역할, 직장에서는 맡은 직책의 역할 등등. 이러한 다양한 역할 중 자신에게 가장 유리한 역할만을 모든 상황에 관철시키려 한다든지, 기대된 역할을 의도적으로 기피한다든지 할 경우, 사회는 원활하게 기능할 수 없다. 법률과 예절을 포함하는 넓은 의미의 모든 사회적 규정은 구성원들의 역할 수행을 원활하게 하기 위한 세칙이라고 볼 수 있을 것이다.

공자의 정명 사상은 이러한 맥락에서 이해할 수 있다고 생각한다. 정치에 대한 공자의 생각을 요약하면 역할론이다. 군주는 군주의 역할, 신하는 신하의 역할 등 각자 자신에게 주어진 역할을 다할 때 정치는 올바로 진행된다는 말이다. 그렇다면 자신의 역할이 무엇인지를 어떻게 알 수 있을까? 공자는 그 역할이 이름에 내재한다고 생각하는 것 같다. 다시 말해 이름이 각자 맡은 역할을 규정한다고 생각하는 것이다. 이름 속에 그 이름의 담지자가 해야 할 모든 역할이 규정되어 있다는 뜻이다. 아버지가 무엇을 해야 할지에 관한 모든 정보는 아버지라는 이름 속에 들어 있다는 뜻이다. 내재론에서 이름은 단순히 기호가 아니라 가치 담지자이다. 흉악범이 체포된 장면이 티브이에 나올 때, 우리는 절로 "인간이 어떻게 저런 짓을…"이라고 말한다. 이때의 인간은 가치어이다. 고3 딸을 둔 엄마가 관광으로 집을 비웠다가 돌아왔다고 치자. 들어오는 엄마를 향해 딸이 다음과 같이 소리친다. "엄마는 엄마도 아니야!" 전자는 생물학적 엄마, 즉 존재를 가리키고 후자는 당위론적 엄마, 즉 가치를 의미한다. 엄마가 무엇을 해야 할지는 엄마라는 이름이 담고 있다. 따라서 문제가 발생하는 상황은 개인에게 있어 존재와 당위가 일치하지 않을 경우이다.

이때 우리는 개념 정의, 즉 이름을 바로잡는다. 중고등학교 시절, 교무실이나 훈육실로 호출을 당할 경우 제일 첫 번째 듣는 말은 "학생이란…"으로 시작하는 개념 정의였다. 호출됐다는 사실은 존재와 당위가 일치하지 않았음을 의미하기 때문이다. 존재와 당위가 일치하지 않을 때, 즉 존재가 그 이름에 내재하는 가치를 실현하지 못할 때, 공자가 생각한, 인간이 해야 할 일은 『성경』을 읽거나 다른 외적 권위에 자문을 구하는 것이 아니라 이름을 바로잡는 것, 개념을 다시 정의하는 것이다. 이것이 공자가 생각한 정명이고, 나는 이러한 정명에 관한 생각이 바로 공자의 명분(名分)이라는 개념 속에 함축되어 있다고 생각한다. 명분이란 이름에 걸맞게 지켜야 할 도리, 가치를 의미한다. 다시 말하면 명분이란 "이름값"이라고 요약할 수 있겠다. 공자가 보기에, 각자가 맡은 직책의 이름은 단순히 역할만을 의미하는 것이 아니라 당위로서의 이름값을 가진 규범어였다. 이러한 이해를 가지고 위에서 언급한 위나라의 사태를 들여다보자.

　당시 위나라 군주의 집안은 흡사 한 편의 "막장 드라마"의 배역들이 펼치는 무대와 같았다. 당시 군주는 영공(靈公), 그의 부인은 유명한 미인이며 잘못된 만남으로 공자를 곤경에 빠트린 남자(南子),[44] 아들은 장공 괴외,[45] 손자는 출공 괴첩이었다. 송(宋)나라 출신인 남자는 친정 송나라의 공자(公子) 송조(宋朝)와 정을 통하고 있었다. 위나라 태자(太子)였던 괴외는 이 사태에 수치를 느끼고 가신 희양(戱陽)

---

44　"子見南子, 子路不說. 夫子矢之曰, '予所否者, 天厭之! 天厭之!'"(『論語』「雍也」)
45　위나라 제12대 군주도 장공이어서 제30대 군주인 괴외는 후장공(後庄公)이라고도 부른다.

을 시켜 어머니의 정부를 제거하려 하였으나 음모가 발각되는 바람에 진(晉)나라로 도망을 갔다. 그 사이 영공이 죽고 괴외는 망명 중이어서 괴외의 동생 영(郢)을 즉위시키려 하였다. 그러나 영이 극구 고사하는 바람에, 결국에는 괴외의 아들 괴첩, 즉 출공이 즉위하게 되었다. 국외에서 이러한 사태를 지켜본 괴외는 진의 실력자, 조간자(趙簡子)의 힘을 빌려 나라를 빼앗으려 하였으나, 출공은 정당한 승계임을 이유로 아버지를 거절하고 있었다.

합리적인 해법이 없는 답답한 상황이었다. 이러한 패륜의 현실에 처한 자로가 공자에게 대처 방법을 물은 것이 앞의 인용문(각주 41 참조)이다. 공자는 일찍이 제나라의 경공에게 했던 정치의 핵심인 "군군신신부부자자"(각주 40 참조)를 위나라의 경우에 적용하여 답한다. 앞에서 살펴보았듯이 공자가 보기에 위나라 정치의 본질적 문제는 제후들이 이름값을 못하는 것이었다. 이름값을 못하니 하는 말의 조리가 없게 되고, 말의 조리가 없으니 일이 이루어지지 않고, 일이 이루어지지 않으니 예와 악이 흥성하지 않고, 예와 악이 흥성하지 않으니 죄와 처벌이 상응하지 않고, 죄와 처벌이 상응하지 않으니 백성들은 갈피를 못 잡게 되는 연쇄 작용이 발생하게 되는 것이다. 따라서 위나라 정치의 급선무는 이름값을 회복하는 것, 즉 이름을 바로잡는 것이다. 공자가 생각하는 이름 바로잡기, 즉 정명은 이름을 둘러싼 개념 재정의라고 말할 수 있다. 이름이 동시에 각자가 해야 할 당위를 규정하고 있다는 것을 재확인하는 작업이다.

앞에서 나는 펑거렛의 책에 대해 평하면서 "공보다는 과가 많다"라고 말했다. 내가 생각하는 공은 바로 그레이엄이 극찬한 것, 즉

"수행적 발언"의 효과가 의례 속에 적용되는 것을 말한 것이다. 핑거렛은 적절하게 수행된 의례의 몸짓과 언사 속에 도덕적이면서도 독특한 구속력이 있음을 발견하고, 이 분명한 힘을 "의례의 위력(power of ceremony)"이라고 부른다(Fingarette, 1972: 11-12; 그레이엄, 2001: 6). 그러나 나는 의례가 갖는 "수행적 발언"의 성격 외에도, 공자의 정명 사상은 메타윤리학적 입장에서 더욱 조명할 가치가 있다고 생각한다. 이름 속에는 그 이름의 담지자가 수행해야 할 모든 당위적 역할의 정보가 담겨 있다는 것이다. 다시 말해 이름은 윤리적이라는 것이다.

서양의 윤리학은 형이상학과 밀접한 관계를 가져왔다. 형이상학이 존재뿐만 아니라 가치의 근거를 제공했기 때문이다. 그러나 20세기에 들어와 형이상학이 붕괴하면서 윤리학도 더불어 토대를 상실했다. 형이상학을 배제한 채 당위의 근거를 마련하려는 노력은 메타윤리학을 탄생시켰고 언어, 일상 언어도 그 탐구 범주의 하나로 자리매김했다. 앞에서 언급한 "수행적 발언" — 오스틴(J. L. Austin, 1911-1960)이 말한 "수행적 발언" — 도 이러한 노력의 연장선상에 있다. 한편 초월적 계기가 인간 속에 있음을 자각한 공자는 형이상학적 존재들을 배제한 채 의례와 더 나아가 언어 속에 인간이 되기 위한 윤리의 근거가 있음을 발견했다. 이를 두고 공자가 메타윤리학의 시조라고 주장하는 것은 극복해야 할 쇼비니즘이다. 우리가 안전하게 말할 수 있는 것은 형이상학을 배제할 때 언어가 윤리적 가치의 중요한 범주가 될 수 있다는 사실일 것이다. 아울러 여기에서 우리는 공자 사상의 보편 철학적 성격을 발견할 수 있다.

지금까지 우리는 초월의 계기를 인간 안에서 찾는 공자의 일원론 사상을 조명했다. 이러한 사상의 특징을 어떻게 규정할 수 있을까? 일원론은 너무 막연하다. 내재론은 너무 평범하다. 사실 공자가 중국철학사와 세계 문명사에서 차지하는 비중과 위상에 비해 그에 대한 학문적 대접은 공정하지 않았다. 나는 심사숙고 끝에 보편 철학의 관점에서 본 공자 철학의 내재 지향의 특징을 형이내학(形而內學, study of into form)이라 부르기로 했다. 공자에게 이 정도의 대우는 해야 하지 않을까?

말이 나온 김에 형이상학(形而上學)에 대해서도 언급을 하는 것이 좋겠다. 이 용어처럼 철학에서 많이 쓰이고 동서양 사상을 회통(會通)하는 용어도 없을 것이다. 사정이 이렇다 보니 이 용어처럼 오해, 곡해되고 따라서 비철학적인 용어도 없을 것이다. 오해의 시작은 도쿄대 철학과 교수였던 이노우에 데쓰지로(井上哲次郎, 1856-1944)가 100여 년 전에 아리스토텔레스의 『메타피지카(metaphysica)』를 『주역』 「계사」편에 나오는 "형이상자위지도(形而上者謂之道)"에서 착안하여 형이상학으로 번역한 데에 있다. 시작부터 동서 회통이었다. 그런데 이노우에가 그런 착안을 한 데에도 근거는 있었다. *Metaphysica*라는 이름은 안드로니코스(Andronicus)가 아리스토텔레스의 저작을 편찬하면서 τὰ μετὰ τὰ φυσικὰ βιβλία(타 메타 타 피지카 비블리아), 즉 "물리학 다음에 오는 책"이라는 이름을 붙인 데서 유래한 것이다. 원래 이 책은 '존재로서의 존재에 대한 가장 보편적 연구', 즉 존재론에 관한 것인데 이 속에 초월적 존재자, 즉 형이상의 요소가 있었던 것이다. 이것이 오해의 근본 원인이다. 이노우에가 본말을 전도시킨 것이다.

　소광희 교수는 이 문제에 대해 심각히 고민하고 원로 학자로서 해결책을 내놓았다. 『메타피지카』의 번역으로서 혼란의 주범인 형이상학과는 이제 작별하고 아리스토텔레스의 원의에 따라 존재론 또는 제일철학으로 부르자는 것이다(소광희, 2010: 197-202). 한편 슈워츠 교수는 내가 재학 시절 수강한 주자의 세미나에서 수없이 언급되는, 또 그럴 수밖에 없는 "metaphysical, metaphysics"의 술어들을 민망한 표정으로 듣고 있다가 형이상, 형이상학을 글자 그대로의 의미에 따라 각각 "above form, study of above form"으로 번역하여 아리스토텔레스 철학과의 불필요한 혼동을 피할 것을 제안했다.

　두 학자의 주장을 종합하면 다음과 같을 것이다. 서양철학의 문제인 아리스토텔레스『메타피지카』의 번역은 "존재론 또는 제일철학"으로 하고(둘 중 어떤 것을 표준으로 정할지는 서양철학자들의 문제), 형이상학이라는 술어는 동양철학의 문제로 국한하며 "study of above form"으로 번역해서 사용하자. 결국 한미 두 원로 학자의 지혜가 100여 년 동안 복잡하게 꼬였던 철학의 근본 문제를 해결한 셈이다.

# 제3장 북송의 도덕 존재론 논쟁

## 1절 장재의 기(氣)이원론

　서양의 중세가 더 이상 암흑기가 아니라 르네상스의 씨앗을 발아한 온상이었던 사실은 잘 알려져 있다. 움베르토 에코(Umberto Eco, 1932-2016)는 중세에 관한 방대한 4부작을 저술해 이 사실을 구체적으로 증명하고 있다(한국에도 제2부까지가 출판됐다). 송대를 기준으로 할 때, 유학에 있어 한부터 당까지의 시기는 북송 신유학과의 관계에서 서양 중세의 위상을 차지한다고 볼 수 있을 것 같다. 앞 장에서 목격한 외재화를 통해 알 수 있듯이 공자 사후 발생한 그의 사상의 변형과 왜곡은 한대에 발생한 유학의 국교화, 즉 유교에서 절정에 이르는 것 같다. 유학이 정치 이데올로기로 변질된 틈을 타 진공상태인 중국인의 심령을 파고든 것이 불교였다는 사실은 잘 알려져 있다. 당대에 유행한 "삼교일치(三敎一致)"라는 슬로건에서 알 수 있듯이 이 시기 유교는 독자성을 상실하고 불교, 도교와 한 몸을 이루고 있었다. 한편 『노자(老子)』에서 씨앗이 보이는 존재론의 탐구는 우주적 기를 중심으로 이 시기의 사유를 풍부하게 만든다.

이러한 상태에서 송대에 들어와 유학만의 적통을 공맹의 도와 연결시켜 독립시키려는 지성의 운동이 발생했다. 이것이 송대 자체의 술어로는 도학(道學)이고, 서양에서는 신유학(新儒學, Neo-Confucianism), 뚜웨이밍(杜維明, 1940-)은 제2기 유학(Confucianism in the Second Epoch)이라고 부르는(리쩌허우는 제3기 유학이라 부른다) 것이다. 이 운동에 참여한 유학자들이 모두 한때 열렬한 불교학도였다는 점과 대승의 반야학, 중관학(중국명 삼론종)이 모두 본체와 현상의 문제를 다루고 있고, 특히 중국 종파인 화엄종의 세계관은 리·사(理事)의 패러다임을 사용한 점으로 보아 이러한 불교 형이상학이 유학 형이상학, 즉 도덕 존재론의 탄생에 영향을 미쳤으리라는 점은 쉽게 상상할 수 있다. 여기까지는 일반적으로 합의할 수 있는 내용이다.[1] 내가 여기에서 주장하려는 논지는 신유학의 근본 성격은 공자의 형이내학을 존재론적으로 변증하려는 도덕 존재론, 형이상학이었고, 장재가 단초를 연 이 도덕 존재론은 자체에 내재하는 모순적 성격으로 인해 궁극 실재의 이해, 설명 방식을 둘러싼 논쟁을 유발했으

---

[1] 대표적으로 펑유란과 모우쫑산은 신유학의 이해에 있어서는 근본적으로 견해가 다르지만 장재에 관한 위치 평가에 있어서는 입장이 비슷하다. 펑유란은 주돈이는 과도기적 인물이지만 장재는 이정과 함께 신유학의 창시자라고 생각하는 데 반해, 모우쫑산은 장재를 주돈이와 함께 신유학 주류의 대표자라고 주장한다(馮友蘭, 1981: 72; 牟宗三, 1985: 綜論).

며, 이 논쟁을 이어받아 종합하고, 미결 문제를 해결한 것이 주희라는 것이다. 이 문제를 원전에 산재한 의미들의 맥락화를 통해 추적해보자.

장재(張載, 별칭 橫渠先生, 1020-1077)의 철학은 그가 살아 있을 당시 그의 조카들인 정호(程顥, 별칭 明道先生, 1032-1085)와 정이(程頤, 별칭 伊川先生, 1033-1107)로부터 존중을 받지 못했다. 장재가 죽은 후 그의 제자들은 스승에게 등을 돌리고 정씨 형제 편을 들었으며 심지어 장재와 정씨 형제와의 학문적 관계를 왜곡하기까지 하였다.[2] 장재에 대한 이러한 홀대에는 심각한 근본적 "오해"가 개재하고 있다고 모우쫑산은 평가한다(牟宗三, 1985: 470). 그러나 비판적 시각에서 볼 때 정씨 형제의 비판은 타당성이 있다. 왜냐하면 장재의 사상은 중요한 논리적 모순으로 얼룩져 있기 때문이다. 이러한 논리적 모순으로 인해 장재는 한때 중국의 대표적 유물론자로 추존되기도 했는데, 이 모순의 원인은 사실상 그가 도덕 존재론의 정초로 삼은 기의 설명 방식에 있다. 기에서 궁극 실재를 어떻게 확보할 것인지에 대해서 그가 어떤 생각을 가졌고 결과적으로 어떤 모순을 범했는지를 한번 자세히 살펴보자.

장재 당시 우주 기를 해석하는 방법 가운데 가장 전통적이고 보편적인 것은 도가 개념인 무·유(無有)의 틀이었다. 도가, 자세히 말

---

[2] 장재와 정씨 형제와의 관계에 대한 일반적 정보를 위해서는 그레이엄의 *Two Chinese Philosophers*(Graham, 1978: 176-177) 참조. 그들 사이의 학문적 관계에 대한 자세한 내용과 평가는 카소프의 *The Thought of Chang Tsai(1020-1077)*(Kasoff, 1984: 143-147) 참조.

해 노자의 무 개념은 결코 서양식의 nothing이 아니다. 중국에는 서양의 *creatio ex nihilo*(무로부터의 창조)와 같은 식의 무 개념이 없다. 무는 단지 『노자』 제14장에 나오는 "보려 해도 보이지 않고, 들으려 해도 들리지 않고, 잡으려 해도 잡히지 않는[視之不見, 聽之不聞, 搏之不得]", 즉 감관을 초월하는 의미인 것이다. 이러한 점은 불교 개념의 수용에서도 확인할 수 있다. 불교 핵심 개념의 하나인 *śūnyatā*(순야타), 공(空)은 원래 substance, 즉 알맹이가 없다는 뜻이다. 격의불교(格義佛敎) 시기에는 이것을 무로 번역했으나 불교에 대한 이해가 성숙한 후에는 진공묘유(眞空妙有)로 번역했다. 이 번역에 대한 논의는 주제를 벗어나기에 접어두고, 내가 관심을 갖는 부분은 묘유에 있다. 진공 외에 굳이 묘유를 덧붙인 데서 우리는 무, 없다라는 개념에 대한 중국인의 태생적 거부감을 읽을 수 있다. 당시의 기 우주론 위에 도덕과 존재를 자리매김하려는 장재의 우선적 작업은 우주 기의 개괄적 틀을 설명하는 일이었을 것 같다. 앞에서 언급했듯이 당시 기성의 틀은 무유의 틀이었다. 장재는 이 틀, 그중에서도 특히 무라는 개념 자체에 불만을 품은 것 같다. 아마도 그는 도가의 냄새를 풍기는 이 개념을 통해 유가 우주론을 설명하는 것은 자신의 유가 자긍심과 정체성을 손상시키는 일이라고 생각한 것 같다. 이 도가의 틀을 피하기 위하여 장재는 『역전(易傳)』에 나오는 유·명(幽明), 즉 "감추어진 것-드러난 것"의 틀을 사용한다.

우리가 하늘의 형체와 땅의 모습을 알 수 있는 것은 이것들이 드러나 있기 때문이다. 이 세상에는 드러난 것을 제외하면 일체가 감추어져 있다. 우리는 이 틀을 통해서 보이는 것과 보이지 않는 것의 원인을 인식할 수 있다. 만물의 모습은 본체[離]로부터 생겨나는데, 본체가 없으면 만물의 모습은 생겨날 길이 없게 된다. 드러나는 것은 현상으로부터 유래하는데, 그렇다고 드러나지 않은 것을 존재하지 않는다고 말할 수는 없다. [왜냐하면] 이것은 하늘의 은밀한 곳을 가리키기 때문이다.[3]

원래 『역전』에서 "감추어진 것[幽]"과 "드러난 것[明]"은 형이상과 형이하, 다시 말해 『역전』이 생각하는 발생적 측면에서 본 세계의 기본 구조, 즉 본체와 현상을 의미한다. 위의 인용문에서 장재는 본체의 특징을 "감추어진 것 또는 어두운 것[幽]" 그리고 원래 눈[目]에서 발하는 빛을 의미하는 "밝음[離]"으로 상정하고 있는데, 아마도 그는 현상에서 보았을 때 본체는 "감추어진 어두운 것"이지만 아울러 눈의 형형하고 오묘한 빛이 그 사람의 본질이듯이 본체가 풍기는 신비로운 "밝음"이 본체의 본질이기도 하다는 논리를 갖고 있는 듯하다. "만물의 모습은 본체로부터 생겨난다"는 장재의 생각은 이러한 맥락에서 이해될 수 있을 것 같다.

"감추어진 것", 다시 말해 보이지 않는 것 또는 직접 인식이 불가능한 것을 무라고 개념화했던 기의 전통을 떠올릴 때, 우리는 장재의 "은밀한 곳"을 무라고 특징짓고 싶은 충동을 느낄 수도 있을 것이

---

[3] "天文地理皆因明而知之, 非明則皆幽也. 此所以知幽明之故. 萬物相見乎離, 非離不相見也. 見者由明, 而不見非無物也. 乃是天之至處."(「繫辭上」, ≪張子全書≫)

다. 장재도 이 유혹을 의식하고 있는 듯 보이는데, 실제로 이러한 발상 자체는 중국 문화의 유교 정통성을 옹호하려는 그에게는 신성모독에 해당된다. 이러한 유혹과 오해의 가능성을 사전에 막기 위한 것으로 보이는 다음의 인용문은 장재가 생각하는 유가 세계관의 설계도를 보여준다.

> 하늘과 땅 사이는 사물들과 그것들의 형체적 이미지로 채워져 있다. 우리가 하늘의 형체와 땅의 모습을 관찰함에 있어 만약 본체가 없었다면, 이들 형체적 이미지는 관찰할 수 없게 된다. 이들 형체적 이미지가 구체적 형체를 띠었을 때, 우리는 이 유(有)를 통해 본체의 유래를 인식하게 되고, 이들 형체적 이미지가 구체적 형체를 띠지 않았을 때, 우리는 이 유(有)를 통해 현상의 유래를 인식하게 된다.[4]

얼핏 보면 이 인용문은 위에서 본 장재의 우주 기의 해석 틀에 관한 생각을 다시 한번 강조하고 있는 것 같다. 하지만 자세히 들여다 볼 때, 마지막 구절에서 인쇄상의 실수라고 단정하게 만들 수도 있는 동어반복을 발견하게 된다. 이 구절을 처음으로 접했을 때 나도 순간적으로 혼란스러웠다. 얼른 해석이 되지 않아서이다. 본체와 현상, 비형체와 형체의 대비를 바탕에 깔고 있는 전체 문맥에서 판단

---

[4] "盈天地之間者, 法象而已. 文理之察, 非離不相覩也. 方其形也, 有 以知幽之因. 方其不形也, 有以知明之故."(『正蒙』「太和」, ≪張子全書≫)

할 때, 누구라도 유(有)는 무(無)와 짝지어야 한다고 기대할 것이다. 그러나 보이는 대로 이러한 기대는 빗나가고 유(有)는 다시 유(有)와 대비되어 있다. 따라서 이 두 가지 유(有)는 분석적 구별이 필요하다고 생각된다.

실제로 이 두 가지 유는 앞에서 언급한 본체-현상, 비형체-형체와 같은 대비의 맥락 속에 있다. 이렇게 볼 때, 두 유 중에 하나는, 더 자세히 말해 후자의 유는 보이지 않는 비형체의 유로서 본체의 범주에 속한다는 것을 짐작할 수 있다. 사실상 이 두 가지 유 가운데 첫째 것은 실유(實有)로, 둘째 것은 묘유(妙有)로 해석하면 정확할 것이다. 이와 같이 전통적으로 무(無)로 대표되어온 본체조차도 유(有)로 규정하는 사실에서, 우리는 유가를 불필요하게 도가와 연계시키는 혼란을 피하겠다는 장재의 강한 의도를 읽을 수 있을 것 같다. 그러나 역설적이게도 우리는 여기에서 장재가 극복하려는 대상인 불교 개념, 즉 앞에서 언급한 진공묘유의 영향도 읽을 수 있을 것 같다. 바로 이러한 생각의 흐름 속에서 장재는 도가와 같은 이단을 가리켜 "그들은 하늘의 은밀한 곳을 가리켜 텅 비었다[空虛]고 하는데, 이것은 그들이 다만 현상만을 알기 때문이다. 그들은 본체를 인식할 줄 모르기 때문에 그들의 견해는 편벽되다"(「繫辭上」, 《張子全書》)라고 비판한다. 그러나 이러한 생각은 장재에게 치명적 오류를 초래하게 한다.

그렇다면 본체적 유는 무엇을 의미하는가? 이것의 존재적 특성은 무엇인가? 우리는 이것에 대한 해답을 장재의 기 개념에서 찾을 수 있다. 아래의 인용문에서 장재는 이미 언급한 우주의 기본 틀을 사용하여 보이지 않는다고 해서 무라고 규정할 수는 없다는 자기 철학의 기본 골자를 재천명한다.

> 기가 모이면, 본체의 효력이 발생하여 만물은 형체를 갖게 된다. 기가 모이지 않으면, 본체의 효력은 발생할 수 없게 되어 만물은 형체를 가질 수 없게 된다. 기가 모였을 때, 어찌 이것을 가리켜 잠정적인[客] 것이라고 말할 수 없겠는가? 기가 흩어졌을 때, 어찌 이것을 가리켜 성급하게 무(無)라고 할 수 있겠는가? 이런 이유로 해서, 성인은 현상을 관찰하고 위와 아래를 살피고 난 후 다만 보이지 않는 것과 보이는 것의 원인을 알았다고만 말할 뿐, 결코 유(有)와 무(無)의 원인을 인식했다고 주장하지 않는다.[5]

이 인용문에서 두 가지 사실이 우리의 주의를 끈다. 앞의 인용문에서 장재는 "만물의 모습은 본체로부터 생겨난다"라고 주장하였는데, 여기에서는 "기가 모이면, 본체의 효력이 발생하여 만물은 형체를 갖게 된다"라고 설명한다. 이로 판단해보건대 장재가 생각하는 본체적 유는 다름 아닌 기를 의미한다는 것을 알 수 있다. 바꿔 말하면 본체는 바로 기이기 때문에 이것의 존재 성격은 유이지 무가 될 수 없다는 것이 장재의 기본 생각이다. 또 바로 이런 이유 때문에 장재는 본

---

[5] "氣聚, 則離明得施, 而有形. 氣不聚, 則離明不得施, 而無形. 方其聚也, 安得不謂之客. 方其散也, 安得遽謂之無. 故聖人仰觀俯察, 但云知幽明之故, 不云知有無之故."
(『正蒙』「太和」, ≪張子全書≫)

체와 현상을 표시하는 방법으로 무-유의 개념을 배격하고 "보이지 않는 것"과 "보이는 것" 또는 "감추어진 것"과 "드러난 것"을 선호하는 것 같다.

다른 하나는 장재가 "기의 모임"에 의해서 생겨나는 현상을 "잠정적" 또는 문자 그대로 "손님"이라고 부른다는 사실이다. 다시 말해 장재는 현상을 덧없이 한시적인 것으로 여기는 것이다. 이 사실은 장재가 본체를 불변하는 것[常] 또는 현상의 주인[主]으로 생각한다는 것을 암시한다. 장재는 이 불변하는 주체로서의 본체, 다시 말해 기의 체를 태허(太虛)[6]라고 이름 짓는다.

> 태허는 필연적으로 기로 구성된다. 기는 반드시 모여서 만물을 생성한다. 만물은 반드시 해체되어 태허로 돌아간다. 이러한 반복 순환 과정에 따라 만물이 태어나고 사라지는 것은 필연적인 일이다.[7]

여기서 보듯이 기의 묘체(妙體)를 이름 짓기 위한 장재의 노력은 공교롭게도 이미 공영달(孔穎達, 574-648)이 사용했고[8] 또 장재 자신이 이단이라고 그렇게 혐오하는 도가의 술어 태허(太虛)로 낙착된다. 아마도 장재는 접두사 태(太)로써 허(虛)의 공허성을 상쇄하여 전체

---

6 이 술어는 『장자(莊子)』의 「북지유(知北遊)」에서 유래한다.
7 "太虛不能無氣. 氣不能不聚, 而爲萬物. 萬物不能不散, 而爲太虛. 循是出入, 是皆不得已, 而然也."(「繫辭上」, ≪張子全書≫)
8 "言象之所以立有象者, 豈由象而來? 由太虛自然而有象也."(『周易正義』)

적으로 어떤 실질적 의미를 태허에 새롭게 부여하려는 것 같다. 하지만 태허가 갖고 있는 뿌리 깊은 도가의 이미지는 장재의 이런 바람을 방해한다. 장재도 이런 문제를 의식하고 있는 것 같다. 이러한 의식과, 기가 보이지는 않지만 확실히 존재하는 묘유라는 사실을 어떠한 방법으로든지 납득시키겠다는 집착이 장재로 하여금 필요 이상의 언어를 사용하게 만든다. "기가 모이고 흩어지는 것과 태허와의 관계는 얼음이 녹고 풀리는 것과 물과의 관계와 같다. 태허가 바로 기라는 사실을 이해할 때, 무(無)라는 것은 존재하지 않는다는 사실을 이해하게 된다."(「繫辭上」, ≪張子全書≫)⁹

이 인용문은 태허가 텅 빈 것이 아니라 실질적이라는 것을 납득시키는 데 상당한 효력이 있다. 따라서 장재는 위에서 보듯이 이 설명을 이해하면 태허를 무라고 오해하는 사람은 아무도 없으리라고 자신한다. 이와 동일한 맥락에서 장재는 어린 날의 무지를 바로잡는다는 의미의 『정몽(正蒙)』의 여러 곳에서 기를 "투명하고" "비어 있고" "전일하고" "위대한" 등의 형용사를 사용하여 설명하고 있다. 하지만 기의 실질성과 실재성에 관한 이러한 설득력 있는 설명은 그 설득력에 상응하는 대가를 치러야만 했다. 기의 존재를 둘러싸고 장재가 사용하는 "얼고 녹음, 얼음과 물"의 비유는 그 구체성이 너무나 강력하여 독자들의 기와 태허에 관한 상상력을 실질적인 사물 차원으로 끌어내리게 한다. 이 결과, 기의 실재는 증명되었지만 정작 장재가 강조하고자 한 기의 인식 불가능성 또는 언표 불가능성은 희생된다.

9 이 인용문의 원래 출처는 왕충(王充)의 『논형(論衡)』 「논사(論死)」이다.

여기서 우리는 장재가 시도한 기의 표상적 이해의 한계를 감지하게 되며 아울러 앞으로 대두하게 될 언어와 궁극 실재의 모순적 긴장 관계를 어렴풋이 이해하게 된다.

기의 활동적/기능적 측면을 나타내는 장재의 술어는 태화(太和)이다.[10] 만약 태허가 기의 거시적 정의라고 한다면, 태화는 기의 미시적 기술이라고 할 수 있겠다. 따라서 양자가 서로를 보완할 때 우리는 장재가 생각하는 기에 관한 전체적인 그림을 그릴 수 있다.

> 태허는 도라고 부르는데, 이것은 떠돌고, 가라앉고, 떠오르고, 떨어지고, 움직이고, 정지하는 기의 활동적 본성을 포괄하는 말이다. 이 태허는 기가 서로 융합하고 뒤섞이며[絪縕], 극복하고 극복당하고, 팽창하고 수축하는 운동의 원천이다. 이러한 운동은 시초에는 미세하고, 미묘하고, 은밀하고, 완만하고, 단순하지만 끝에 가서는 광범위하고, 거대하고, 강력하고, 견고해진다. … 만일 우주 전체가 사방으로 움직이는 아지랑이같이 서로 융합하고 뒤섞이는 운동을 갖고 있지 않다면 우주는 태화라고 불릴 수 없을 것이다. 도를 안다고 떠드는 사람들이 이것을 알 때에야 진실로 도를 아는 것이며, 역을 배웠다고 떠드는 사람들도 이것을 알 때에야 진실로 역을 아는 것이 된다.[11]

---

10  주희도 태허를 리와 체(理體)로, 태화를 기와 용(氣用)으로 이해한다. 이러한 설명을 통해 주희는 이른바 통념상 상반 관계로 기술되는 이른바 이학(理學)과 기학(氣學) 사이의 유사성을 암시한다(『朱子語類』 99 참조).

11  "太虛所謂道. 中涵浮沈升降動靜相感之性. 是生絪縕相盪勝負屈伸之始. 其來也, 幾

위의 글은 태허의 근본 성격이 기의 조화로운 운동이라는 점을 분명히 보여준다. 특히 "아지랑이같이 서로 융합하고 뒤섞이는 운동"이라는 표현이 기의 조화로운 운동을 구체적으로 연상시켜주고 있다. 이 점을 고려해볼 때, 장재의 태화라는 술어는 바로 기의 이러한 운동 상태를 그리려는 것임을 쉽사리 알 수 있다.

그렇다면 무엇이 기의 운동을 조화롭게 만드는가? 또는 왜 기의 운동은 조화의 속성을 갖는가? 장재는 이것에 대한 해답을 기의 본질 속성인 "어느 한쪽으로 치우치지 않음[不累]"(『正蒙』「太和」, ≪張子全書≫)에서 찾는다.

몸은 하나이면서 두 측면[兩體]을 가질 수 있는 것이 있으니, 이것이 바로 기이다.[12]

아울러

만약 두 측면이 확립되지 않으면 하나인 몸은 드러날 수 없고, 만약 하나인 몸이 드러나지 않으면 두 측면을 갖는 기능은 존재할 수 없다. 두 가지 측면은 빔과 있음[虛實], 움직임과 고요함[動靜], 모임과 흩어짐[聚散], 투명함과 탁함[清濁]을 가리킨다. 하지

---

微易簡. 其究也, 廣大堅固. … 不如野馬絪縕, 不足謂之太和. 語道者, 知此謂之知道. 學易者, 見此謂之見易."(「繫辭上」, ≪張子全書≫)

**12** "一物兩體, 氣也."(『正蒙』「參兩」, ≪張子全書≫)

만 이들 두 측면은 궁극적으로 하나이다.[13]

이 두 측면은 기의 근본적 양면성인 음양의 끊임없는 교체 운동에서 기인한다. 다시 말해 두 측면은 음이나 양의 어느 한쪽으로 치우쳐 머무르지 않는 기의 속성에서 유래한다. 장재의 설명에 따르면 앞에서 역이라고 정의한 이 기, 즉 음양의 운동은 "빔과 있음, 움직임과 고요함, 모임과 흩어짐, 투명함과 탁함"의 현상을 설명한다. 기의 운동이 갖는 이와 같은 두 측면을 장재는 다시 겸체(兼體)라고 표현한다(『正蒙』「太虛」, ≪張子全書≫ 참조). 이 두 측면이 중요한 이유를 장재는 이 두 측면으로 인해 기의 운동이 조화를 이루고, 결국 이 두 측면으로 인해 기가 활성화되기 때문이라고 암시한다. 이 두 측면이란 이론적으로는 구별되지만, 실제적으로는 떼어 생각할 수 없기 때문에 장재는 "두 측면은 궁극적으로 하나이다"라고 생각한다.

하지만 기의 운동과 이것의 조화로운 속성에 관한 설명은 왜 또 어떻게 기가 현상의 원인이 되는지에 대한 설명이 되기에는 아직 부족하다. 이 문제에 관한 장재의 설명을 들어보자.

태허로서의 기는 광대하고 막연하다. 하지만 이것은 오르고 내리며 끊임없이 사방으로 움직인다. 이것을 가리켜 『역경(易經)』에서는 "서로 융합하고 뒤섞인다"라고 표현하고, 『장자(莊子)』에

---

[13] "兩不立, 則一不可見. 一不可見, 則兩之用息. 兩體者, 虛實也, 動靜也, 聚散也, 淸濁也. 其究一而已."(『正蒙』「太和」, ≪張子全書≫)

서는 "모든 생물이 서로 숨을 쉬는 가운데 아지랑이는 사방으로 움직인다"라고 표현한다. 여기에서 우리는 빔과 있음, 움직임과 고요함, 음과 양, 강함과 약함의 오묘한 단초를 볼 수 있다. 투명한 양은 위로 오르고 탁한 음은 아래로 가라앉는다. 음양 서로 간의 끌어당김과 접촉[感動], 모임과 흩어짐의 결과 바람과 비 그리고 눈과 서리가 생겨난다. 겉모습이 쉴 새 없이 바뀌는 셀 수 없는 종류의 사물이든, 산과 강처럼 고정된 형체를 가진 사물이든, 심지어 찌꺼기와 재 같은 보잘것없는 사물이든 간에 그 어느 것도 [본체를] 가르치고[敎] 있지 않은 것이 없다.[14]

윗글은 장재가 생각하는 기를 이해하는 데에 두 가지 중요한 단초를 제공한다. 첫째, 기는 음과 양 상호 간의 끌어당김[感]을 그 내재적 속성으로 갖는다는 것이다. 더 자세히 말하면 "끌어당김은 서로 영향을 끼치는 것과 같다. 하지만 [음양 중 어느 것이 영향을 촉발하느냐 하는 것과 같은] 우선순위는 양자 간에 적용할 수 없다. 움직임은 반드시 끌어당김을 유발하게 되는데, 이 끌어당김은 상호적이기 때문에 반응이 생기게 되고, 또 이 때문에 음양의 운동은 빠른 속도를 갖게 된다."[15] 장재는 기가 유정자(有情者)이기 때문에 끌어당김의 속

---

**14** "氣坱然太虛, 升降飛揚未嘗止息. 易所謂絪縕, 莊生所謂生物以息相吹野馬者與. 此虛實動靜之機. 陰陽剛柔之始, 浮而上者陽之淸, 降而下者陰之濁. 其感遇聚散, 爲風雨, 爲雪霜. 萬品之流形, 山川之融結, 糟粕煨燼, 無非敎也."(『正蒙』「太和」, ≪張子全書≫)

**15** "感如影響, 无復先後. 有動必感, 咸感而應, 故曰咸速也."(『正蒙』「太和」, ≪張子全書≫)

성을 갖는다고 생각하지는 않는다. "양자[陰陽]가 존재하면 거기에는 반드시 끌어당김이 뒤따른다. 하늘이 그 끌어당김에 있어 언제 생각을 하던가? 그것은 스스로 그런 것이다."[16] 장재는 기의 활성을 기술하는 이 자연 속성을 가리켜 더 이상의 이론적 설명이나 언표가 불가능한 것이라는 의미로 신(神)이라고 부른다. 그렇다고 기 밖에 달리 신이라는 운동인이 있는 것이 아니라 활성적 기가 바로 신이라는 것이다. "천하의 모든 움직임은 신이 부추긴다. 신은 모든 움직임을 관장한다. 따라서 천하의 모든 움직임은 신에서 유래한다고 할 수 있다."[17]

앞의 인용문의 마지막 줄에 보이는 "가르침[敎]"에 주의해보자. 이 문장의 대강의 뜻은 다음과 같다. 음양의 기는 서로 끌어당김의 결과 만물을 생산하게 된다. 이런 의미에서 만물은 본체적 기의 구체적 드러남이다. 따라서 만물 각각의 형태들에서 우리는 본체를 헤아려볼 수 있고, 이런 의미에서 각각의 존재는 본체를 가리키는 "손가락"이라고 할 수 있다. 이것은 기의 또 다른 특성 혹은 기의 보다 본질적 의미의 해명이라는 장재 철학의 핵심 문제, 즉 장재가 생각하는 기의 본질적 특성은 무엇인가, 또는 왜 장재의 기는 오묘한 존재[妙有]인가라는 문제로 이어진다.

장재는 기의 본질적 의미를 도덕 가치, 즉 리(理)에서 찾는다. 장재의 주장에 따르면 "허(虛)는 인(仁)의 원천이고, 충(忠)과 서(恕)는 인

---

16 "有兩則有感. 然, 天之感有何思慮, 莫非自然."(『正蒙』「太和」, ≪張子全書≫)
17 "天下之動, 神鼓之也. 神則主於動. 故天下之動, 皆神爲之也."(「繫辭上」, ≪張子全書≫)

(仁)과 함께 생겨난다. … 허가 존재하면 인이 생겨나고, 인은 리(理)의 품격을 가짐으로써 [리 뒤에 충실함으로써] 자신을 완성한다."[18] 장재는 다른 곳에서 이 구절의 의미를 확대해서 설명한다. "하늘과 땅은 허로서 그 덕을 삼는데, 허는 지극히 선한 것이다."[19] 여기에서 분명한 것은 장재가 생각하는 기의 체인 허는 도덕 가치의 원천으로서 리의 품격을 갖고 있다는 사실이다. "인은 리의 품격을 가짐으로써 자신을 완성한다"는 그의 주장을 이러한 맥락에서 이해할 수 있을 것 같다.

여기에서 우리가 알 수 있는 것은 장재가 허와 리를 동일시함으로써 기의 표상적 이해와 관념적 이해를 결합시키려 하고 있다는 사실이다. 앞으로 보겠지만 장재의 이 시도는 단적으로 그의 사상, 즉 기의 표상적 이해가 갖고 있는 논리 문제의 또 다른 한계라고 생각된다. 하지만 이 문제는 잠시 보류하고 우선 장재가 생각하는 리의 성격을 규명해보자. 다시 말해 리가 어떻게 도덕 가치와 연계될 수 있을까? 다음의 글이 단서를 제공해준다.

비록 우주의 기는 모이고 흩어지고 서로 끌어당기고 반발하는 것이 무질서하게 보여도, 기의 운동은 리[질서]를 가지고 있어서 순조롭고 혼란스럽지 않다. 기란 존재는 흩어져서 형체가 없어질 때, 원래의 상태[본체]로 돌아간다. 모여서 형체를 갖게

---

**18** "虛者仁之原, 忠恕者與仁俱生. … 虛則生仁. 仁在理以成之."(「語錄抄」, ≪張子全書≫)
**19** "天地以虛爲德. 至善者虛也."(「語錄抄」, ≪張子全書≫)

될 때, 본체의 기는 영원한 가치[吾常]를 잃지 않는다[형체 속에 구현된다].²⁰

윗글에 보이는 리·기(理氣) 개념의 관계, 즉 기를 배경으로 하는 리의 개념은 이미 전례가 있는 것이다. 리·기 개념은 우리가 생각하는 것처럼 그렇게 서로 배타적이고 이질적인 개념이 아니다. 이미 본 대로 장재는 도덕 가치의 기초를 기 속에 마련하기 위하여 리 개념의 도움을 받는다. 장재는 기 운동에 내재하는 원리가 기의 질서 있고 규칙적인 운동을 보장하며, 이 원리는 동시에 각각의 형체를 위한 영원불변한 도덕원리가 된다고 생각하는 것 같다.²¹ 다시 말해 장재는 기를 리를 담는 "그릇"으로, 기화 또는 형체화를 이 리가 각각의 개체 속으로 확산되는 매개로 생각하는 것 같다. "모여서 형체를 갖게 될 때, 본체의 기는 영원한 가치[자신의 본질, 영원한 원리]를 잃지 않는다"는 그의 주장은 이러한 배경에서 이해할 수 있을 것 같다. 이러한 점들을 고려해볼 때, 장재의 사상 속에서 리 개념은 기의 본질을 의미한다고 주장해도 무리가 없을 것 같다. 실제로 장재는 기를 태극(太極)과 일치시켜²² 이 주장을 뒷받침하고 있다. 결론적으로 태허, 태화 같은 기의 표상적 이해를 바탕으로 하여 출발한 장재의 철

---

20 "天地之氣, 雖聚散攻取百塗, 然其爲理也, 順而不妄. 氣之爲物, 散入無形, 適得吾體, 聚爲有象, 不失吾常."(「語錄抄」, ≪張子全書≫)
21 리 개념이 질서에서 도덕 가치 리(원리)로 발전하는 역사적 과정에 대한 자세한 논의는 윙칫 찬(Chan, 1964: 123-133) 참조.
22 "有兩則有一, 是太極也." "一物而兩體, 其太極之謂歟."(「說卦」, ≪張子全書≫)

학은 리라는 관념과의 결합을 시도하는데, 이것이 보여주는 것은 다름 아니라 기, 즉 기의 체에 관한 표상적 이해의 한계인 것 같다.

통전적 기의 본질인 도덕 가치는 성(性)이라는 개념을 통해 개체 속에서 구체화되는데, 이 통전적 기의 개체화는 위에서 언급한, 기의 동력인이며 아울러 기를 언표 불가능하게[神] 만드는 속성인 "끌어당김[感]"에 의해서 촉발된다고 장재는 설명한다.

> 끌어당김은 인간의 본성을 언표 불가능하게 만드는 본질이고, 인간의 본성은 끌어당김의 주체이다. 끌어당김, 언표 불가능성 그리고 인간의 본성은 오므라들고 늘어나고, 움직이고 고요하고, [형체를] 완성하고 시작하는 기의 기능을 가리키는 말들로서, 사실상 그것들은 하나[의 기를 가리키는 것]이다. 따라서 [기의 여러 기능 가운데] 만물의 존재를 오묘하게 만드는 측면을 가리켜 언표 불가능성[神]이라 하고, 만물을 동질화시키는 측면을 가리켜 도라 하고, 만물 속에 구체화되는 측면을 가리켜 본성이라 한다.[23]

윗글은 장재의 기 개념이 도, 언표 불가능성, 끌어당김, 본성 등의 여러 특성을 그 자체 안에 포함한다는 사실을 보여준다. 장재는 이 생각을 다시 다음과 같이 요약한다. "언표 불가능성은 하늘의 위력

---

[23] "感者性之神, 性者感之體, 惟屈伸, 動靜, 終始之能一也. 故所以妙萬物而謂之神, 通萬物而謂之道, 體萬物而謂之性."(『正蒙』「乾稱」, ≪張子全書≫)

[天德]을 가리키고, 조화[化]는 하늘의 도를 가리킨다. 위력[德]은 체(體)를 가리키고, 도는 그것의 용[기능]을 가리킨다. 하지만 그들은 동일한 기를 가리킨다."[24] 이에 덧붙여 장재는 "도덕성과 존재[道德, 性命]는 불멸하는 기로부터 유래한다. 비록 인간은 유한하지만, 기는 영원하다"[25]라고 주장한다. 결론적으로 장재는 기를 매개로 하여 본체의 위력이 도덕 가치의 형태로 모든 존재에서 충분히 구현되는 그러한 우주를 희망했던 것 같다. 장재는 이러한 이상적인 세계를 『서명(西銘)』에서 그려 보여주고 있다.

하늘은 나의 아버지, 땅은 나의 어머니, 그리고 나같이 보잘것없는 존재조차도 그 가운데 귀한 한 자리를 차지하고 있구나. 따라서 나는 우주를 가득 채운 것을 나의 몸으로 생각하고, 우주를 주재하는 것을 나의 본성으로 여긴다. 모든 사람은 나의 형제요 자매이고, 모든 사물은 나의 벗이다. 이 땅의 통치자는 나의 부모[하늘과 땅]의 큰아들이고, 재상들은 그의 신하들이다. 나이 드신 분들을 존경하라 — 이것이 어른들이 마땅히 받아야 할 대접이다. 고아들과 연약한 이들에게 깊은 애정을 보여라 — 이것이 젊은이들이 마땅히 받아야 할 대접이다. 성인은 자신의 품격을 하늘과 땅에 일치시키는 사람이며, 현인은 가장 빼어난 사람이다. 비록 피곤하고, 연약하고, 신체에 장애가 있고, 병들고,

---

24 "神天德, 化天道. 德其體, 道其用, 一於氣而已."(『正蒙』「神化」, ≪張子全書≫)
25 "道德性命是常在, 不死之物也. 己身則死, 此則常在."(「義理」, ≪張子全書≫)

또는 형제나 자식, 부인이나 남편이 없는 사람들일지라도, 그들은 나의 형제들로서 다만 의지할 곳이 없어서 괴로워하고 있는 이들일 뿐이다.[26]

그러나 숭고한 이상을 이와 같이 명석하게 개념화했음에도, 실제에 있어서 장재가 생각하는 하늘과 땅의 위력은 인간 세상에서 액면가 그대로 실현되지는 않는다. 장재는 본체와 현상 사이에 메울 수 없는 질적 차이가 존재한다고 생각한다. 위에서 살펴본 대로 기의 체인 언표 불가능한 허는 지극히 선한 것[至善]이라고 장재는 주장하였다. 한편 다른 곳에서 장재는 "만물의 형체와 현상은 언표 불가능한 것의 찌꺼기일 따름이다"[27]라고 말했다. 이로 볼 때 장재는 앞의 『서명』에서 보여준 본체적 도덕 가치 실현의 주체로서의 인간에 대한 신뢰에도 불구하고, 현상을 본체의 "그림자"쯤으로 여기고 있다는 것을 알 수 있다. 이러한 모순 또는 괴리는 장재 철학에 있어서의 악(惡)의 문제와 직접적 관련이 있다.

공교롭게도 이와 같은 하늘과 인간 사이의 괴리의 원인은 하늘과 인간을 연결시켜주는 통전적인 본체적 기 안에 내재하는 것 같다. 이 악의 문제를 다루는 데 있어서 최대의 장애는 장재가 여기에 관

---

26 "乾稱父, 坤稱母, 予茲藐焉, 乃混然中處. 故天地之塞, 吾其體, 天地之帥, 吾其性. 民吾同胞, 物吾與也. 大君者吾父母宗子, 其大臣宗子之家相也. 尊高年, 所以長其長. 慈孤弱, 所以幼其幼. 聖其合德, 賢其秀也. 凡天下疲癃殘疾惸獨鰥寡, 皆吾兄弟之顚連, 而無告者也."(『西銘』, ≪張子全書≫)
27 "萬物形色, 神之糟粕."(『正蒙』「太和」, ≪張子全書≫)

한 일관성 있는 명백한 이론을 갖고 있지 않다는 점이다. 따라서 우리는 이 문제를 해결하기 위하여 운용 가능한 단서들로부터 장재의 생각을 재구성할 수밖에 없다. 다음의 단서들을 음미해보자.

> 고요함과 투명함은 기의 원래의 상태를 나타내고, 공격과 빼앗음은 기의 욕망을 가리킨다. … 형체의 발생과 함께 기질의 본성이 존재하게 된다. 누구든지 하늘과 땅이 부여해준 본래의 본성을 원활히 회복할 수만 있다면, 본래의 본성은 보존될 것이다.[28]

아울러

> 허와 기가 합해서 만물의 본성을 이룬다. 그리고 본성과 느낌[覺, 원초적 의식]이 합해서 마음을 구성한다.[29]

첫 번째 인용문의 전반부는 태화, 즉 조화로운 기 운동을 다른 시각에서 기술한 것이다. 이 시각은 장재에게 있어 악의 문제와 연관이 있는 원초적 기의 어지럽힘의 원인을 설명해준다. 앞에서 언급한 대로 장재는 기의 활성의 원인을 음양 사이의 서로 끌어당기는 속성

---

28 "湛一氣之本, 攻取氣之欲. … 形而後有氣質之性. 善反之, 則天地之性存焉."(『正蒙』「誠明」, ≪張子全書≫)
29 "合虛與氣有性之名, 合性與知覺有心之名."(『正蒙』「太虛」, ≪張子全書≫) 각(覺)을 느낌으로 해석하는 문제는 주희의 철학을 논할 때 자세히 다루겠다.

[感]에서 찾았고, 이 속성에 의해 기 운동은 조화를 이루게 된다고 주장했다. 위에서 보이는 "공격"과 "빼앗음"은 "끌어당김"과 그에 대한 반응을 부정적 관점에서 기술한 것이다. 이러한 입장에 섰을 때, 본체적 기의 개별화와 특수화의 "욕망"을 상징하는 "공격"과 "빼앗음"은 기의 원초 상태를 특징짓는 "고요함"과 "투명함"을 휘저을 것이고, 따라서 기는 순수하지 못하게 된다는 가정을 정당화시킨다.

『관자』에서의 정·기(精氣), 리·기 관계도 이 문제에 관한 장재의 표현되지 않은 생각을 이해하는 데 도움을 줄 것이다.[30] 『관자』에서는 정과 리 개념을 통해 통전적 기 안에 상대적으로 정화(精化)되지 않고 무질서한 상태가 포함됨을 상정했고 이 상태를 정과 리로부터 구별해서 기라고 불렀다. 장재는 이러한 생각의 전통을 더욱 발전시킨다. 장재는 원초적 기의 개별화 과정[氣化]에는 필수적으로 원초적 상태의 훼손이 뒤따른다고 생각하는 것 같다.

장재의 기화(氣化) 사상 속에 이와 같은 두 계기, 즉 원초적 상태와 불순한 상태가 존재한다는 예비지식은 앞의 두 번째 인용문에 나타난 본성에 관한 장재의 생각을 이해하는 데에 도움을 준다. 장재의 이런 생각은 실제로 학자들에게 해석상의 많은 고통을 주었고 논란을 야기했다.[31] 앞에서 언급한 대로 장재는 본체적, 원초적 기의 개별

---

30 "心靜氣理," (『管子』「內業」)
31 허(虛)와 기(氣)가 합해서 인간의 본성을 구성한다는 장재의 주장에 대해서 세 가지 적극적인 견해가 있다. 평유란은 장재의 생각은 "동어반복적(tautological)"이라 하고(풍우란, 1999a: 489), 모우쫑산은 이해를 "방해한다"고 무시하는(牟宗三, 1985: 495-496) 데 반해, 카소프는 "기체(基體, Ch'i)" 더하기 "구체적 물질(ch'i)"을 의미한다고 주장한다(Kasoff, 1984: 76). 셋 다 부정확하지만 오히려 카소프의 이해가 그중

화 또는 특수화의 단위를 본성[性]이라고 생각하는데, 그는 더 나아가 이 본성은 투명함으로 대표되는 기의 원초적 상태와 불순함으로 상징되는 기의 욕망의 결과를 모두 반영한다고 생각하는 것 같다. 이러한 해석은 "허와 기가 합해서 본성을 이룬다"는 골치 아픈 구절의 의미를 통하게 해준다. 다시 말해 장재는 인간의 본성에는 허(虛)가 대표하며 선(善)을 상징하는 본연적(본체적) 계기와, 기(氣)가 대표하며 악(惡)의 가능성을 갖는 기질적(개별적 또는 특수적) 계기가 존재한다고 생각하는 것 같다. 따라서 기질적 계기가 주도할 때 인간은 사사로운 생각을 하게 되어 악의 경향을 갖게 되지만, 주체적인 반성과 도덕적 노력을 쌓으면 누구든지 본연적 계기를 회복하고 또 보존하여 본체와 하나가 될 수 있다고 장재는 생각하는 것 같다.

그런데 장재는 왜 이런 생각을 이해시키지 못한 채 당대에는 학문적, 인간적으로 조롱당하고, 현대에 와서는 공연한 논란만 야기하며 엎친 데 덮친 격으로 유물론자라는 당치도 않은 오해를 받아야만 했는가? 이 문제의 원인을 심층적으로 분석, 규명해보자.

장재의 기 개념에 관한 여태까지의 논의에서 드러난 것은, 기의 어떤 특정한 측면을 가리키는 태허, 태화, 신, 태극, 도, 하늘,[32] 리, 성 사이에 다항 등식이 성립한다는 사실이다. 달리 표현하면 이 개념들을 다 합친 것이 장재가 생각하는 기의 성격을 비슷하게 표현한다고 하겠다. 실제로 장재는 기 이해의 전통에 따라 기를 태허와 태화, 즉

---

제일 본뜻에 가까운 것 같다.
[32] 장재의 사상 속에서 하늘은 기(氣)를 가리키는 또 다른 이름이다. "天之不測爲神, 神而有常爲天.",(『正蒙』「天道」, ≪張子全書≫)

체와 용으로 나누어 이해한다. 하지만 이러한 구분은 우리가 살펴본 대로 지켜지지 않는다. 그 원인을 따져보면, 일반적 원인은 기의 표상적 이해의 근본적 한계에서 찾을 수 있겠지만[33] 여기에 더해 장재의 개인적인 집착도 한몫을 한다.

위에서 지적한 대로 장재는 기의 서로 다른 측면을 혼동하고 있다. 장재는 이단인 도교의 개념, 즉 무(無)로써 기의 체를 규정하는 전통적 견해가 오해를 불러일으킬 수 있다고 생각하고 무를 유로 대체한다. 이러한 과정에서 장재는 자신도 모른 채 기의 체를 용의 차원으로 격하시키며, 결과적으로 체와 용 사이의 개념적 구분은 희미해지고 만다. 그는 전통적으로 언표 불가능한 것으로 이해되어온 것을 언표 가능하게 만들어버린 것이다. 장재가 자신이 생각하는 허의 개념을 이해시키지 못한 책임은 일차적으로 여기에서 찾을 수 있다.

설상가상으로 장재는 자신의 생각 속에 담겨 있는 모순을 깨닫지 못한 채 자신의 생각을 정당화하는 데에 열정적이었다. 언표 불가능한 기의 체를 설명하는 데 있어 장재는 왕충(王充, 30?-100?)이 처음으로 시도한 기의 표상적 이해를 원용한다.[34] 장재는 왕충을 본받아

---

[33] 앞 장에서 언급했듯이 기(氣)의 표상적 이해의 최대의 장점은 기(氣), 즉 그 체(體)의 활성을 살릴 수 있다는 점이지만, 그러나 기의 표상적 이해에는 두 가지 결정적 한계가 있다. 첫째는 발생론적 설명의 한계이다. 이 언표 불가능한 체(體)에서 언표 가능한 현상을 도출하는 연역적 설명을 하기 위해서는 이 체를 어떠한 형태로든 개념화하지 않으면 안 된다는 점이다. 장재에게서 보이는 관념적 해석의 경향은 이것의 좋은 증거라고 생각한다. 둘째는 앞으로 설명할 표상적 이해의 발생론적 설명의 도구인 상(象)이라는 개념이 갖는 한계이다.

[34] "凡天地之間, 氣皆純於天. 天文垂象於上, 其氣降而生物, 氣和者養生, 不和者傷害. 本有象於天, 則其降下, 有形於地矣. … 象氣爲之也."(『論衡』「訂鬼」)

형이상에서 형이하에 걸치는 생성의 과정 속에 징검다리로서 사물의 형체적 이미지인 상(象)이라는 개념을 상정한다.

> 어느 것이든지 형체를 가질 수 있는 것은 기에서 유래한다. 모든 현상[有]은 사물의 형체적 이미지[象]에서 유래한다. 모든 사물의 형체적 이미지는 기에서 유래한다.[35]

윗글에서 장재는 삼라만상은 기에서 유래한다는 범기주의(凡氣主義)의 발생론을 재천명한다. 여기에다 장재는 기가 형체로 귀결하기 위해서는 형체적 이미지[象]라는 중간 단계를 거쳐야만 된다는 왕충의 생각을 덧붙인다. 이 생각대로라면 형체적 이미지는 기와 형체를 잇는 교량의 역할을 한다. 하지만 생각을 바꾸면 형체적 이미지는 역으로 인식 불가능한 기를 들여다보는 인식적 "창구"의 역할을 할 수 있다는 생각을 가능하게 한다.[36] 장재는 이러한 생각에 착안한 사람 중의 하나이다.

---

35 "凡可狀, 皆有也. 凡有, 皆象也. 凡象, 皆氣也."(『正蒙』「乾稱」, ≪張子全書≫)
36 이와 같은 생각의 발전은 역사상 실제로 확인할 수 있다. 왕충이 상(象)이라는 개념을 도입했을 때 이것은 언표 불가능한 기(氣)와 언표 가능한 현상을 잇는 발생론적 "징검다리"였을 뿐 왕충은 그 반대, 즉 인식론적 "창구"의 역할은 생각하지 않았다. 이것을 제일 먼저 생각한 이는 공영달로 그는 이 가능성에 근거해 태허(太虛)의 상(象)이 "지정(至精)" "지변(至變)"하다는 주장을 하였다. 이러한 생각은 북송(北宋)에 이르러 구체화되는데, 이 시대에 출판된 한강백(韓康伯)의 『역설(易說)』의 주(注)에는 무(無, 氣의 體)에 대해서 "상(象)을 가질 수 있다[可爲象]"는 생각이 개진되고 있다. 장재의 상(象)에 관한 생각은 이러한 시대적 발전을 반영하는 것 같다.

형이상인 것에 대해서 이야기할 때, 만일 그것의 개념[意]을 갖게 되면 우리는 그것의 이름[名]을 갖게 된다. 만일 이름을 갖게 되면 우리는 그것의 형체적 이미지[象]를 갖게 된다. 이름이 없으면 형체적 이미지를 갖는 것은 불가능하다. 따라서 도에 대해서 설명할 때, 만일 이에 관한 형체적 이미지가 없다면, 이름과 설명은 불가능하다.[37]

윗글은 여러 가지 특성을 갖는 장재의 기 개념을 이해하는 데 새로운 지평을 열어준다. 앞에서 살펴본 대로 장재는 기가 형이상(形而上)이라는 일반 지식 외에 기에 대한 어떠한 직접 인식도 불가능하다는 것을 잘 알고 있다. 따라서 기가 언표 불가능하다고는 하지만, 장재는 이 사실이 형이상인 기에 대한 인간의 개념화마저도 거부할 수는 없다고 생각한다. 인간이 감각기관으로 확인할 수 없는 대상이라 하더라도 그것에 대해서 개념을 가질 수 있다면 그 개념의 표출을 통해 그 대상에게 어떤 이름을 지을 수 있을 것이다. 어느 대상에 대해서 이름을 가질 수 있다면 우리는 그 대상의 형체나 특성에 대해서 어떤 "이미지"를 가질 수 있다. 장재가 생각하는 형체적 이미지라는 개념은 이러한 사유 과정을 통해 생겨나게 된다. 이와 같은 생각을 장재는 다음과 같이 요약한다.

---

37 "形而上者, 得意斯得名, 得名斯得象. 不得名, 非得象者也. 故語道, 至於不能象, 則名言亡矣."(『正蒙』「天道」, ≪張子全書≫)

따라서 형이상인 것에 대해서 어떤 설명[辭]이 가능하면, 우리는 그것에 관한 형체적 이미지를 얻을 수 있다. 구체적 형체가 없는 상황에서도 그 대상에 관한 어떤 설명을 취할 수 있다는 사실 자체가 이미 우리가 기술할 수 있는 어떤 형체적 이미지를 갖고 있다는 것을 의미한다. … 우리가 귀와 눈 같은 감각기관만 갖고 리를 추구한다면 어떻게 가능하겠는가? 만일 기를 고요하고 투명하다고 기술한다면 반드시 여기에 상응하는 형체적 이미지가 존재할 것이다.[38]

윗글은 장재의 형이상학에 있어서 언어의 역할에 관한 아주 귀중한 정보를 제공해준다. 장재는 언어가 갖는 상상적 파지(把持)의 힘에 대해서 무한한 신뢰를 갖고 있는 것 같다. 그는 리, 즉 기의 체, 또는 무엇이든 언표 불가능성의 특성을 갖는 것을 언어의 힘을 통해서 파지할 수 있다고 믿는다. 장재는 본체에 관한 개념을 통해 그 내용을 형상화할 수 있고, 이 형상화에 따르는 형체적 이미지는 다시 우리로 하여금 본체를 설명할 수 있게 해준다고 믿는다. "투명하고, 비어 있고, 전일하고, 위대하다[淸, 虛, 一, 大]"로 요약되는 장재의 기에 관한 기술은 이러한 이론적 배경하에서 생겨난 것 같으며, 이것들은 다름 아닌 태허와 태화에 관해서 장재가 가졌던 형체적 이미지들로 보인다. 이것을 가지고 판단할 때 기의 언표 불가능성을 둘러싼

---

**38** "故形而上者, 得詞斯得象. 但於不形中得以措詞者已, 是得象可狀也. 今雷風有動之象, 須謂天爲健, 雖未嘗見, 然而成象. … 若以耳目所及求理, 則安得盡. 如言寂然湛然, 亦須有此象. 有氣方有象. 雖未形, 不害象在其中." (「繫辭下」, ≪張子全書≫)

장재의 논리적 불일치의 근본 원인은 철학적이기보다는 오히려 시적(詩的)인 그의 사유에 있다고 하는 것이 더 정확할 것 같다. 아마도 장재의 철학 사상 안에서 발견되는 다른 논리 문제들에 대한 최종 책임도 이러한 순진성에 있을 것이다.

장재의 사상에 나타난 또 다른 논리 모순은 본성[性]과 마음[心]의 관계가 비일관적인 데에서도 발견할 수 있다. 장재는 인간존재의 중추가 마음이라 생각하는 것 같다. 이러한 생각은 위에서 언급한 "본성과 느낌이 합해서 마음을 구성한다", "마음은 본성과 감정을 통괄한다",[39] "마음은 본성을 충분히 실현시켜준다. … 본성은 마음을 통제할 줄 모른다"[40]는 생각 속에 잘 나타나 있다. 하지만 이렇게 천명함에도 장재는 여러 곳에서 마음은 단지 이름뿐이라는 인상을 주고 있다.

우선 장재는 도덕적 함양에서는 마음보다 본성에 더 중심적 위치와 역할을 부여하고 있다. 앞에서 살펴본 대로 그는 "만일 기질의 본성으로부터 원활히 본래의 본성으로 돌아갈 수만 있다면, 본래의 본성은 보존될 수 있다"라고 주장한다. 비록 본래의 본성이 기의 개별화 과정을 통해서 불순화되었지만, 이 불순을 상징하는 기질의 본성을 억제할 수만 있다면 인간은 본체인 하늘과 합일할 수 있다는 것이다. 그 근거는 "하늘에서 품수받은 본성은 도와 완전한 합일을 이

---

**39** "張子曰心統性情者也."(「性理拾遺」, ≪張子全書≫)
**40** "心能盡性, 人能弘道也. 性不知檢其心."(『正蒙』「誠明」, ≪張子全書≫)

루는 것으로서, 기는 청정함이나 불순함과 관계없이 이 본성을 은폐시킬 수 없기 때문이다."⁴¹ 다시 말해서 기질의 본성은 일시적, 과도적 현상이기 때문에 이것이 개체의 존재적 근거인 본체와 그 드러남인 도덕성을 은폐시킬 수 없다는 말이다. 이러한 논리에 따르면 인간의 존재 및 도덕성의 보루는 본성이라는 결론을 내릴 수 있는데, 그 이유는 본체와의 합일, 또는 개체에 있어서의 본체성의 회복은 개체가 품수받은 본성을 충분히 실현하는 것에서 출발해야 하고 또 그것을 목표로 삼아야 하기 때문이다. "자신의 본성을 충분히 실현하는 것", 즉 진성(盡性)을 개체의 도덕원리의 기초로 삼는 장재는 "누구든지 자신의 본성을 충분히 실현하는 사람은 현상[客感, 客形]과 본체[無感, 無形]를 통일할 수 있다"라고 생각한다.

  결과적으로 도덕 함양에 관한 태도에 있어 장재에게 더 설득력을 갖는 것은 맹자가 주장하는 마음을 통한 체험의 방법보다는 『역전』의 「설괘전(說卦傳)」에 보이는 기준과 절차를 통한 주지적 방법인 것처럼 보인다. 본성의 충분한 실현[盡性]은 객관적 사물에 내재하는 본체 원리의 남김 없는 탐구[窮理]를 매개로 하여야 한다는 것이다. 장재는 본성의 충분한 실현을 인간 본질의 이해[知人]를 통한 하늘 본질의 파악[知天]으로 이해한다. 따라서 그는 "객관적 사물에 내재하는 본체 원리의 남김 없는 탐구"를 본체와의 합일에 도달하는 방법이라고 생각하는 것 같다. 본체 원리의 객관적 탐구를 통해 주체는 자신의 존재 원리를 알게 되고, 이 깨달음은 자신의 본성을 충분

---

41 "天所性者, 通極於道. 氣之昏明, 不足以蔽之."(『正蒙』「誠明」, ≪張子全書≫)

히 실현하는 진실됨[誠]의 계기가 된다고 장재는 믿는다. 그는 이것을 개념화하여 "깨달음을 통한 진실됨의 성취[自明誠]"⁴²라고 부른다.

지금까지 우리는 기 개념과 그것의 표상적 이해를 통해 도덕 존재론을 수립하려 했던 장재 철학의 특성과 문제점을 살펴보았다. 이 특성과 문제점은 다음과 같은 구조로 표현할 수 있을 것 같다.

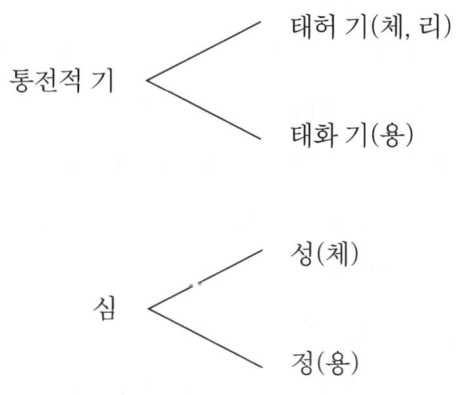

이 구조 속에 장재 철학의 모든 문제가 고스란히 들어 있다. 도식에 나타난 설명 체계를 볼 때 우선 그는 기본적으로 주지주의의 성향을 가진 학자이다. 그러나 궁극 실재, 즉 기의 체를 표상적으로 파악하려다가 체용을 구별하지 못하는 우를 범하고 말았다. 또한 그는

---

42 "自明誠者, 先窮理以至於盡性也."(「語錄抄」, ≪張子全書≫)

두 도식을 정치하게 연결시키지 못했다. 그것이 바로 그에게서 도덕 존재론의 연역 논리가 깔끔하지 못한 이유이다. 그는 유가 도덕 존재론이라는 원대한 과업의 수행에 있어 머리보다는 가슴에 의존했던 것 같다.

한편 장재의 구조와 공자의 의례 구조의 비교에서 우리는 흥미로운 점을 발견할 수 있다. 공자에게서 체는 아래, 내에 있는 데 반해, 장재에게서의 체는 위에 자리하고 있다. 이 차이점은 바로 형이내학과 형이상학, 즉 도덕 존재론의 차이이다. 결국 장재의 구조는 그의 문제점이 형이상학을 수립하려다 형이하학이 되어버렸다는 점을 분명히 보여준다. 기, 즉 기의 체의 표상적 이해가 갖는 이러한 한계는 비록 장재가 개념화하지는 않았지만 바로 기일분수(氣一分殊, 통일적 기와 이것의 다양한 구체화)의 한계라고 생각된다. 펑유란 이래 기학과 이학은 양립할 수 없는 것으로 이해되어왔다. 하지만 앞으로 고찰할 정이가 이러한 기의 맥락을 이일분수(理一分殊)[43]라고 바꿔 표현한 것이나, 장재 자신도 태허의 체 됨을 리에서 찾았다는 점을 생각할 때, 통념에도 불구하고 리와 기 및 장재 철학과 정이 철학 사이의 상관성과 유사성을 미리 엿볼 수 있을 것 같다.

---

**43** 이 표현은 주희의 「西銘」注에 나온다.

## 2절 정이의 이기이원론

이전에 횡거는 "투명하고, 비어 있고, 전일하고, 위대함"을 얘기했는데, 이천은 이것을 비판했다. … 원래 횡거는 이것을 가지고 "형이상"을 얘기하고자 했는데, 결과적으로 이것은 "형이하"가 되어버리고 말았다.[44]

아울러

체와 용은 뿌리가 같고, 드러남[顯]과 감춤[微]은 떼어 생각할 수 없다.[45]

첫 번째 인용문은 정이가 생각하는 장재 철학의 근본 문제점을 주자가 정이를 대신해서 언급하는 것이다. 정이는 앞에서 진술한 우리의 견해와 보조를 같이하며 장재 철학의 문제가 언표 가능한 것과 불가능한 것을 구분하지 못한 데에 있다고 꼬집는다. 정이는 비록 체와 용, 드러남과 감춤의 뿌리가 같고 또 떼어 생각할 수 없더라도 체와 감춤, 즉 우리의 궁극 실재는 마땅히 언표 불가능해야 하며 따라서 언표 가능한 용이나 드러남과는 구별돼야 한다는 점을 암시한다.

---

44 "渠初云淸虛一大, 爲伊川詰難. … 渠本要說形而上, 反成形而下."(『朱子語類』99) 비록 모우쭝산은 주자의 이 진술의 사실성을 의심하고 있으나, 앞으로 보겠지만 모우쭝산의 이 주장의 정확성은 의심받을 충분한 이유가 있다(牟宗三, 1985: 455).
45 "體用一源, 顯微無間."(「周易程子傳序」, ≪二程全書≫)

정이 철학과 장재 철학은 기본적으로 같은 틀, 즉 주지주의의 성격을 공유한다. 정이 철학의 성격을 한마디로 설명한다면, 장재가 실패한 통전적 기의 개별화, 특수화의 주제를 보완한다는 것이다. 이 철학적 과업을 완성하는 데 있어 정이가 장재와 생각을 달리하는 점은 다음의 네 가지로 요약할 수 있다. 첫째, 장재의 근본 문제가 기의 표상적 이해에 있다고 판단한 정이는 대안으로서 관념적 해석을 채택하는데, 이 해석의 특징은 전일적 기의 체를 리, 용을 기라고 규정하며, 언표 가능한 형이하의 모든 속성을 기에 귀속시킨다. 둘째, 이 결과 체와 용은 구별이 되었지만 역으로 양자가 분리되는, 장재와는 상반되는 또 다른 결과가 초래되는데, 정이는 양자의 분리를 막기 위해 "초월", "의존", "선재"의 변증법적 방법을 동원해 양자의 불가분리성을 역설한다. 셋째, 정이는 기가 순환적이라고 생각하는 대신에[46] 기에는 신진대사의 기능이 있다고 주장한다. 마지막으로, "마음은 본성과 감정을 통괄한다[心統性情]"는 장재의 생각에 대해 정이는 "본성의 비중이 마음보다 크다[性大心小]"라는 주장으로 맞선다.

정이는 철학의 태도에서 장재와 같은 주지주의의 연역 논리를 채택하지만, 장재와는 비교가 안 될 만큼 빈틈없는 논리로 무장하고 있다. 다음의 인용문은 정이의 이러한 철저한 주지주의의 태도를 잘 나타내주고 있다.

---

**46** 기가 순환적이라는 장재의 생각은 얼음과 물, 얼고 녹음 사이의 순환적 비유에 잘 나타나 있다.

예를 들어 서울[당시는 개봉開封]로 여행을 하려고 한다면, 통과할 문과 길을 자세히 안 뒤에라야 여행을 떠날 수 있다. 만일 여행을 가고 싶은 마음은 있지만 이런 것을 모른다면 우리는 아무 데도 갈 수가 없다.[47]

정이의 개별화(individuation)에 관한 생각은 도·기, 리·기, 또는 성(性)·기와 같은 짝 개념의 틀을 중심으로 하고 있다. 아울러 그는 이들 짝 개념에서 전자를 자기 철학의 제일 원리로 삼는다. 장재가 허 개념으로써 자기 철학의 기본을 삼고 이로부터 존재와 가치를 도출하려 했다는 점을 떠올린다면, 우리는 여기에서 정이의 사상적 뼈대는 장재의 말썽 많은 틀인 허-기의 변형 내지는 연속임을 쉽게 알 수 있다. 차이점이란 위의 인용문이 증명하듯 정이가 더 꼼꼼한 논리를 갖고 있다는 점뿐이다. 장재의 표상적 이해가 갖는 논리의 한계를 극복하기 위한 방법을 모색하던 정이는 기(氣) 철학사를 거슬러 올라가 왕필(王弼)의 관념적 이해에서 해답을 찾는다. 하지만 도교적 틀인 무·유를 원용했던 왕필과는 달리 정이는 도·기의 틀을 사용한다.

음양을 떠나서 도를 논의하는 것은 불가능하다. 음양을 움직이게 하는 원인이 도이다. 음양은 기를 나타낸다. 기는 형이하를

---

[47] "譬如人欲往京師, 必知是出那門行那路, 然後可往. 如不知, 雖有欲往之心, 其將何之."(『遺書』18, ≪二程全書≫)

의미하고, 도는 형이상을 가리킨다. 형이상은 감춤[본체]을 의
미한다.[48]

도·기의 틀로 전체적인 해석의 방향을 설정한 정이는 기(氣), 형
체적 이미지[象], 현상[形]으로 구성되는 장재의 표상적 3원소를 왕
필이 제창한 의미[意], 설명[辭], 현상[象]으로 구성되는 관념적 3원
소로 대체한다. 이러한 대체는 범기적(凡氣的) 현실을 개념으로 번역
하여 기의 체가 갖는 언표 불가능성을 관념으로 해소하겠다는 정이
의 의도를 반영한다고 볼 수 있다.

군자는 가만히 있을 때는 현상을 관찰하여 그것의 올바른 설명
에 대해 숙고하며, 활동할 때는 변화를 주시하여 미래를 예측한
다. 현상을 설명하되 그 의미를 모르는 일은 가능하다. 하지만
현상을 설명하지 못한 채 거기에 담긴 의미를 깨친다는 것은 불
가능하다. 지극히 감추어진 것은 원리[理]이고, 지극히 명백하
게 드러난 것은 현상이다.[49]

"감춤"이 암시하듯이 정이에게서 도 또는 리는 감각적 인식 및 언

---

[48] "離了陰陽更無道. 所以陰陽者是道也. 陰陽氣也, 氣是形而下者. 道是形而上者, 形
而上者, 則是密也."(『遺書』 15, ≪二程全書≫)
[49] "君子居則觀其象, 而玩其辭. 動則觀其變, 而玩其占. 得於辭不達其意者有矣. 未有
不得於辭, 而能通其意者也. 至微者, 理也. 至著者象也."(「周易程子傳序」, ≪二程全
書≫)

표의 대상이 아니다. 이러한 의미에서 그는 "지극히 감추어진 것은
원리[理]이다"라고 주장한다. 다른 곳에서 그는 또 원리는 "아무리
설명하려 해도 설명할 수 없는 것"[50]이라고도 고백한다. 정이의 이
러한 진술들은 아마 장재의 실패를 염두에 둔 것처럼 들린다. 비록
감추어졌고 따라서 언표가 불가능해도 도는 결코 존재하지 않는 것
[無]이나 위대한 빔[太虛]이 아니고 오히려 무엇보다도 실재성이 높
은 존재라고 정이는 주장한다.[51] 정이의 설명을 들어보자.

> 크기로 말할 것 같으면 도는 하늘과 땅의 높이와 깊이에 상당하
> 고, 작기로 말할 것 같으면 도는 [개체 안에 존재하며] 개체의 존재
> 이유를 구성한다. 도에 대하여 알고자 하는 사람들은 마땅히 이
> 점을 이성적으로 이해[理會]하여야 한다.[52]

비록 도는 인식 대상이 아니더라도 도의 실재를 의심할 수는 없다
는 것이 정이의 기본 입장이다. 왜냐하면 작게는 하나의 개체의 존
재 이유에서부터 크게는 이 우주 전체가 다 도의 영향 아래 있기 때
문이다. 이것을 정이는 "크기로 말할 것 같으면 도는 하늘과 땅의 높

---

50 "說則無可說."(『遺書』 15, ≪二程全書≫)
51 "又語及太虛, 曰亦無太虛. 遂指虛, 曰皆是理, 安得謂之虛. 天下無實於理者."(『遺書』 15, ≪二程全書≫) 여기에 나타난 정이의 비판에서 분명히 알 수 있는 것은 정이가 장재의 태허(太虛) 개념을 오해하고 있다는 점이다. 그 이유는 앞에서 보았듯이 장재의 태허는 존재의 부정이 아니라 확실한 궁극 실재를 의미하기 때문이다.
52 "語其大, 至天地之高厚. 語其小, 至一物之所以然. 學者皆當理會."(『遺書』 18, ≪二程全書≫)

이와 깊이에 상당한다"라고 말한다. 중요한 사실은 정이가 이 언표 불가능한 도의 인식 방법으로 체험적 이해[體會]가 아니라 이성적 이해[理會]를 추천한다는 점이다. 이 사실은 정이의 주지주의 성향을 구체적으로 증명한다. 이 주지주의 성향은 그로 하여금 도의 개념에 초월성을 부여하고 이 도에서 일체를 유도해내는 연역 논리 위에 자신의 철학 체계를 세우게 만든다.

더구나 본성에 대해서 말할 때, 본성을 지적하기 위해서라면 왜 사물에만 의지해야 하겠는가? 본성은 스스로 존재하는 것이다. 당신이 말하는 견(見)은 사물을 본다는 것이고, 내가 말하는 현(見)은 원리의 드러남을 가리킨다.[53]

위의 인용문은 정이의 도, 또는 원리의 개념이 갖는 독립성을 잘 나타내주고 있다. 그는 도의 독립성, 초월성을 그림자가 없는 형체나 물결이 없는 물에 비유한다. 그림자나 물결이 없다고 해서 형체나 물의 자격을 상실하는 것이 아니듯이, 도가 되기 위해서 도가 반드시 기의 존재를 필요로 하는 것이 아니라[54]는 것이 도의 독립성에 관한 정이의 논리이다. 이러한 생각을 바탕으로 정이는 실제로 도를 태극으로 해석한다.[55]

---

**53** "且如性何須待有物, 方指爲性. 性自性也. 賢所言見者事, 某所言見者理."(『遺書』 18, ≪二程全書≫)

**54** "有一物而相離者. 如形無影, 不害其成形. 水無波, 不害其爲水."(『遺書』 6, ≪二程全書≫)

하지만 다른 계제에 정이는 도의 독립성 내지는 초월성에 관한 이
와 같은 언급이 무색할 정도로, "음양을 떠나서 도는 존재할 수 없
다."[56]는 상반된 주장을 한다. 정이는 도와 음양 사이에 어떠한 연계
를 상정하는 것일까? 정이는 『역전』에 출처를 둔 음양과 도에 관한
구절을 혁신적으로 해석함으로써 이 문제에 관한 자신의 이론을 건
립한다. 정이의 해석을 들어보자.

음양이 질서 있게 순환하는 것을 가리켜 도라 한다. 이 원리는
심오하기 때문에 언어로는 도무지 설명할 수가 없다. [다시 말해]
음양의 운동을 가능케 해주는 것, 이것을 가리켜 도라 한다.[57]

윗글의 첫 줄은 원래 산가지를 통해 점치는 방법을 의미하는 "한

---

[55] "太極者道也."(『程氏易傳』「易序」)『정씨역전(程氏易傳)』에 첨가되어 있는 「역서(易序)」와 「상하편의(上下編義)」의 저자가 과연 정이냐 하는 점에 대해 많은 회의가 있어왔다. 그 이유는 이정(二程)의 저작을 편찬한 주자가 한 번도 두 책에 대해서 언급을 하지 않았기 때문이다. 그 책들을 썼을 법한 사람으로는 정이와 주희 그리고 정이의 제자인 주행기(周行己)가 언급되어왔다. 주보쿤(朱伯崑)은 두 책을 정이의 것으로 생각한다. 태극(太極)과 무극(無極)의 술어가 「역서」를 제외한 어디에도 보이지 않는 이유로 주보쿤은 — 주희의 설명을 받아들여 — 정이가, 장재가 기(氣)를 태극으로 해석한 사실을 염두에 두고, 태극을 사용하여 오해를 일으키는 것을 피하려는 의도라고 설명한다. 나는 주보쿤의 설명에 동의한다. 주보쿤의 자세한 논증에 대해서는 그의 『易學哲學史』(朱伯崑, 1986: 185-187) 참조. 정이가 태극의 언급을 피한 이유에 대한 주자의 설명 — "二程不言太極者... 清虛一大, 恐人別處走" — 은 『朱子語類』 93 참조. 「역서」가 위작(僞作)이라는 견해에 대해서는 윙칫 찬(Chan, 1978: 108-109) 참조.
[56] "離了陰陽更無道."(『遺書』 15, 《二程全書》)
[57] "一陰一陽之謂道. 此理固深. 說則無可說. 所以陰陽者道."(『遺書』 15, 《二程全書》)

번은 음을 하고, 다시 한 번은 양을 하는 것을 도라 한다"는 구절을 재해석한 것이다. 정이가 이 구절을 원용하는 것은 한편으로는 도의 성격을 정의하기 위한 것이고, 다른 한편으로는 체인 도와 용인 기 사이의 관계를 설명하기 위한 것이다. 정이는 비록 음양은 언표 가능한 기일지라도 바로 이것의 움직임 속에 언표 불가능한 도가 존재한다고 생각한다. 이런 뜻에서 정이는 "기의 가고 옴, 또 팽창과 수축은 다만 원리의 나타남일 뿐이다"[58]라고 설명한다. 이 생각을 요약하여 정이는 "음양의 운동을 가능케 해주는 것, 이것을 가리켜 도라 한다"라고 주장한다. 다시 말해 정이가 생각하는 도란 다름 아닌 기의 운동에 내재하는 운동인을 가리킴을 알 수 있다.

여기에서 보이는 도·기의 관계에서 분명한 사실은 범기적 세계의 관념적 이해가 결코 체와 용, 또는 형이상과 형이하 사이의, 뒤에 와서 정식화되는 "불상리, 불상잡(不相離 不相雜, 서로 떨어지지도 않지만 한데 섞일 수도 없는)"의 관계를 벗어나지 않는다는 점이다. 왜냐하면 외견상 분명히 구별이 되는 도와 기는 얼핏 판단하기에 서로 다른 두 실체처럼 보이지만, 실제 양자는 통전적 기의 두 모습일 뿐이기 때문이다. 이런 이유로 정이는 "체와 용은 뿌리가 같고, 드러남과 감춤은 서로 떼어 생각할 수 없다"는 점을 역설하는 것이다.[59]

---

**58** "往來屈伸只是理也."(『遺書』15, ≪二程全書≫)
**59** 이러한 근본 입장에도 불구하고, 통일적 실재의 두 측면으로서의 도(道)와 기(氣)의 개념적 구별성은 그 구별의 모태인 통전적 기를 희생시키는 결과를 초래한다. 이러한 인상을 지우기 위해 정이는 도, 기 관계의 성격으로 "독립성(초월성)" 외에 "의존성"을 든다. 하지만 이러한 개념적 방편에도 불구하고 자꾸 벌어지는 양자를 한편에선 붙잡아 매고 다른 한편에선 구별하기 위해, 정이는 양자 사이에 우선순

그렇다면 정이가 생각하는 도, 리의 근본 특성은 무엇일까? 초월성, 독립성과 같은 성격들을 갖고 있다고 생각할 때, 우리는 정이가 생각하는 리를 추상적 개념으로만 속단할 가능성이 있다. 실제로 이 가능성은 정이의 리 개념을 이해하는 데 있어 가장 경계해야 할 점이다. 정이는 리의 근본 속성을 생성과 생명의 원천에서 찾는다.

음이 존재하면 양도 존재하게 되고, 양이 존재하면 음도 존재하게 된다. 하나가 존재하면 둘이 존재하게 되고, 하나와 둘이 존재하면 양자의 중간자인 셋이 존재하게 된다. 이것을 과거에 적용시켜보면 이러한 과정은 끝없이 이어진다. 노자도 또한 "셋이라는 수가 만물을 생산한다"라고 주장했는데, 이것은 바로 [『역전』에 있는] "끊임없는 생성 과정[生生]을 가리켜 역이라 한다"는 것을 설명하는 것이다. 리 개념은 그 자체 안에 이러한 내용을 담고 있다. [『시경』에서는 이 리를 가리켜] "하늘이 정한 이치[天命]가 어찌 그리도 아름답고 끊임이 없는지요!"라고 노래한다. 생성을 스스로 관장하는 리는 하나의 일이 끝나면 다음 일을 쉼없이 수행한다. 인간이 이 과정에서 주장할 수 있는 것은 아무 것도 없다.[60]

---

위(priority)를 상정한다. "有理則有氣."(『經說』1, ≪二程全書≫), "有理則有象."(『遺書』 21, ≪二程全書≫). 결론적으로 정이가 생각하는 도, 기의 관계는 초월성, 의존성, 선재성으로 구성되는 변증법적 특성을 갖는다.

60 "有陰便有陽, 有陽便有陰. 有一便有二, 纔有一, 二便有. 一二之間便是三. 已往更無窮. 老者亦言三生萬物. 此是生生之謂易. 理自然如此. 維天之命於穆不已. 自是理自相續不已. 非是人爲之."(『遺書』18, ≪二程全書≫).

위에서 보이듯이 정이는 생명의 원천인 리를 "하늘이 정한 이치"라고 생각하며, 이 이치를 "어찌 그리도 아름답고 끊임이 없는지요!"라고 찬양한다. 여기에서 "끊임없음"은 리와 기, 즉 체와 용의 두 측면으로 구분되며 또 양자가 함께 통일성을 구성하는 통전적 기의 쉼 없는 생성과 생명의 운동을 말한다. 이러한 사실은 정이의 리가 결코 공허한 관념적 형식이 아니라는 점을 분명히 증명한다. 이러한 맥락에서 정이는 한 걸음 더 나아가 "생성의 근본 특성은 도덕 가치인이다"[61]라고 설명한다. 다시 말해 정이는 장재가 그랬듯이 존재와 도덕을 같은 근원에서 찾는다. 다만 다른 점은 장재는 이 근원, 즉 통전적 기의 체를 허라 하는 데 반해, 정이는 리라고 부를 뿐이다. 이로 보건대 정이에게 있어서 리는 생명과 도덕 가치의 원천인 언표 불가능한 통전적 기의 세계를 대변하는 개념임을 알 수 있다. 그가 언표 불가능성과 실질성(substantiality)을 리에 부여하는 것은 이러한 맥락에서 이해할 수 있을 것이다. 결론적으로 이로부터 우리는 장재와 마찬가지로 정이 사상의 저변을 이루고 있는 토대는 통전적 기라는 사실을 확실히 알 수 있다.

다음으로 리는 어떻게 자신을 특수화하는지에 대해서 알아보자. 이 문제는 통전적 기의 기능적 측면, 즉 현상적 기 개념과 관련을 갖고 있는데, 정이는 이것을 기화(氣化)라고 부른다.[62] 하지만 이 기화의 개념을 살펴보기에 앞서, 정이와 장재 사이의 기 개념의 차이를

---

61 "生之性便是仁也."(『遺書』 18, ≪二程全書≫)
62 비록 정이는 장재의 기일분수(氣一分殊)를 이일분수(理一分殊)로 교체하지만, 기화(氣化)를 이화(理化)라고 부르지는 않는다.

먼저 알아보는 것이 순서일 것 같다.

기에 관한 양자 사이의 근본적 차이는 기의 순환성과 신진대사에 관한 문제로 요약된다. 앞에서 논의했듯이 장재는 형체가 해체된 후 개별 형체의 기는 본체인 태허로 복귀한다고 생각했다. 따라서 장재는 개별 형체는 단지 잠정적일 뿐이라는 의미로 객형(客形)이라고 부르며, 반면에 특수화된 형체를 갖고 있지 않은[無形] 태허는 상존한다고 생각했다. 이 태허의 기가 다시 기화를 통해 개별 형체를 형성한다는 점을 미루어 생각한다면, 비록 장재가 분명히 언급하지는 않았다 하더라도 태허와 개별의 기 사이에는 순환적 관계가 성립됨을 알 수 있다. 정이는 바로 이 점을 못마땅하게 생각하고 비판한다.

> 사물이 해체될 때, 그것의 기는 그 자리에서 소멸하고 만다. 기가 그 원천으로 돌아가는 일 따위는 있을 수가 없다. 우주는 하나의 거대한 용광로와 같다. 심지어 살아 있는 것들조차 그 안에서 끝까지 타 소멸해버리는 판에, 이미 해체된 기가 어찌 아직도 존재할 수 있단 말인가! 게다가 우주의 생성 과정에 있어서 그까짓 해체된 기가 무슨 소용이 있겠는가? 생성에 사용되는 기는 신선한 기이다.[63]

정이는 기의 순환성이라는 장재의 생각을 보고 불교의 윤회 사상

---

63 "凡物之散, 其氣遂盡, 無復歸本原之理. 天地間如洪鑪, 雖生物銷鑠亦盡, 況旣散之氣, 豈有復在. 天地造化又焉用此旣散之氣. 其造化者自是生氣."(『遺書』15, ≪二程全書≫)

제3장 북송의 도덕 존재론 논쟁 131

의 이미지를 떠올렸을지도 모르겠다. 정이는 이것을 혐오한 듯 "기가 그 원천으로 돌아가는 일 따위는 있을 수가 없다. … 우주의 생성 과정에 있어서 그까짓 해체된 기가 무슨 소용이 있겠는가?"라는 단호한 태도를 표명한다. 아울러 대안으로서 기를 통한 생성 과정은 늘 새롭고 지속적이라는 유가적 입장을 제시한다. 그런데 정이의 대안에는 하나의 재미있는 모순과 사상적 혼합의 현상이 존재한다. 정이는 기가 허에서 태어난다고 주장하는 노자의 생각을 비판하지만,[64] 기의 체계를 도교에서처럼 바깥[天氣]과 안[人氣]으로 구분하여 양자를 연속적이면서도 원천이 다른 별개의 체계로 생각하는 것이다. 정이는 인기(人氣)의 원천을 도교의 개념을 빌려 특별히 진원(眞元)이라고 부르지만,[65] 맹자의 호연지기(浩然之氣)를 빌려 도덕적으로 함양되는 내적 기는 외적 기에 의해서 보양될 수 있다고 믿는다.[66]

이미 언급했듯이 통전적, 활성적인 기 속에 정(精)이나 리(理) 같은 질적으로 다른 계기가 존재한다는 가능성을 처음으로 암시한 것은 『관자』였다. 이 가능성의 결과 정작 기 개념은 질적인 면에 있어

---

**64** "老氏言虛而生氣, 非也."(『遺書』 15, ≪二程全書≫)
**65** "人氣之生, 生於眞元."(『遺書』 15, ≪二程全書≫)
**66** 인간 기(氣)의 원천을 진원(眞元)이라고 부르는 점에 있어 정이는 도교 사상을 원용하고 있음이 분명하다. 그는 진원의 기는 바깥의 기와 결코 섞이지 않으나 바깥의 기에 의하여 보양된다고 주장한다. "眞元之氣, 氣之所由生, 不與外氣相雜, 但以外氣涵養而已."(『遺書』 15, ≪二程全書≫)
그러나 정이는 기 수련에 관한 이와 같은 생각의 궁극 목적을 맹자의 호연지기에서 찾아 자신의 유학적 입장을 합리화하고 있다. "浩然之氣, 天地之正氣. 大則無所不在, 剛則無少屈以直. 道, 順而養, 則充塞於天地之間, 配義與道, 氣皆主於義, 而無不在. 道一置, 私意則餒矣. 是集義所生. 事事有理而在義也, 非自外襲而取之也."(『遺書』 1, ≪二程全書≫)

서 상대적으로 열등한 것을, 또한 정이나 리의 본체적 계기에 대한 기능적 계기를 의미하게 되었다. 아울러 『관자』는 본체적 계기가 생성에 관계한다는 생각을 가졌다. 결국 통전적 기 속에서 질적으로 다른 두 계기가 시작된다는 생각은 『관자』에서 비롯된 것 같다.

장재의 개별화에 관한 생각은 이러한 전통에 이론적 근거를 두고 있는 것 같다. 장재는 이러한 개별화에 관한 원초적 발상을 개념화하여 "허와 기가 합해서 본성을 이룬다"는 철학적 이론으로 승격시켰다. 나아가 장재는 인간의 본성에 있어서 허와 기, 즉 본체와 기능의 계기를 각각 본체적 본성[本然之性]과 기질적 본성[氣質之性]으로 설명하였다. 장재의 정확한 뜻은 그의 불충분한 논리와 설명으로 인해 자세히 알 수 없지만 대략적으로 하늘의 기와 마찬가지로 인간의 기에도 기화, 즉 개별화를 통해 본체적 계기와 기질적 계기가 존재한다는 것을 나타내려 한 것으로 보인다. 이러한 생각의 근본 동기는 인간이라는 개별화된 기 속에 본체적 본성과 기질적 본성에서 각각 유래하는 선과 악을 상정해 도덕성의 근거를 마련하는 데 있는 것 같다. 바로 이 도덕 기화론이 유학사와 기 철학사에서 장재가 마땅히 차지해야 할 공로일 것 같다. 하지만 장재의 기화론은 개별화된 개체 사이에 존재하는 외형적 차이는 설명하지 못했다.

정이가 생각하는 기화 또는 개별화에 관한 생각도 그 전체적 윤곽에 있어서 이러한 전통을 잇고 있다. 그러나 세부 내용에서 정이는 약간의 수정을 더했다. 앞에서 살펴본 대로 정이는 기의 체인 리는 기의 기능적 현실 속에 존재한다는 생각에 동의하는 뜻에서 "기의 가고 옴, 또 팽창과 수축함은 다만 리의 표현일 뿐이다"라고 주장한다. 또한 정이는 도덕성을 본질로 하는 리는 아울러 보편 기의 개별화, 즉 생성에도 관계한다는 생각에 동의한다. 정이는 이러한 생각에 기초해서 개별화에 대한 자신의 견해를 요약 정리하는데, 그의 생각은 특히 현실에 있어서 사물들이 갖는 형체상의 차이의 해명에 초점이 있는 것 같다.

하늘과 땅에 있어서 음양의 상호 교체 운동은 맞물려 돌아가는 맷돌짝의 회전과 비교해볼 수 있다. 떠오르고 가라앉고, 채우고 비우고, 또 딱딱해지고 부드러워지는 음양의 운동은 한시도 멈춰본 적이 없다. 양은 채우는 반면 음은 비우기 때문에 [생성 되는 현상들은] 반드시 같을 수가 없다. 쉬운 예를 들면 이것은 표면이 고르지 않은 맷돌로 가는 것과 같다. 표면이 고르지 않기 때문에 거기에서 생산되는 것은 다양한 형체를 갖게 된다. 따라서 상이성은 사물의 현실이 된다.[67]

리, 즉 질서를 갖는 것으로 생각되는 기의 상호 교체 운동이 여기서는 "맞물려 돌아가는 맷돌짝의 회전"으로 묘사되고 있다. 이 묘사는 기의 기능적 현실에서 상대적으로 기의 정화되지 않은 측면을 설명하려는 정이의 계산을 깔고 있는 듯하다. 다시 말해 정이는 기화의 생성 장치를 의미하는 맷돌과, 맷돌의 거친 표면을 통해 형체의

---

67 "天地陰陽之變, 便如二扇磨. 升降盈虛剛柔, 初未嘗停息. 陽常盈, 陰常虧, 故 便不齊. 譬如磨旣行, 齒都不齊. 旣不齊, 便 生出萬變. 故物之不齊, 物之情也."(『遺書』 2, 《二程全書》)

다양성뿐만 아니라 개별화된 사물의 질과 능력의 차이성을 해명하려는 것 같다.[68] 따라서 정이는 각각의 사물에 품수된 기는 일률적이지 않고 좋을 수도 있고 나쁠 수도 있다는 것을 인정한다.[69] 양질의 기가 품수된 성인들은 예외이지만, 그 외의 사람들은 도덕적 수련을 쌓아야만 하는데, 정이는 품수된 기로 인하여 야기된 악은 기를 도덕적으로 배양함으로써[養氣] 바로잡을 수 있다고 믿는다.[70] 이러한 생각은 정이가 기를 도덕 현실의 한 부분으로 인정은 하지만 부차적인 가치밖에는 인정하지 않는다는 것을 분명히 보여준다. 정이는 이러한 생각을 종합해서 다음과 같이 주장한다. "인간과 사물의 본성을 이야기하면서 기를 언급하지 않는 것은 불완전한 것이며, 기를 이야기하면서 본성을 언급하지 않는 것은 문제를 제대로 파악하지 못한 것이다."[71]

결국 여기에 나타난 정이의 생각은 개별 사물에 있어서 기와 본성은 구별은 되나 서로 섞일 수 없는 관계에 있다는 것이며, 이러한 논리는 의심의 여지 없이 통전적 기에서의 체와 용이 갖는 관계에 근거하고 있음을 알 수 있다. 정이의 생각에 있어서 이러한 범기론적 논리는 본성과 기의 관계로 발전되어 소우주인 자아를 중심으로 계속되고 있다. 장재가 시작한 통전적 기의 개별화 이론은 정이에 이

---

**68** "稟氣有清濁, 故其材質有厚薄."(『遺書』 24, ≪二程全書≫)
**69** "氣有善不善."(『遺書』 21, ≪二程全書≫)
**70** "人之所以不知善者, 氣昏而塞之耳. 孟子所以養氣者, 養之至, 斯清明純全, 而昏塞之患去矣."(『遺書』 21, ≪二程全書≫)
**71** "論性不論氣不備, 論氣不論性不明."(『遺書』 6, ≪二程全書≫)

르러 이러한 단계로 발전하게 된다.

정이의 생각에 의하면 리는 주체와 객체가 공유하는 것으로 주객의 합일을 상징한다.[72] 앞에서 언급한 대로 이러한 보편 가치를 달리 인(仁)으로 파악하는 정이는 나아가 인의 원리는 주체와 객체를 동등하게 취급하는 것[兼照]을 목적으로 하는, 즉 이기적이고 주체 중심적인 것을 지양하는 공(公)인 데 반해, 인의 작용, 즉 외적 표현은 사랑[愛]이라고 설명한다.[73] 이것을 통해 정이는 만일 인의 가치를 실현할 수만 있다면 인간은 자아의 좁은 영역에 국한된 관심의 한계를 벗어나 다른 사람과 사물을 동등하게 여기고 사랑할 수 있다는 것을 암시하고 있다.

정이에게 있어 초월적 실재인 리의 목표가 결코 추상성이 아니듯이, 이것의 내재 원리인 인(仁)도 결코 추상적인 것이 아니다. 정이의 생각에 있어서 인은 주객 분열을 통한 의식의 발생에 앞서는 단계, 유가의 미발(未發) 상태를 지칭하는 원초적 의식(primordial consciousness), 즉 느낌[感]의 상태를 가리킨다. 인을 원초적 의식, 느낌으로 규정하는 데 있어 정이는 성(誠)과 경(敬)이라는 두 개념을 매개로 하고 있다. 정이는 기본적으로 도덕 수련을 주체와 객체의 통일 속에 드러나는 하늘의 가치를 보존하기 위한 주체의 노력으로 파악하며, 나아가 그러한 통일 상태와 그러한 상태를 이루기 위한 주체의 노력을 구별해서 이해한다. 정이는 통일 상태를 성(誠)으로, 이를 위

---

72 "物我一理, 纔明彼卽曉此, 合內外之道也."(『遺書』 18, ≪二程全書≫)
73 "公只是仁之理. … 只爲公, 則物我兼照. … 愛, 則仁之用也."(『遺書』 15, ≪二程全書≫)

한 주체의 노력을 경(敬)으로 개념화한다.[74] 그는 인·성·경이 어떠한 방식으로 상호 연결되는지에 대해서 자세한 설명을 제공하고 있지 않지만, 이것들이 리의 어떤 측면 혹은 특성을 대변하고 있다는 사실에는 의심의 여지가 없다. 이러한 관점에서 볼 때, 인은 리의 도덕 가치를, 성은 리가 상징하는 주체와 객체의 일치를, 경은 체현을 통해 리를 유지하려는 주체의 노력을 가리킨다고 생각할 수 있을 것 같다.

정이가 생각하는 경이라는 주체의 노력을 가지고 겉으로 보기에 정신 나간 멍한 상태[忘]나 또는 모든 기능이 멈춘 상태[靜]를 상상하는 것은 극히 잘못된 오해이다.[75] 오히려 이것의 본질은 원초적 의식을 가리킨다. 이러한 맥락에서 정이는 지각하는 주체는 아무리 외관상으로는 정지된 상태에 있다고 하더라도 내적으로는 동적 의식의 상태에 있는데 이것을 어찌 싸잡아 정지 상태에 있다고 규정할 수 있는지를 반문하며,[76] 정지 상태에서도 반드시 주체인 "무엇[有物]"이 있어야 되는데, 이 모든 것은 경을 이해함으로써 알 수 있게 된다고 주장한다.[77] 사실 경에 있어서 주체, 즉 원초적 의식, 느낌의 문제는 정이가 불교의 유사 개념인 좌선(坐禪)으로부터 경을 구분하

---

**74** "主一者謂之敬, 一者謂之誠, 主則有意在."(『遺書』24, ≪二程全書≫) 한편 성(誠)의 의미에 대해서 정이는 "안으로부터 얻은 것과 밖을 일치키는 것[自其內者得之而兼於外者謂之誠]"이라고 정의한다(『遺書』25, ≪二程全書≫).
**75** "曰纔說靜, 便入於釋氏之說也. 不用靜字, 只用敬字. 纔說著靜字, 便是忘也."(『遺書』18, ≪二程全書≫)
**76** "曰旣有知覺, 却是動也. 怎生言靜?"(『遺書』18, ≪二程全書≫)
**77** "然靜中須有物始得. 자裏便是難處. 學者莫若且先理會得敬. 能敬則自知此矣."(『遺書』18, ≪二程全書≫)

기 위해서 제기한 것이다. 비록 겉으로 보기에는 불교 수행인 좌선과 유사성을 갖고 있는 듯 보이지만, 유학의 경은 동적인 원초적 의식에 근거하여 인이라는 도덕 가치의 보존을 목적으로 한다는 점에서 자아의 부정, 즉 무아(無我)를 목적으로 하는 불교의 좌선과는 판이하게 다르다는 점을 정이는 강조하려는 듯 보인다.[78] 즉 유학이 말하는 경의 상태는 자아의 동일성을 보장해주는 주체로서의 "무엇"에 근거해 있다는 것이다. 이러한 관점에서 보았을 때, 정이가 생각하는 "무엇"이라는 주체는 원초적 의식의 상태를 가리키며, 또한 이 의식의 본질은 인이라는 도덕 가치라고 생각해볼 수 있을 것 같다.

내재적 리가 갖는 특성들에 대한 지금까지의 논의를 종합해볼 때, 정이는 본성[性]이라는 개념을 마음[心]이라는 개념과 일치시키고 있는 것 같다. 왜냐하면 정이는 인이라는 본성[性]을 가지고 의식이라는 마음[心]을 가리키고 있기 때문이다.[79] 아마도 이러한 이론적 배경이 있기에 감정이 아직 일어나지 않은 미발(未發) 상태, 다시 말해 주객이 분열되지 않은 상태에서 "원래의 본성[本然之性]"이 "도덕의 마음[道心]"으로 번역되는 것이 아닌가 생각한다. 그러나 정이가 생각하는 이러한 일치는 그에게 있어 악(惡)의 현실을 의미하는 주객의 분열을 설명하는 과정에서 깨어지고 만다. 이 점에 관한 정이

---

**78** 그러나 정이는 장재가 그랬듯이 무아의 개념을 자신의 사상 속에서 분명하게 원용하고 있다. 정이가 사용하는 무아 개념은 인(仁), 즉 주객일치의 상태를 의미한다. "以無我爲體, 以恕爲用. … 所以爲仁之方也."(『遺書』21下, ≪二程全書≫)

**79** "心卽性也. 在天爲命, 在人爲性, 論其所主爲心, 其實只是一個道."(『遺書』18, ≪二程全書≫)

의 설명을 한번 들어보자.

> 사고[思]는 이발(已發)을 의미한다. 사고란 희·노·애·락 같은 감정과 마찬가지이다.[80]

위의 인용문에서 정이가 생각하는 사고는 감정 또는 감정이 일어난 상태인 이발을 가리킨다는 것을 분명히 볼 수 있다. 정이가 생각하는 감정의 정의란 "밖의 자극에 의해서 안에서 일어나는 것"[81]인데, 여기에서 "안에서 일어나는 것"은 사고를 가리키고 "밖의 자극"은 감각 자료를 의미한다. 다시 말해서 정이에게 있어서 감정이란 감각 소여(所與)의 자극에 의해 야기된 사고의 외적 표현이라고 할 수 있다. 아울러 여기에 나타난 또 다른 중요한 점은 정이에게서 생각(사고)은 안과 밖, 즉 주객의 분리를 암시하고 있다는 점이다.

우리는 앞에서 정이가 설명하는 통전적 기의 개별화, 즉 기화 또는 물화(物化)에 대해 살펴보면서 맷돌의 비유가 물화의 과정에서 발생하는 본체의 필연적인 섞임, 질적 저하를 상징하고 있다는 사실을 보았다. 이 결과 하늘과 인간 사이에는 질적 균열이 발생하였고, 이것은 다시 인간의 내면에 있어 심 및 성의 균열로 발전하게 되었다.[82] 이러한 균열은 정이 철학에서의 악의 현실을 상징하는데, 정이는 이러한 균열의 현실에 주객 분열이라는 또 하나의 균열을 첨가

---

80 "旣思卽是已發. 思與喜怒哀樂一般."(『遺書』18, ≪二程全書≫)
81 "感於外而發於中也."(『遺書』18, ≪二程全書≫)
82 예를 들어 본연지성과 기질지성, 도심과 인심 사이의 균열을 생각해보라.

한다. 이러한 균열의 현실을 통해서 정이는 만일 기, 즉 기능(용) 측면의 기가 현실 생활에 있어서 악의 가능성을 설명한다면, 이러한 가능성은 주객의 분열을 수반하는 사고를 촉매로 하여 연쇄적인 균열 속에 현실화한다는 것을 주장하는 것 같다. 그러나 사고 또는 주객 분열이 정이 철학에 있어서 반드시 악으로 귀결되는 것은 결코 아니다. 왜냐하면 주객 분열에 따라 발생한 감정이 각각의 주어진 상황에서 절도에 맞을 때 이 현실을 조화[和]라고 부르는데, 인간의 도덕 생활은 마땅히 이러한 조화를 목표로 삼아야 하고 또 그럴 수 있는 능력이 있기 때문이다. 정이는 주객 분열의 현실은 도덕의 실천을 통해서 조화를 이룰 수 있고, 이 조화는 모든 분열의 현실을 넘어서 일치를 실현하는 하나의 방법이라고 믿은 듯이 보인다. 따라서 우리가 가장 경계해야 할 것은 사고와 그에 따라 발생된 감정이 조화를 이룰 가능성이 없는 경우일 것이다. 이러한 설명에 근거해볼 때, 우리는 정이의 사상 체계 속에서 사고가 차지하는 중요성을 감지할 수 있을 것 같다.

정이의 사고에 관한 생각은 우리로 하여금 그의 마음(심) 개념을 이해할 수 있는 계기를 마련해준다. 그는 사고의 성격을 기본적으로 "밖의 자극에 의해서 일어나는" 감정과 일치시킴으로써 이러한 기능의 본령인 마음의 성격을 주객 분열에 의한 인식 기능과 그에 따른 이발로 한정하는 것처럼 보인다.[83] 이러한 우리의 인상은 정이가 체

---

[83] 비록 「與呂大臨論中書」(『伊川文集』 5, 《二程全書》)에서 정이는 자신의 이러한 생각과는 달리 "凡言心者指已發而言, 此固未當. 心一也, 有指體而言者, 有指用而言者"라는 주장을 하고 있으나, 그의 철학 체계를 바꾸어놓을 이러한 생각의 후속

험을 마음의 기능에서 제거함으로써 마음의 개념이 편협하게 규정되었다고 주장하는 정호의 비판을 통해 확인할 수 있다. 정호는 정이가 이러한 편협한 생각을 가졌기 때문에 "본성의 비중이 마음보다 크다"는 생각을 하게 되었다고 주장한다.[84]

정이 철학에 있어서 본성과 마음이 원래 같은 말이라는 사실을 애써 강조할 필요는 없을 것 같다. 왜냐하면 우리가 앞에서 살펴본 대로 정이가 원초적 의식(마음)의 본질을 인(본성)에서 찾은 사실 외에도, 마음이 바로 본성이라고 주장하고 있기 때문이다. 이러한 사상에 나타난 정이의 원래 의도는 통전적 기의 개별화를 통해 본체의 가치가 현상에 순조롭게 파급 전달되는 과정을 설명하기 위한 것으로 보인다. 이러한 맥락에서 하늘, 본성, 마음으로 집약되는 통전적 기의 개별화 과정을 정이는 다음과 같이 정리한다. "원리[理]의 측면에서 볼 때 이것을 하늘이라고 하고, 품수의 측면에서 볼 때 이것을 본성이라고 하고, 인간에게 보존되어 있는 측면에서 볼 때 이것을 마음이라고 한다."[85]

그러나 다른 곳에서 정이는 이러한 생각과는 모순되게 개별화에

---

사유는 ≪이정전서(二程全書)≫ 어디에서도 발견되지 않는다. 이 점을 제외한다면 정이의 사상 전반에 있어서 일관된 생각은 마음을 — 인식 기능과 그에 따른 감정으로 규정함으로써 — 이발로, 그 결과 본성을 미발로 파악하는 것이다.

84 "正叔言不當以體會爲非心, 以體會爲非心, 故有心小性大之說."(『遺書』 2上, ≪二程全書≫)
주희의 주장에 따르면 "심소성대(心小性大)"의 주장은 원래 장재로부터 유래한다고 한다(『朱子語類』 97).

85 "二子言心性天只是一理否? 曰然. 自理言之謂之天. 自稟受言之謂之性. 自存諸人言之謂之心."(『遺書』 22上, ≪二程全書≫)

있어 본성과 마음 사이에 발생 질서 또는 우선순위를 상정한다. 이러한 발상은 정이 철학의 결정적 특성인 주지주의를 바탕으로 하는 연역 논리의 사고와 같은 맥락에 있는 것이다. 정이는 이러한 정신에 입각해서 개별화의 요체를 다시 정리한다. "이 원리에 대해서 설명하면 본성은 원리가 인간 속에서 구체적으로 이루어진 것이고, 인간의 마음은 이 원리가 보존되는 곳인데, 바로 이 보존된 원리에서 도덕성[道義]이 유래한다."[86] 또한 "본성의 뿌리를 가리켜 하늘의 명령[천명]이라 하고, 본성이 스스로 그렇게 선한 점을 가리켜 하늘이라 하는데, 본성이 형체를 가진 것을 마음이라 부르고, 본성이 활동하는 것을 감정이라 하지만, 이것들은 실제 하나이다."[87]

이로부터 판단해볼 때 비록 하나라는 점을 계속 강조하지만 정이는 마음보다는 본성이 인간존재의 뿌리라는 생각을 갖고 있음을 우리는 확인할 수 있다. 정이는 마음의 위상을 본성, 즉 원리로부터 연역하려고 한다. 다시 부연하면 정이는 원리는 본성의 본질이고, 본성은 마음의 본질이라는 연역적 사고를 갖고 있는 듯이 보인다. "본성이 바로 원리이다"[88]라든지 "인간의 본성은 지극히 위대한 것"[89]이라고 갈파할 때 이러한 생각은 위와 같은 연역 논리에 근거하고 있는 듯이 보인다.

---

86 "斯理也, 成之在人則爲性. 人心存乎此. 理之所存乃道義之門也."(『經說』1, ≪二程全書≫)
87 "性之本謂之命. 性之自然者謂之天. 自性之有形者謂之心. 自性之有動者謂之情. 凡此數者皆一也."(『遺書』25, ≪二程全書≫)
88 "性卽是理."(『遺書』18, ≪二程全書≫)
89 "夫人之性至大矣."(『遺書』25, ≪二程全書≫)

정이 철학이 갖고 있는 이러한 지성적 분석의 성향은 객관적 기준을 중요시하는 그의 도덕 수양론에도 잘 나타나 있다. 원래 유학의 도덕 수양에는 전통적으로 두 가지 방법 — 주관적 방법과 객관적 방법 — 이 존재한다. 주관적 방법은 맹자의 방법으로 마음의 본질을 충분히 발현해서 본성을 이해하고, 본성을 이해함으로써 하늘을 이해하는 방법이고,[90] 객관적 방법은 『역전』「설괘전」에 나오는 것으로 사물에 나타난 원리를 철저히 연구하고 본성을 충분히 발현시킴으로써 자신의 천명을 이루는 방법이다.[91] 정이는 당연히 『역전』의 객관적 방법을 선호하는데, 그는 맹자의 주관적 방법마저도 객관적 기준에 종속되어야 한다는 생각을 갖고 있다. 정이의 이론을 들어보자.

마음의 본질을 충분히 발현한다는 것은 자신의 마음의 본질을 스스로 발현한다는 것을 의미한다. 마음의 본질을 충분히 발현할 수 있으면 자연스럽게 본성과 또 나아가 하늘을 이해할 수 있게 된다. 사물에 나타난 원리를 남김없이 연구하여 본성을 충분히 발현함으로써 자신의 천명을 이룬다고 말하는 것은 객관적 순서에 입각해서 말하는 것인데, 이러한 순서는 없을 수 없는[필연적인] 것이다. 그러나 사실로 말하면 사물에 나타난 원리를 남김없이 연구할 수만 있다면 누구든 곧바로 본성을 충분히

---

[90] "盡其心者, 知其性也. 知其性, 則知天矣."(『孟子』「盡心上」)
[91] "窮理盡性以至于命."

발현할 수 있고 이어 자신의 천명을 이룰 수가 있다.[92]

정이 철학에 있어 근본 전제는 본체가 사물의 모든 형태 속에 골고루 깃들어 있다는 것이다. 정이는 이러한 내재적인 본체를 파악하기 위한 길로 다만 내성적 방법만이 가능한 것은 아니라고 믿으며, 따라서 체험을 중시하는 맹자의 방법은 『역전』에 기술된 객관적 방법에 의해 보완되어야 한다고 생각하는 것 같다. 그러나 실제에 있어서 정이는 객관적 방법을 선호하고 또 객관적 방법만으로 충분하다고 믿고 있는 것처럼 보인다. 위의 인용문에서 마지막 줄의 의미는 이러한 맥락에서 이해될 수 있을 것이다.[93] 주체의 내성적 방법을 배제한 채 객관적 기준을 고집하는 정이의 태도는 주지적인 그의 근본 성향에서 유래하는 것으로 생각된다.

아울러 정이는 위의 인용문에서 도덕 수양의 과정에는 객관적 순서가 개재해야 한다고 주장하고 있다. 즉 정이는 자신이 타고난 천명을 실현[至於命]하는 길은 사물에 객관적으로 존재하는 원리를 남김없이 연구[窮理]하여 본성을 충분히 발현[盡性]하는 데 있다는 것을 강조하고 있는 것이다. 비록 이 세 단계는 정이에게 있어 근본적으로 하나의 일[94]이지만, 이들 사이에서 객관적인 우선순위는 그가

---

92 "盡其心者, 我自盡其心. 能盡心, 則自然知性知天矣. 如言窮理盡性以至於命, 以序言之, 不得不然. 其實, 只能窮理便盡性至命矣."(『遺書』22上, ≪二程全書≫)
93 또한 다른 곳에서 정이는 "只窮理, 便是至於命"이라는 유사한 주장을 한다(『遺書』10, ≪二程全書≫).
94 "窮理盡性至命只是一事."(『遺書』18, ≪二程全書≫)

주장하고 있듯이 "필연적"인 것이다.

　정이 철학은 장재 철학이 갖는 문제점의 극복을 출발점과 목적으로 한다. 그러나 정이의 논리적 꼼꼼함도 어쩔 수 없는 주지주의의 한계를 드러내는데, 그 한계는 다음의 네 가지로 요약할 수 있다. 첫째, 체용일원(體用一源)이라는 철학의 근본 전제에도 불구하고 정이는 여대림(呂大臨)에게 보내는 편지에서 "체와 용이 스스로 다르니 어찌 그들이 이원(二元)이 안 되겠는가?"[95]라고 주장하여 스스로 모순에 빠진다. 이런 맥락에서 기의 관념적 이해를 바탕으로 하는 정이 철학에서 체와 용은 양자를 일원으로 유지하려는 정이의 노력에도 불구하고 점점 분열된다. 둘째, 이 결과 정이는 비록 기회 있을 때마다 본성과 마음이 하나임을 강조하지만 실제 전자의 성격을 미발로, 후자의 성격을 이발로 규정하여 양자를 구별한다. 셋째, 따라서 이원과 분열은 정이 철학을 규정하는 근본적 성격이 된다. 넷째, 결과적으로 정이의 도덕 수양에 관한 생각은 일관성을 상실하게 된다. 주객 분열에 의해 발생하는 감정을 절도에 맞도록 하려는 주체적 노력의 중요성을 도덕 수양에서 인정함에도, 정이는 객관적 기준을 주체적 노력보다 높게 평가한다. 정이 철학의 기본 구조를 도식으로 표현하면 다음과 같을 것이다.

---

[95] "體用自殊. 安得不爲二乎?"(『伊川文集』 5, 《二程全書》)

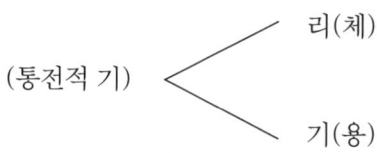

이러한 문제점들을 기억한 채, 정호가 이러한 문제점의 진원지인 정이의 주지적 태도와 그에 따른 연역 논리에 대해서 어떻게 대처하는지를 눈여겨보자.

### 3절 정호의 심(기)일원론

"형이상은 도를 가리키고 형이하는 구체적 사물을 가리킨다." 만일 어떤 사람처럼 '투명하고, 비어 있고, 전일하고, 위대한 것'을 가지고 하늘의 도라고 여긴다면, 이것은 구체적 사물[器]을

가리키는 것이지 결코 도를 가리키는 것이 아니다.[96]

아울러

만일 어떤 사람처럼 하늘을 바깥에다 별도로 모셔놓고 인간은 하늘을 포용할 수 없다고 주장한다면, 이 생각은 문제가 있는 것으로 이원론[二本]을 의미한다.[97]

앞선 논의에서 우리가 분명히 기억하는 것은, 정이가 진단한 장재 철학의 근본 문제는 궁극 실재를 태허에서 구하고 아울러 그 형체적 이미지를 추구한 결과, 궁극 실재의 언표 불가능한 위상의 확보에 실패했다는 것이다. 정이는 문제의 근본 소재(所在)가 장재가 기를 표상적으로 이해 — 장재의 기 개념에서는 체와 용을 명확히 구별 못한다 — 한 데에 있다고 진단하고, 그 해결책을 기를 관념적으로 이해하는 데에서 찾았다. 그러나 이 방법은 리와 기가 균열하는 폐단을 노출했고, 정이는 이러한 균열의 인상을 씻고 멀어지는 양자의 사이를 붙들어 매기 위하여 독립, 의존, 선재 등의 개념들을 동원했다.

정호도 장재 철학의 문제가 궁극 실재의 언표 불가능성을 확보하지 못한 데에 있다는 정이의 진단에 기본적으로 동감한다. 그러나

---

[96] "形而上者謂之道, 形而下者謂之器. 若如惑者, 以淸虛一大爲天道, 則以器言, 而非道也."(『遺書』11, ≪二程全書≫)
[97] "若如惑者別立一天, 謂人不可以包天, 則有方矣, 是二本也."(『遺書』11, ≪二程全書≫)

궁극 실재의 성격과 이것의 설명 방법을 중심으로 하는 문제의 해결책에서 정호는 정이와 견해를 달리한다. 위의 인용문에서 보이는 이원론의 비판이 암시하고 있듯이 정호 철학의 기본 입장은 체와 용 또는 도와 기(器) 사이의 연역 관계를 상정하는 합리주의에 반대하며 따라서 기에 관한 정이의 관념적 해석을 거부한다. 이러한 철학적 전제의 배경에는 정이 철학이 보여준 균열, 즉 이원적 경향을 극복하고 양자 사이의 완전한 일치를 관철하겠다는 강한 의지가 깔려 있는 것 같다. 이러한 전제는 정호로 하여금 궁극 실재를 인간의 마음에서 찾도록 유도하며, 학문 태도에 있어서도 합리주의의 주지적 방법이 아니라 묵식(默識, 내성의 깨우침)을 중심으로 하는 체험의 방법[體會]을 기본 원리로 하도록 이끈다.

 정호 철학의 기본 입장은 다음의 네 가지로 요약할 수 있겠다. 첫째, 정호는 도가 바로 구체적 사물이고 구체적 사물이 바로 도라고 주장하여 체와 용 또는 본체와 현상 사이의 어떠한 간극도 허용하지 않는다. 둘째, 정호는 또한 자아 안에서의 균열도 반대하여 본성과 마음의 완전한 일치를 주장한다. 이러한 생각은 그가 장재와 벌인 고요한 본성[定性]에 관한 논쟁에 잘 나타나 있다. 셋째, 이러한 견해는 정호의 도덕 수양에 관한 생각 속에 구체화된다. 감정의 발생과 주객, 내외의 분열을 수반하는 사고[思]를 악의 가능적 계기로 생각한 정이는 도덕 수련의 중점을 감정의 발생을 경계하는 주체의 노력에 두었다. 이러한 주장은 본성(내)은 선하고[理] 마음(외)은 악의 가능성을 갖는다는 전제에 입각해 있다. 정호는 원래 그러한 내외, 주객의 분열이 없었기 때문에 마음이 바로 리라는 점을 인식만 하면 그러한 인위적 노력은 불필요하게 된다고 주장한다. 넷째, 장재와 정이는 리의 남김 없는 탐구[窮理], 본성의 충분한 실현[盡性], 천명의 실현[至於命]을 내용으로 하는 도덕 수련에서 삼자 사이의 우선순위를 상정하는 데 반해, 정호는 삼자의 동시성을 주장한다.

두 번째 인용문에 보이듯이 정호가 말하는 이원론이란 궁극 실재를 마음의 바깥에다 설정하고 그러한 궁극 실재를 인간존재의 근거로 삼는 철학을 가리킨다. 이른바 이와 같은 이원론에서는 본체와 현상 사이가 연역 논리에 의하여 연결된다. 정호는 이와 같은 이원론의 성격을 다음과 같은 평이한 방법으로 설명한다.

> 예전에 횡거는 자주 천명을 샘물에, 리의 남김 없는 탐구와 본성의 충분한 발현은 도랑을 파서 샘물을 끌어내는 것에 비유하곤 했다. 그러면 도랑과 샘물은 별 개의 것이 되고 만다.[98]

위의 인용문은 정호가 생각하는 이원론의 근본 성격을 구체적으로 보여주며 아울러 11세기의 철학적 사유가 지금과 다르지 않음을 아주 효과적으로 예증한다. 아울러 장재 철학이 외견상 기일원론으로 보이지만 이원론이 될 수밖에 없는 이유를 보여준다. 그는 이원론을 "샘물"과 인간을 연결하기 위하여 어쩔 수 없이 "도랑"에 의존

---

**98** "橫渠昔常譬, 命是源, 窮理與盡性如穿渠引源. 然則渠與源是兩物."(『遺書』 2上, ≪二程全書≫)

해야 하는 체계로 이해하고 있는데, 여기에서 도랑이란 인간 지성의 노력, 즉 연역 논리를 상징한다. 정호는 이러한 지성의 노력을 극도로 반대한다. 왜냐하면 정호는 인간, 좀 더 구체적으로 말해 인간의 마음만이 우리가 의존해야 할 유일한 권위의 원천이라고 굳게 믿기 때문이다. 이러한 정호의 기본 신념은 다음의 인용문에 잘 나타나 있는데, 이 인용문은 또한 정호가 그의 동생 정이와 성격 및 학문 태도에 있어서 어떻게 다른가 하는 것을 극명하게 보여준다.

> 마음에 근거해서 하늘을 이해하는 것은 서울에 앉아서 장안(長安)에 가는 것에 비유해 설명할 수 있다. 반드시 서문을 나서야만 장안에 갈 수 있다고 믿는다면, 이것은 여행을 두 곳의 일로 만드는 것과 같다. 만일 정말로 자신에게 진실할 수 있다면, 단지 서울에 앉아서만도 장안에 갈 수 있다. 장안을 다시 별도로 구해서는 안 된다. 다만 인간의 마음이 하늘이기 때문에 이 마음을 충분히 발현하면 바로 인간의 본성을 이해할 수 있고, 이 본성을 이해하면 바로 하늘을 이해할 수 있다. 이러한 이해는 주어진 상황 속에서 언제든지 내성적으로 이해할 수 있기 때문에 이러한 이해를 밖에서 구해서는 안 된다.[99]

우리가 분명히 기억하기로, 정이는 똑같은 상황에서 면밀한 계획

---

[99] "嘗喩以心知天, 猶居京師往長安. 但知出西門便可到長安, 此猶是言作兩處. 若要誠實, 只在京師便是到長安, 更不可別求長安. 只心便是天, 盡之便知性, 知性便知天. 當處便認取, 更不可外求."(『遺書』 2上, ≪二程全書≫)

을 세울 것을 제의했다. 정호는 동생 정이와는 정반대로 계획이 상징하는 지성의 무용성을 강조하고 있다. "인간의 마음이 하늘이다"라는 주장을 통해 암시하고 있듯이 정호의 사상은 만물의 원리를 다 갖추고 있는 인간의 마음은 그 품격에 있어 하늘과 같다는 맹자 철학의 기조에 입각해 있다. 이러한 기본 입장이 있기에 정호는 리, 즉 존재와 도덕의 근거를 구하기 위해 마음 밖으로 나갈 필요가 없다고 강조하는 것 같다. 이러한 맥락에서 보았을 때, 정호가 강조하는 철학 태도로서의 묵식(『遺書』11, ≪二程全書≫)의 대상은 다름 아니라 이미 인간 마음속에 갖추어진 무엇(something)임이 명백하다. 그렇다면 정호가 생각하는 그 무엇의 실체는 무엇일까? 달리 표현하면 무슨 근거로 정호는 인간의 마음이 하늘에 해당한다고 주장하는 것일까?

정호는 본체를 상징하는 하늘이 존재와 도덕의 원천이라는 신유학의 공통된 믿음에 충실하고 있다. 기에 관한 지금까지의 논의를 통해서 보았듯이 범기적 세계관에서 하늘의 본질은 역(易, 변화)이며, 이 역은 다시 세부적으로 체와 용의 두 측면을 갖고 있으며, 체와 용은 아울러 통전적 기의 언표 불가능성과 가능성을 각각 상징하는 것으로 이해되어왔다. 당연히 정호도 범기적 세계관을 갖고 있지만, 전혀 다른 해석을 내리고 있다. 정호의 해석을 살펴보자.

"하늘의 움직임은 소리도 없고 냄새도 없다." 이것의 본체적 측면을 가리켜 역[변화]이라 부르고, 이것의 원리적 측면을 가리켜 도라 하며, 이것의 작용적 측면을 가리켜 신[언표 불가능성]이라 부른다. 이것이 인간에게 품수된 것을 가리켜 본성이라 부르고, 이 본성에 따르는 것을 도라 하며, 이 도에 따라 자신을 연마하는 것을 가리켜 교[가르침]라고 한다.[100]

위의 인용문에 나타난 정호의 기 개념을 정이의 개념과 비교해볼 때 그 독특성을 쉽게 발견할 수 있다. 우리가 살펴본 대로 정이는 통전적 기를 관념적으로 이해하여 도(리)와 기의 틀로 구분했다. 아울러 정이는 도에 언표 불가능성을 의미하는 형이상의 속성을 부여한 데 반해, 기에는 언어 표현이 가능한 기능의 역할인 형이하의 성격을 부여했다.

정호가 기를 논의하는 데에 사용하고 싶은 방식은 통전적이고 암시적인 방법이다. "역[변화]"이라든지 "움직임"이라는 구체적이고 활동적 표현을 통해 암시하듯이, 정호는 기를 정이처럼 추상개념으로 환원하기를 원치 않는다. 따라서 그는 기를 체, 용으로 나누어 생각하는 전통 방식을 거부하고, 그 대신 기의 기능 측면(하늘의 움직임)에 오히려 언표 불가능한 성격을 부여한다. 그런데 우리가 기억하기로 이런 성격은 전통적으로 기의 체를 기술하기 위해 유보해왔던 것이었다. 이것은 기의 이해에서 전통을 따르지 않겠다는 정호의 의도를 보여주는 하나의 좋은 예라고 생각할 수 있겠다. 정호는 통전적 기를 체, 용으로 나누는 것을 무의미한 일이라고 생각한다. 그는 통

---

**100** "蓋上天之載, 無聲無臭. 其體則謂之易, 其理則謂之道, 其用則謂之神. 其命於人則謂之性, 率性則謂之道, 修道則謂之教."(『遺書』1, ≪二程全書≫)

전적 기 자체가 도라고 생각하기 때문이다. 따라서 도의 획득이 궁극 목적인 정호가 구태여 체, 용을 구분할 필요가 없는 것은 자명한 일이다. 다시 말해 정호에게서 기 개념은 체와 용, 형이상과 형이하, 언표 불가능성과 가능성 모두를 포괄하는 문자 그대로 통전적인 것이다. 정호의 통전적 기 개념 속에서 이 모든 것은 단적으로 구별되지 않는다.[101] 이러한 극단적 일원론의 사상은 다음의 인용문 속에 잘 나타나 있다.

"형이상은 도를 의미하고 형이하는 구체적 현상을 가리킨다." 우리는 이것을 다음과 같이 고쳐 말해야 할 것 같다. 구체적 현상도 역시 도이고, 도 역시 구체적 현상이다. 단지 도를 획득할 수만 있다면 그것이 현재이든 미래이든, 자신이든 남이든 아무 상관이 없다.[102]

위의 인용문에 나타난 정호의 사상을 통해서 우리는 다음과 같은 질문을 제기해볼 수 있을 것 같다. 도대체 정호가 생각하는 도는 무엇을 의미할까? 기의 성격을 전적으로 활성의 영역에서 정의하고자 하는 정호의 저의는 무엇인가? 역(易)이 상징하는 정호의 통전적 기의 실체는 무엇인가? 정호는 역의 특성을 인간 마음의 본질에서 찾는다. 다시 말해 그는 역의 본질을 인간존재의 근본으로 해석한다.

---

101 "氣外無神, 神外無氣. 或者謂淸者神, 則濁者非神乎?"(『遺書』 11, 《二程全書》)
102 "形而上爲道, 形而下爲器. 須著如此說. 器亦道, 道亦器. 但得道在, 不繫今與後, 己與人."(『遺書』 1, 《二程全書》)

이 점에 관한 정호의 주장을 들어보자.

"하늘과 땅이 각각 자리를 잡고 있는 가운데 역[변화]의 체계가 그 가운데서 활동한다." 무슨 이유로 여기에서 인간이 그 가운데서 활동한다고 하지 않을까? 그 이유는 인간 역시 현상의 사물이기 때문이다. 만약 신[초월 존재]이 그 가운데서 활동한다고 하면 사람들은 다만 이것을 귀신이라고 여기고 말 것이다. 만약 이것을 가리켜 원리[理]나 진실함[誠]이 활동하고 있다고 한다면 이 말 역시 틀린 것은 아닐 것이다. 그럼에도 특별히 역이라고 한 이유는 [『역』의 저자가] 사람들로 하여금 그것을 자신들의 내성적 깨달음을 통하여 스스로 터득하기를 원했기 때문이다.[103]

정호는 위의 인용문에서 역의 의미를 암시적으로 사용하고 있으며, 아울러 역의 의미를 만족시킬 수 있는 조건으로서 다음의 세 가지를 들고 있다. 첫째, 우선 역은 인간에게 아주 친근한 것으로서 귀신과 같은 존재는 제외되지만 그렇다고 해서 역이 구체적 현상의 사물을 가리키는 것은 결코 아니다. 둘째, 그 이유로 역은 리나 진실함[誠]의 품격을 갖기 때문이다. 셋째, 역은 인간이 내성적 깨달음을 통해 스스로 터득할 수 있는 것이다. 도대체 정호의 이러한 조건을 만

---

[103] "天地設位, 而易行乎其中. 何不言人行其中. 蓋人亦物也. 若言神行乎其中, 則人只於鬼神上求矣. 若言理, 言誠, 亦可也, 而特言易者, 欲使人默識, 而自得之也."(『遺書』11, 《二程全書》)

족시키는 역은 무엇을 의미할까?

이러한 세 가지 조건을 만족시키는 것으로서 정호의 심중에 있는 것은 인간 마음의 본질을 함축하는 삶의 의지[生意]이다. 이 삶의 의지는 결코 귀신과 같은 초자연적이며 불가해한 존재도 아니고 현상에서 발견할 수 있는 구체적 사물은 더구나 아니다. 만약 굳이 원한다면 이 삶의 의지는 원리나 진실함이라고 개념화할 수 있을 것이다. 그러나 정호가 이러한 개념화가 미흡하다고 느끼는 주된 이유는 이 삶의 의지는 심지어 인간의 맥박에서조차도 확인할 수 있을 정도로 아주 직접적이고 친근한 것이기 때문이다. 위의 인용문에서 정호가 원리나 진실함으로 삶의 의지를 해석하는 것에 대해 "틀린 것은 아니다"라는 미온적인 동의를 하는 이유는 바로 이런 맥락에서 이해할 수 있을 것 같다. 이러한 이유로 해서 정호가 생각하는 삶의 의지는 내성적 방법을 통한 체득 외에는 달리 기술할 방법이 없는 포괄적이며 언표 불가능한 실체인 것처럼 보인다. 따라서 삶의 의지는 생명 현상과 생성의 의미를 그 자체 안에 함축하고 있는 역 외에는 달리 개념화할 방법이 없다고 정호는 생각하는 것처럼 보인다. 정호의 설명을 들어보자.

"하늘과 땅이 갖는 큰 특징은 생성이다." "하늘과 땅에 가득 찬 기가 서로 얽히고 뒤섞이는 가운데 만물은 태어나고 또 만물은 자신의 본질[순수함]을 획득한다." 만물이 각기 갖고 태어난 것을 본성이라 부른다. 이 세상에서 가장 볼 만한 것은 만물 속에 스며 있는 삶의 의지이다. 생명의 발생[元]이 선(善)이라는 도덕 가치의 으뜸이 되는 이유는 바로 이것을 가리킨다. 또 이것을 가리켜 이른바 인(仁)이라고 부른다. 인간과 하늘·땅이 원래 하나이거늘 무슨 이유로 인간은 스스로 특별히 자신을 왜소화시키는가?[104]

윗글을 통해 미루어 판단하건대 정호는 역이 상징하는 삶의 의지는 비록 구체적 언표나 설명이 불가능한 대상이지만, 이러한 근본적 어려움 속에서도 인이라는 도덕 가치가 그 본질을 가장 잘 대변할 수 있다고 생각하는 것 같다. 그가 이러한 생각을 하게 된 배후에는 삶의 의지를 인체의 통전성과 연관시켜 해석하는 당시 의학 이론의 영향도 있는 것 같다.[105] 정호는 이러한 의미의 인이야말로 그가 역을 통해 나타내고자 하는 전체 분위기와 의미를 잘 대변해준다고 생각하는 것 같다. 인이라는 가치는 포괄적인 것으로서 자체 안에 하늘, 원리, 도, 진실함의 성격을 모두 포함한다. 따라서 인간이 천인합일을 주장할 수 있는 근거는 인이라는 가치의 체득이라고 할 수 있다.[106] "원리와 인간의 마음이 일체를 이룬다"[107]는 그의 주장은 이러한 생각을 반영하고 있는 것 같다.

---

104 "天地之大德曰生. 天地絪縕, 萬物化醇. 生之謂性. 萬物之生意最可觀. 此元者善之長也. 斯所謂仁也. 人與天地一物也, 而人特自小之何也?"(『遺書』11, 《二程全書》)
105 "醫家以不仁痛癢爲之不仁."(『遺書』2上, 《二程全書》)
106 "醫書言手足痿痺爲不仁. 此言最善名狀. 仁者以天地萬物爲一體, 莫非己也. 認得爲己何所不至. 若不有諸己, 自不與己相干. 如手足不仁, 氣已不貫, 皆不屬己."(『遺書』2上, 《二程全書》)
107 "理與心爲一."(『遺書』2, 《二程全書》)

정호는 역의 본질 위에 인을 자리매김하는 이러한 견해를 바탕으로 역의 의미에 대한 장재와 정이의 근본적 무지를 암시적으로 비판한다. 정호의 진단에 의하면 그들이 궁극 실재를 인간 밖에서 찾은 까닭은 인간과 하늘을 별개의 것으로 생각하고 하늘에서 인간을 연역했기 때문이며, 이러한 이원론은 인간을 보잘것없는 존재로 비하하는 결과를 초래하고 말았다는 것이다. 정호는 이러한 분위기를 깔고 "성인은 역을 통해 마음을 청정하게 하고, 본체 속으로 침잠하는 것이다. 성인이 보여주는 역의 의미는 여기에서 심오하고 분명하건만 끝내 아무도 이해하지 못하는구나!"[108]라고 탄식한다.

이러한 이해의 맥락에서 볼 때, 정호의 사상에서 인은 본체와 현상 또는 인간과 하늘, 다시 말해 장재와 정이의 사상에서 이원적 경향을 보이던 요소들의 완전한 일치를 상징한다고 볼 수 있겠다. 정호는 이러한 배경하에서 다음과 같이 주장한다. "심지어 물 뿌리고 마당 쓸고 손님 접대하는 일조차도 형이상적[본체적]인 것이다. 왜냐하면 원리는 일의 크고 작음을 가리지 않기 때문이다."[109]

지금까지의 논의를 통해 살펴보았듯이 본체와 현상 사이에 어떠한 형태의 "도랑", 즉 연역 논리도 허락하지 않겠다는 정호의 기본 입장은 그의 철학에서 이원론이 발생할 수 있는 모든 가능성을 원천 봉쇄한다. 앞에서 살펴본 대로 그는 이러한 대전적(大全的)이고 통일적인 세계의 이상을 인이라는 도덕 가치로써 대변한다. 정호가 생

---

108 "聖人以此洗心, 退藏於密. 聖人示人之意, 至此深且明矣. 終無人理會."(『遺書』12, ≪二程全書≫)
109 "灑掃應對便是形而上者. 理無大小故也."(『遺書』13, ≪二程全書≫)

각하는 인의 의미를 물(物)-아(我) 관계를 중심으로 좀 더 천착해보기로 하자. 정호의 「식인(識仁)」과 장재에게 보낸 답장 「정성서(定性書)」가 이 문제에 관한 단서를 우리에게 제공해줄 것으로 기대하며, 먼저 「식인」에 나타난 정호의 생각을 살펴보자.

학문에 뜻을 둔 사람은 모름지기 먼저 인의 본성을 이해해야 한다. 인을 체현한 사람은 만물과 혼연일체를 이룬다. 의(義), 예(禮), 지(知), 신(信)은 모두 인에 그 뿌리가 있다.
우리가 해야 할 일은 다만 이 원리를 인식하여 성(誠)과 경(敬)으로써 보존하기만 하면 된다. 이것을 지키기 위해 조심하거나 자신을 단속할 필요도 없고, 이것을 찾기 위해 노력할 필요도 없다. 마음이 해이해지면 조심하는 것은 당연하겠지만, 마음이 해이해지지 않았다면 무엇을 조심하겠는가? 원리를 아직 이해하지 못했을 때 인을 찾기 위해 힘들여 노력하는 것은 필수적이다. 그러나 원리를 이해하여 오래 보전하면 인은 스스로 깨우치게 되는 것이니 어찌 힘들여 찾을 필요가 있겠는가!
이 세상의 어떠한 것도 이 인의 도(道)에 필적할 수 있는 것은 없다. 이것은 하도 광대해서 어떤 것을 가지고도 충분히 설명할 수 없다. [이것의 요점을 한마디로 표현하면] '하늘과 땅의 모든 움직임이 바로 나의 움직임이다'라고 할 수 있다. 맹자는 "만물의 이치가 모두 내 안에 갖추어 있다" 따라서 인간은 "모름지기 자신을 돌아보아 진실되어야[誠] 한다"라고 주장했으니, 다만 이와 같이 되었을 때 그 기쁨은 매우 클 것이다. 만일 돌아보아 자신이 아직 진실되지 않음을 발견한다면, 이것은 자신과 사물 사이에 대립이 있음을 의미한다. [이러한 사람에게는] 자신을 사물과 일치시키는 것이 끝내 불가능할 것이니 또 어찌 즐거움이 있겠는가!

『서명』의 목적이 바로 이 일치의 요체를 충분히 설명하는 것이다. 이러한 생각을 가지고 인을 보존한다면 달리 할 일이 무엇이 있겠는가! "인간의 마음은 언제나 무엇인가를 하고 있으니, 마음으로 하여금 그 목적을 잊지 않게 할 뿐 마음을 자라게 하기 위한 인위적 노력이 있어서는 안 된다." 추호의 노력도 있어서는 안 되는 것이다. 이것이 인을 보존하는 방법이다. 만일 인을 보존한다면 자아와 사물과의 일치도 가능하게 된다.

선(善)을 행하기 위한 '타고난 지식'과 '타고난 능력'은 인간에게서 한 번도 상실된 적이 없다. 그러나 습관의 마음을 제거하지 못했기 때문에 우리는 본래의 마음을 보존해야 하고 또 실천해야만 하는데, 시간이 흐르면 오래된 습관은 제거될 것이다. 이 일은 지극히 간단하지만, 단 한 가지 문제는 사람들이 이 원리를 끝까지 지키지 못하는 것이다. 만일 이 원리를 몸소 체득하여 즐길 수 있다면, 구태여 지키지 못함을 걱정할 필요는 없을 것이다.[110]

---

110 "學者須先識仁. 仁者渾然與物同體. 義禮知信皆仁也. 識得此理, 以誠敬存之而已. 不須防檢, 不須窮索. 若心懈, 則有防. 心苟不懈, 何防之有. 理有未得, 故須窮索. 存久自明, 安待窮索. 此道, 與物無對. 大, 不足以名之. 天地之用, 皆我之用. 孟子言, 萬物皆備於我, 須反身而誠, 乃爲大樂. 若反身未誠, 則猶是二物有對. 以己合

위의 인용문에서도 보이듯이 물아의 이원적 대립 가능성은 실제로 정호의 사상 속에서도 분명히 발생하고 있는데, 이 문제는 바로 악의 문제와 직결된다. 그러나 정호는 정이와는 달리 이원적 분열의 계기를 자아 자체 안에 설정한다.[111] "마음의 해이"나 "습관의 마음"이 의미하듯이 정호에게서 이원성의 근본적 계기는 대상의 조건이 아니라 주체의 조건 때문에 발생한다. 정호의 생각에 의하면 이러한 주체의 조건은 자아를 자아의 내재적 가치인 인으로부터 괴리시킴으로써 우선적으로는 물아의 대립과 마침내는 본체와 현상과의 유리를 초래하게 된다. 아울러 정호는 이러한 분리와 대립의 근본 원인이 바깥에 있는 것이 아니니 만큼 정이처럼 "조심하거나 자신을 단

---

彼, 終未有之, 又安得樂. 訂頑意思乃備言此體. 以此意存之, 更有何事. 必有事焉而, 勿正心, 勿忘, 勿助長. 未嘗致纖毫之力. 此其存之之道. 若存得, 便合有得. 蓋良知良能元不喪失, 以昔日習心未除却. 須存習此心久, 則可奪舊習. 此事至約. 惟患不能守. 旣能體之而樂, 亦不患不能守也."(『遺書』2上, ≪二程全書≫)

[111] 정이와의 비교적 관점에서 살펴볼 때 정호 철학의 독특성은 이 문제에 있어서도 두드러진다. 우리가 살펴본 대로 정이에게서 '악'의 개념은 안과 밖의 대립을 전제로 하고 있다. 아울러 그는 '마음'의 근본 성격을 이러한 대립의 계기인 '생각'에서 찾고 있다. 그의 이론에 의하면 감각 자극에 의하여 촉발되는 '생각'은 '감정'으로 귀결된다. 이러한 맥락에서 보았을 때 정이 철학에서는 '생각', '감정', '마음', '이발' 사이에 상호 치환이 가능함을 알 수 있다. 이것으로 미루어 볼 때 정이가 생각하는 '마음'의 개념은 '본성'을 '미발'로 규정하는 사고를 밑에 깔고 있음을 알 수 있다. 결론적으로 정이는 원래 '미발'과 '이발'을 포괄하는 통전적 '마음'을 나누어 전자를 '본성', 후자를 '마음'이라고 규정하고 또 전자들의 성격을 안에서, 후자들의 성격을 밖에서 찾았다. 이때 정이는 안으로 선을, 밖으로 악을 상징하는 것은 두말할 필요가 없다. 따라서 정이는 도덕 수련에서 외부 자극을 차단하여 주객 분열의 계기를 원천 봉쇄함으로써 일치를 유지하는 것에 총력을 기울인다. 아울러 정이는 도덕 수련에서 객관적 기준의 설정을 고집한다.

속할 필요"도 없고, 또 이 원인의 규명을 위해 "힘들여 노력할 필요도 없다"라고 주장하는 것이다. 다만 해야 할 것은 잊기 잘하는 이 마음에 인이라는 내재적 가치가 존재한다는 사실을 환기시키고 "이 원리를 성[진실함]과 경[삼가는 마음]으로써 보존하기만 하면 된다"는 것이다.[112] 다시 말해 정호가 강조하려는 핵심은 인의 본성을 제대로 이해한 사람은 바깥을 염려할 필요가 없으므로 바깥의 요소를 차단하기 위한 인위적 노력은 더군다나 필요가 없다는 것이다.[113] 정호는 바로 이러한 맥락에서 "이 세상의 선과 악은 모두 천리[의 표현]이다. 악이라 부르는 것이 원래부터 악은 아니었다. 다만 [천리의 표현에 있어서] 조금 지나치거나 부족해서 그렇게 되었을 뿐이다"[114]라고 주장한다.

정호가 장재에게 보낸 다음의 편지는 정호가 생각하는 악 개념 및

[112] '진실함'과 '삼가는 마음'의 의미에 대해서도 정이와 정호는 견해를 달리한다. 정이는 앞에서 논의한 대로 양자의 의미를 분간하고 있다. 정호는 아마도 이러한 정이의 생각을 의식한 듯, "진실함이란 다만 이것[천리]에 진실한 것이고, 삼가는 마음이란 이것에 대해 삼가는 마음을 갖는 것이다. 결코 진실함이 독립적으로 있고 그 외 삼가는 마음이 별개로 있는 것이 아니다[如天理底意思. 誠只是誠此者也, 敬只是敬此者也. 非是別有一箇誠, 更有一箇敬也]"라고 주장한다(『遺書』2上, ≪二程全書≫).
[113] 정호와 정이는 이 문제 — 도덕 수양 — 에서도 의견을 달리한다. 앞에서 이미 논의한 대로 정이는 한편에서는 '궁리', '진성', '지어명' 사이의 일체성[一事]을 주장하면서도 다른 한편에서는 이들 사이의 어쩔 수 없는 객관적 질서를 용인한다. 정이와 장재를 표적으로 한 암시적 비판 속에서 정호는 이들 삼자의 동시성[一時]을 주장한다. 한 걸음 더 나아가 정호는 정이와 달리 '궁리'를 객관적 지식의 문제가 아닌 주관적 체험의 문제로 전환시켜 전자를 후자에 종속시킨다. "窮理盡性以至於命. 三事一時幷了. 元無次序. 不可將窮理作知之事. 若實窮得理, 卽性命亦可了."(『遺書』2上, ≪二程全書≫)
[114] "天下善惡, 皆天理. 謂之惡者, 非本惡. 但或過或不及, 便如此."(『遺書』2上, ≪二程全書≫)

악 개념과 인 개념의 관계에 대한 보충 자료를 제공한다. 정호는 이 편지에서 악의 원인을 밖에서 찾는 생각에 반대하는 주장을 전개하고 있는데, 그 이유로서 이러한 태도는 필연적으로 안과 밖을 분리하는 원인이 된다는 논리를 펼친다. 정호는 이러한 생각과 비판을 통해서 우회적으로 안과 밖, 본성과 마음의 일치를 암시하고 있다. 그의 생각을 한번 읽어보자.

고요한 상태[定]의 본성이라고 해서 활동이 없는 것이 아니고 여전히 바깥 사물의 영향하에 있는 것이라는 가르침의 편지를 받았습니다. 이 문제는 어른께서 오랫동안 숙고해오신 것이거늘 어찌 저와 같이 보잘것없는 자의 생각을 기다리실 필요가 있겠습니까? 그러나 저도 그 점에 대해 조금 생각해본 것이 있기에 감히 그 생각을 여기에 몇 자 적어봅니다.

이른바 [본성이] 고요하다는 것은 활동이나 정지의 상태를 막론하고 고요하다는 것으로서, 이러한 상태에서는 사물의 소극적 수용이나 적극적 맞이함[迎]도 없고 안과 밖의 분리도 없다. 바깥에 있는 사물을 단지 바깥이라고 여기고 자신을 억지로 이러한 나눔에 부합하게 만드는 것은 자신의 본성을 안과 밖으로 나누는 것과 같다. 더욱이 본성이 바깥의 사물을 쫓아가는 것으로 생각한다면 본성이 바깥에 있을 때 자신의 안에 있는 것은 무엇일까? 본성을 이와 같이 여기는 것은 외적 유혹을 제거하려는 의도를 갖고 있으면서도 본성에 안과 밖의 구분이 없음을 모르는 것과 같다. 이미 안과 밖이 둘로 나뉘었는데 또 어떻게 조급하게 본성의 고요함을 말할 수 있단 말인가?

하늘과 땅의 영원한 원리란 그 마음으로써 만물의 마음을 이루는 것이지만, 하늘과 땅 자체는 마음을 갖고 있지 않다. 성인의 영원한 원리란 그 감정으로써 만사에 순응하는 것이지만, 성인은 자신의 감정을 갖고 있지 않다. 따라서 군자의 학문적 태도로는 넓고 공평하게 사물에 자발적으로 따르는 것보다 더 좋은 것은 없다. 『주역』은 "굳은 단정함은 행운을 가져오고 또한 후회를 방지한다. 만일 행동에 주저함이 있다면 친구가 당신의 생각을 따를 것이다"라고 말한다. 만일 단순히 외적 유혹만을 제거하려 한다면, 동쪽에서 유혹이 없어지는 순간 서쪽에서 다른 유혹이 일어나는 것을 보게 될 것이다. [이런 일을 되풀이하기에는] 시간이 부족할 뿐만 아니라 유혹의 원천도 끝이 없어서 이것을 다 제거하기란 불가능하다.

인간에게는 각기 본성적으로 막힌 점이 있는 관계로 도를 따르기에 힘이 든다. 대개의 경우 문제의 소재는 이기심과 얕은 지혜[智]를 사용하는 데에 있다. 이기적이면 의도적 행위로 사물에 대응하는 것이 불가능하게 되고, 얕은 지혜를 사용하면 큰 지혜[明覺]를 거북스럽게 여기게 된다. 바깥의 사물을 혐오하는 마음을 가지고 사물이 존재하지 않는 경지를 조명하고자 하는 것은 거울을 뒤집어서 뒷면으로 사물을 비춰보려는 것과 같다. 『주역』은 "등 뒤에서 멈추고 그 사람을 보지 마라. 정원에서 거닐어도 그 안에 있는 사람은 보지 마라"라고 말한다. 『맹자』 역시 "내가 지혜로운 이들에게서 싫어하는 것은 그들의 억지 논리이다"
라고 말한다.

내가 생각하기에 밖을 그르다 하고 안을 옳다 하는 것보다는 안과 밖의 구분을 잊어버리는 것[兩忘]이 나을 것 같다. 안과 밖의 구분을 잊어버리면 맑고 평안하게 된다. 평안하게 되면 고요하게 되고, 고요하게 되면 사물에 대해서 밝게 된다. 밝게 되면 사물에 대해 반응한다고 해서 어찌 그것이 방해가 되겠는가? 성인의 기쁨은 사물의 본성에 따른 기쁨이고, 성인의 분노는 사물의 본성에 따른 분노이다. 이러한 성인의 기쁨과 분노는 자신의 마음에 따른 것이 아니라 사물에 따른 것이다. 이러한즉 성인이 어찌 사물에 반응하지 않겠는가? 어떻게 바깥의 사물을 추구하는 것을 그르다 하고 안에 있는 것을 구하는 것을 옳다고 할 수 있겠는가? 이제 이기심과 얕은 지혜에 근거한 기쁨과 분노를 가지고 사물의 본성에 근거한 성인의 정당한 기쁨과 분노를 비교해본다면 그 차이가 어떠하겠는가? 인간의 감정에 있어 쉽게 일어나며 억제하기 힘든 것 중 가장 심한 것이 분노이다. 그러나 화가 날 때 속히 그 분노를 잊고 이치의 옳고 그름을 보는 것이 가능하다면, 그에게는 바깥의 유혹을 탓할 이유가 없으며 이미 그는 도를 향한 여정의 절반을 지났다고 생각할 수 있을 것이다.[115]

---

115 "承教, 諭以定性未能不動, 猶累於外物. 此賢者慮之熟矣, 尚何俟小子之言. 然嘗思之矣, 敢貢其說於左右. 所謂定者, 動亦定, 靜亦定. 無將迎, 無內外. 苟以外物爲外牽己, 而從之. 是以己性爲有內外也. 且以性爲隨物於外, 則當其在外時, 何者爲在

위의 인용문은 주객 분열이 악의 문제와 어떠한 연계를 갖는지에 대한 아주 귀중한 정보를 제공해주고 있다. 여기에서 정호가 본성이라 부르고 있는 것은 실제로 마음을 가리킨다.[116] 달리 표현하면 위의 인용문에서 정호가 사용하고 있는 본성이라는 개념을 마음으로 바꾸어놓으면 그 의미가 보다 분명해진다는 말이다. 윗글에 나타난 정호의 기본 사상은 마음, 또는 본성이라고 하는 개념이 주체의 안과 밖을 모두 포괄하고 있다는 것이다. 그의 진단에 의하면 이 통합 세계를 주체와 객체로 나누어 생각하는 것은 악의 원천을 바깥 세계에서 찾으려는 생각에서 유래한다는 것이다. 그는 이러한 생각은 다시 안의 세계는 고요함을 상징하고, 이것이 상징하는 내재적 선의 가치는 바깥, 즉 감각 소여의 촉발에 의해 훼손되며, 이러한 훼손을 악이라 여기는 일련의 잘못된 전제에 기초하고 있다고 분석한다. 여

內. 是有意於絶外誘, 而不知性之無內外也. 旣以內外爲二本, 則又烏可遽語定哉. 夫天地之尙, 以其心普萬物, 而無心. 聖人之尙, 以其情順萬事, 而無情. 故君子之學, 莫若廓然而大公, 物來而順應. 易, 曰貞吉悔亡, 憧憧往來, 朋從爾思. 苟規規於外誘之除, 將見滅於東, 而生於西也. 非惟日之不足, 顧其端無窮, 不可得而除也. 人之情, 各有所蔽, 故不能適道, 大率患在於自私而用智. 自私則不能以有爲爲應迹. 用智則不能以明覺爲自然. 今以惡外物之心, 而求照無物之地. 是反鑑而索照也. 易, 曰艮其背, 不獲其身. 行其庭, 不見其人. 孟子亦, 曰所惡於智者爲其鑿也. 與其非外而是內, 不若內外之兩忘也. 兩忘則澄然無事矣. 無事則定. 定則明. 明則尙何應物之爲累哉. 聖人之喜, 以物之當喜. 聖人之怒, 以物之當怒. 是聖人之喜怒, 不繫於心, 而繫於物也. 是則聖人豈不應於物哉. 烏得以從外者爲非, 而更求在內者爲是也. 今以自私用智之喜怒, 而視聖人喜怒之正, 爲如何哉. 夫人之情, 易發而難制者, 惟怒爲甚. 第能於怒時, 遽忘其怒, 而觀理之是非, 亦可觀外誘之不足惡, 而於道亦思過半矣."(「答橫渠先生定性書」,『明道文集』3)

**116** 정호의 '본성'을 '마음'으로 해석하는 것은 원래 주자의 견해이다. "此性字是個心字意."(『朱子語類』95)

기까지의 설명을 통해 감지할 수 있듯이 정호는 이러한 생각을 가지고 장재와 정이가 공유하는 본성 개념의 이분(二分)에 관한 오류를 지적하고 있는 것이다.

정호는 마음이 통전적이지만, 분열의 가능성과 전혀 관계가 없다고 생각하지는 않는다. 그는 마음에도 분열의 가능성이 있다는 사실을 명백히 시사하고 있다. 그러나 분열의 원인에서 정호는 외재적 원인설보다는 내재적 원인설을 지지한다. 더 자세히 말해 정호는 이기심이나 얕은 지혜의 생각과 같은 내재적, 주체적 원인으로 인해 마음은 그 고요함을 상실하게 되고, 그 결과 분열하게 된다고 생각한다. 정호는 완곡한 표현으로 장재에게, 암시적으로 정이에게도, 마음을 안과 밖으로 나누느니 차라리 양자의 구분을 잊는[兩忘] 편이 낫다고 충고한다. 이 구분을 잊으면 자아는 어려움 없이 사물의 본질 원리에 따라 행동할 수 있게 된다고 정호는 주장한다. 이 문제는 성물(成物, 사물 본질의 완수)이라는 또 다른 문제를 건드리게 되는데, 이것은 인(仁)의 또 다른 성격의 하나이다. 이에 관한 정호의 설명을 들어보자.

"하늘과 땅이 제자리를 차지하고 있고 변화의 체계가 그 가운데서 진행하고 있구나." [이 말이 암시하는 강조점은] 애오라지 경이다. 만일 경을 실현할 수 있다면 사물과 자아 사이에 간극이 있을 수 없다. 우리로 하여금 사물의 본질을 하나도 남김없이 체현할 수 있게 해주는 것은 다만 성과 경뿐이다. 성 없이는 결코 '사물 본질의 완수'는 있을 수 없다.[117]

위의 인용문은 정호 철학에서 인의 종교적 경지를 보여주는 것으로서, 그의 생각에 의하면 이 인은 성물(사물 본질의 완수)에서 절정에 이른다. 앞에서 인용한 「정성서」에서 보았듯이 정호가 생각하는 물아 일치는 단순히 자아의 영역을 확대함으로써 얻어지는 것이 아니고 자아가 이기심과 얕은 지혜 등을 통해 스스로 설정한 물아의 경계를 포기함으로써 얻어지는 것이다. 아울러 이러한 인위적 경계를 포기함으로써 자아는 궁극적으로 물아의 구분을 모두 잊고 사물의 본질을 있는 그대로 볼 수 있게 된다는 것이다.[118] 정호에게서 인의 정신은 이러한 경지에 이르기 위해 경계를 포기하려는 의식적 노력을 가리키는데, 그에 따르면 이 인의 특성을 구체적으로 표현하는 것이 바로 성과 경인 것이다. 정호는 이러한 노력을 통해 종국에는 사물과 자아의 본질이 모두 완성된다는 통전성의 믿음을 굳게 보여준다. 결론적으로 말해 정호의 도덕철학에서 인의 본성에 대한 이해는 결국 자아의 내재적 가치에 대한 눈뜸이며 이것은 동시에 자아가 천리(天理)와 합일을 이룰 수 있는 초월의 계기가 됨을 알 수 있다.

우리는 지금까지 정호 철학의 논의를 통해 인 개념을 중심으로 하는 통전적 체험의 세계를 이해할 수 있었다. 정호 철학에서 인의 이해는 다른 어느 것보다도 중요하다. 정호는 이러한 체험 철학이 갖

---

117 "天地設位, 而易行乎其中. 只是敬也. 敬則無間斷. 體物而不可遺者, 誠敬而已矣. 不誠則無物也."(『遺書』11, ≪二程全書≫)
118 정호는 이러한 경지를 '무아'라는 술어를 사용해 표현하고 있다. "以物待物, 不以己待物, 則無我也."(『遺書』11, ≪二程全書≫) 여기서 우리는 정호가 사용하는 이 술어가 이기심의 배제[無私]를 통한 확장된 자아[大我]를 의미한다는 것을 분명히 알 수 있다.

고 있는 문제점, 즉 체험의 경지를 충분히 언어화할 수 없는 데에서 야기되는 문제점을 명백히 인식하고 있다. 그러나 이러한 경우에도 그는 인간의 마음에 대한 믿음 외에는 다른 대안을 갖고 있지 않다. 정호가 학자들에게 줄 수 있을 법한 충고는 이해에 어려움이 있을 경우 마음과 내성적 깨우침에 의존하고, 설명에 어려움이 있을 경우 마음의 본질을 발현하는 힘에 의존하라는 것이다. 이렇게 했을 때 자신의 본성을 이해하게 되고 또 결과적으로 하늘이 자신 안에 있음을 이해하게 될 것이라고 정호는 굳게 믿는다. 정호 철학의 구조를 도식으로 표현하면 다음과 같을 것이다.[119]

119 이 체험 구조의 원류는 맹자로서, "마음의 잠재성을 충분히 실현하는 사람은 자신의 본성을 이해하고, 본성을 이해하면 자신이 하늘이라는 것을 이해한다[盡其心者, 知其性也. 知其性, 則知天矣]"(『孟子』「盡心上」)에 근거를 둔 다음과 같은 구조이다.

이 장에서 다룬 장재와 정씨 형제 사이에 벌어진 궁극 실재를 둘러싼 도덕 존재론의 쟁점은 구조의 도식을 통해 다음과 같이 정리할 수 있겠다. 구조가 스스로 설명을 한다.

장재의 지성적 구조가 보여주는 허점은 체와 용이 구별되지 않는 것이었다. 결과적으로 도덕 존재론의 핵심인 궁극 실재가 형이하가 되어버려 후대에는 유물론자라는 명예와 불명예를 모두 누렸다. 하지만 이러한 결과를 초래한 근본 원인은 궁극 실재를 확실하게 입증하기 위해 궁극 실재를 표상하려 했던 순진성에 있었다. 하지만 인간존재에 대한 설명에서는 "심통성정"을 주장하여 체와 용을 성공적으로 구분하였다. 그러나 궁극 실재의 확보에 실패한 관계로 장재 철학은 두 구조, 즉 외부의 통전적 기와 내부의 심이 논리적으로 연결되지 않는 결점을 노출하였다.

장재와 마찬가지의 지성적 구조를 갖는 정이 철학의 모습은 사실상 이미 장재 철학 속에 있었다. 차이라면 장재가 실패한 궁극 실재의 위상 확보를 관념적 방법을 통해 달성한 것이다. 그러나 이 달성은 엄청난 대가를 치러야만 했다. 일단 형이상과 형이하가 리와 기로 규정된 후 정이 철학에서는 통전성이 증발하고 그 결과 문자 그대로 이원론에 빠지게 된다. 이 결과는 정이 철학의 인간 이해에서 극명하게 나타나는데, 그는 인간존재를 내(본성)와 외(마음)로 양분하여 본성의 위상이 마음보다 크다(심소성대)고 상정했고 수양론에서도 천리의 존재 계기인 미발(내)에만 집중하게 된다.

정호는 아저씨와 동생의 도덕 존재론 프로젝트의 실패 원인이 존재의 근거를 인간 밖에서 찾는 이원론에 있고, 그렇게 만든 궁극적인 책임이 형이상학의 지성적 방법에 있다고 진단한다. 그 결과 가치와 존재의 근거를 내면에서 찾으며 형이상·형이하, 리·기, 심·성·정의 완전한 일치를 주장한다. 아울러 철학의 방법론으로도 '내성의 깨우침'에 의한 체회(體會)를 주장하여 정호 철학은 형이내학을 고수하는 극단의 체험적 구조를 갖는다.

이들 북송 철학자들의 목적은 도덕 존재론, 즉 내면의 가치를 존재론을 통해 변증하려는 것이었다. 이 점에서 장재와 정이가 채택한 지성적 구조는 설명 가능성이라는 장점을 갖지만 양자 모두 불완전한 구조를 노출한다. 장재는 궁극 실재를 확보하지도 못했고 따라서 연결하지도 못하는 구조적 취약성을 가졌다. 한편 정이의 구조는 궁극 실재 확보에 집착한 나머지 이원론에 빠져 인간존재를 궁극 실재에 종속시킴으로써 부차적 존재로 만든 것이다. 이것은 본말이 전도된 것이다. 이것은 구조적으로도 입증할 수 있다. 공자의 구조에서 체는 아래, 인간의 내면이었으나 북송의 지성적 구조에서는 체가 위, 리에 자리하고 있다. 한편 정호가 주장하는 체험적 구조는 이러한 지성적 구조의 약점은 극복할 수 있지만 역으로 지성적 설명을 결여한다는 약점을 노출한다. 도덕 존재론은 기본적으로 지성적 프로젝트이다.

결국 지성적 구조와 체험적 구조, 형이상학과 형이내학은 어느 한쪽만으로는 불완전한 약점을 가지고 있음을 볼 수 있다. 양자, 즉 체험과 지성은 상호 보완해야만 원만한 도덕 존재론을 수립할 수 있을 것이다. 우리는 여기에서 주자가 수행하는 철학적 종합의 윤곽을 볼 수 있으며, 아울러 그의 프로젝트에 내재하는 긴장의 성격을 짐작할 수 있을 것이다. 지성은 체험에 근거해야만 하고, 체험은 지성으로 설명할 수 있어야 한다. 형이내학은 형이상학으로 설명할 수 있어야 하고, 형이상학은 형이내학에 근거해야만 한다.

# 제4장 주희의 종합과 완성

**1절 종합**

[예를 들어 본성이나 인 같은] 철학 용어를 정의하기란 매우 힘든 일이다. … 묵식만이 이런 용어를 명확히 파악하는 유일한 방법이다.¹

아울러

말할 수 있고 또한 이름 지을 수 있을 때 비로소 우리는 분명히 이해할 수 있다.²

---

1 "名義之語極難下. … 此等且要默識心通."(『朱子語類』5)
2 "說得出, 又名得出, 方是見得分明."(『朱子語類』5) 다른 데에서 주희는 동일한 취지로 다음과 같이 주장한다. "언어로써 표현만 해낼 수 있다면 우리는 [무엇이든지] 이

또한

큰 책은 큰 악(μέγα βιβλίον μέγα κακόν mega biblion, mega kakon).[3]

이제 주희(朱熹, 1130-1200)의 철학을 논할 차례가 되었다. 주희 연구가 당면한 딜레마는 제1장에서 설명했다. 천라이가 도입한 편년체적 연구 방법의 한계를 타개하고 새로운 연구 시각을 수립한 책이 1992년에 출판된 수징난(束景南, 1945-)의 『주자평전』(원서명은 『주자대전(朱子大全)』)이다. 한국에서도 2015년에 번역판이 나온 이 책은 천 쪽이 넘는 방대한 규모다. 주희 사상에 대한 다차원적[多維] 문화 시각을 통한 연구라는 설명이 어울리듯이 이 책은 문화 환원주의의 방법론을 통해 편년체 방법론의 평면성을 역사, 종교, 시사(詩詞), 서신 등 여러 문화 자료를 동원해 입체적으로 보완한 주목할 만한 책이라고 생각한다. 그런 의미에서 이 책의 기본 체재는 천라이의 『주희철학연구(朱熹哲學研究)』(陳來, 1987. 한국 번역본은 『주희의 철학』)와 『주자서신편년고증(朱子書新編年考證)』(陳來, 1989)이 남겨둔 주자 사상의 빈 공간들을 문화적 자료들로 살을 입힌 것이라고 할 수 있겠다. 이 책의 중요성과 업적은 중국 내에서 이 책에 수여한 영예―중

---

해할 수 있다. 많은 사물을 단순히 관찰만 하는 것은 철저하게 이해하지 아니함만 못하다. 또한 '모호하게 해서는 안 된다. 용어의 분명한 정의를 이해해야 한다'라고 말한다[只管說出語言, 理會得. 只見事多, 却不如都不理會得底. 又曰, 然亦不可含糊, 亦要理會得箇名義著落]."(『朱子語類』4)

3 칼리마쿠스(Callimachus, BC 310/305-240). 알렉산드리아 도서관의 도서 목록인 피나케스(Pinakes)를 만든 학자.

국 도서상[中國圖書獎], 국가도서 추천상[國家圖書提名獎], 교육부 인문사회과학 부분 이등상[教育部人文社科二等獎] 등 — 가 웅변적으로 대변한다.

그러나 나는 이 책을 포함한 기존의 주자 연구가 소홀히 한 부분이 있다고 생각한다. 그것은 바로 앞 장에서 논한 장재와 이정 사이에서 벌어진 논변에 대한 세심한 고찰이 빠진 것이다. 앞에서 살펴본 대로 이 논변은 ≪장자전서(張子全書)≫ ≪이정전서(二程全書)≫ 속에서 구체화되었는데, 펑유란이 이 북송 삼철(三哲)을 그들의 학문에 대한 깐깐한 검토 없이 각각 기학·이학·심학으로 성격을 규정한 뒤 서구에서는 펑유란의 견해가 정론의 권위를 누려오고 있다 — 물론 중국 국내에서는 이 견해가 지속적으로 도전을 받아왔다 — 는 데 문제가 있다. 나는 주자학 더 나아가 신유학 연구를 둘러싼 혼란의 근원도 여기에 있고 해결의 단서도 여기에 있다고 생각한다. 혼란의 근원은 펑유란식의 겉핥기 이해, 이에 대한 문화 이데올로기식 반응 및 무비판적 수용을 말하는 것이고, 해결의 단서는 냉철한 반성적 고찰을 말한다.

사실 위의 두 책을 편찬한 것은 주희 자신이다. 편찬한 시간도 주희가 남쪽의 여러 학파를 순례하는 학문적 구도(求道)의 여정을 끝내고 돌아온 후이다(수징난, 2015: 567-568 참조). 나는 이 사실이 중요한 점을 시사한다고 생각한다. 주희는 여러 학파를 순례한 후 왜 하필이면 장재와 이정의 책을 편찬했을까? 그들의 사상, 특히 그 차이점에서 어떤 학문적 시사를 받은 것은 아닐까? 나는 주자학의 출발점과 골격이 북송 삼철의 학문, 특히 그들 사이의 사상적 차이점 속에 있다고 생각한다. 통상적으로 주자학의 성격을 종합과 완성이라고 하는데 그 구체적인 내용은 아직도 불분명한 채로 남아 있다. 무엇을 종합했는지, 완성한 것은 무엇인지가 모두 해명되지 않은 채 주자학이 이야기되고 있다. 나는 북송 삼철의 학문이 갖는 장점과 단점의 차분한 해명 속에서 주자가 무엇을 종합하고 완성했는지를 분명히 알 수 있다고 생각한다. 더 나아가 북송 삼철에 대한 분석적 연구가 중요한 것은 그 속에 보편 철학의 씨앗이 심겨 있기 때문이다. 나는 북송 도덕 존재론에 관한 북송 삼철의 논변을 종합하는 주자의 사유 속에서 신유학이 지역 학문의 울타리를 넘어 보편 철학으로 발돋움할 수 있는 가능성을 발견한다.

이러한 가능성을 보지 못하게 막은 이유는 연쇄적으로 얽혀 있다. 이것이 바로 일원론의 특징이다. 첫째 이유는 북송 삼철의 철학 논변 속에 긴장의 계기가 있다는 사실을 보지 못했기 때문이다. 앞에서 보았듯이 북송 삼철의 사상 속에는 긴장이 존재한다. 그러나 그들은 한 면만을 주장했지 종합적으로 보지는 못했다. 이 장의 앞머리에서 인용한 인용구에서 볼 수 있듯이 주자의 사상에는 긴장이 존재한다. 그것은 정이와 정호가 각각 대표하는 지성과 체험 그리고 이것이 각각 상징하는 형이상학과 형이내학이라는 긴장의 두 축이다. 주자는 이 긴장을 계승한다. 주자 철학이 갖는 종합의 근본 성격이 여기에 있다. 이 긴장의 원인은 무엇일까? 표면적으로 이 긴장의 원인은 도덕 존재론의 성격에서 찾을 수 있다. 공맹의 체험적 형이내학을 합리적으로 설명하는 형이상학의 프로젝트에 긴장이 개입한다. 앞에서 살펴본 대로 송명 철학은 이 프로젝트를 통전적 기를 매개로 수행하고 있다. 따라서 송명 도덕 존재론에서 그 긴장은 궁극적으로 리·기의 관계, 즉 리와 기의 관계 맺음의 방식에 있다. 기존의 송명 철학의 연구는 정작 핵심 문제는 제쳐놓고 다른 것만 논의하다 보니 논리가 번다하게 되었고 결과적으로 핵심에서 유리되었다고 나는 생각한다. 결국에는 기를 잘못 이해했기 때문에 이런 일이 벌어진 것이다.

20여 년 전 귀국 후 어느 학술 모임에서 나는 리가 기지리(氣之理)라고 주장한 적이 있었다. 당시 좌중의 반응은 내 주장을 양독(洋毒)에 빠진 병자의 헛소리쯤으로 치부하는 눈치였다. 내가 보기에 사실은 그들이 중독(中毒)이나 국독(國毒)에 빠진 환자였다. 앞 장에서 보았듯이 사실상 위에서 언급한 관련 원전만 착실히 읽었어도 그런 편견에 빠지지는 않았을 것이다. 아직도 많은 학자의 상상 속의 리·기 관계는 화엄종의 리·사(理事)처럼 추상적 관념의 성격을 가지고 있다. 물론 이러한 편견, 오해에 크게 이바지한 것은 진실로 리·기를 아리스토텔레스의 형상(Form)과 질료(Matter)로 섣부르게 해석한 평유란의 양독이었다(풍우란, 1999b: 546). 따라서 아직 본격적으로 규명되지 않은 리·기 관계의 올바른 해명이 신유학의 이해와 주자 철학의 탐구에 들어가는 예비 작업으로 적합할 것이다.

운동성을 가진 것에 운동 원인, 운동인을 상정하는 것은 아리스토텔레스식의 서양 사상만의 관심은 아니었다. 이것을 우리 주변에서 가장 친근한 운동성의 대표적 실례인 주가(株價)를 통해 설명해보자. 주가는 시장이 열리는 동안 잠시도 멈추지 않는다. 만일 개장 중에 주가가 멈추거나 주가를 멈추게 한다면 문제가 발생한 경우이다.

쉴 새 없이 등락을 반복하는 주가는 불안해 보일 수 있다. 하지만 고전경제학자, 특히 아담 스미스(Adam Smith, 1723-1790)라면 걱정하지 않았을 것이다. 그는 불안해 보이는 주가의 움직임을 통제하는 초월적인 "보이지 않는 손(invisible hand)"을 상정했기 때문이다. 보이지 않는 손이 바깥에서 주가의 움직임을 통제한다는 것이다. 이것은 이원론적인 생각이다. 오늘날 이러한 초월적 주체를 상정하는 경제학자는 없다. 특히 오늘날의 시장경제학자, 더욱이 신자유주의자라면 그러한 초월적 주체를 배제하고 시장 스스로가 주가를 통제하고 결정한다고 믿는다. 일원론적 사고이다. 시장이 체(體)이고 주가가 용(用), 즉 주가는 시장의 표현이라는 생각이다. 지금까지의 우리의 논의에서 꽤나 익숙한 논리이다. 우리는 여기에서 체용은 중국 사상만의 특징은 아니고 일원론의 보편적 성격이 될 수 있음을 알 수 있다. 그러나 최근 경제 위기를 통해 시장을 왜곡시키는 세력에 무력한 신자유주의의 폐해를 겪은 뒤 신자유주의의 광풍 속에서 한동안 잊혀졌던, 시장에 개입하는 정부의 역할을 주장한 케인스(John Keynes, 1883-1946)의 케인스주의가 다시 부활했다. 시장경제, 일원론의 문제를 이원론의 요소, 제도 장치로 보완해야 한다는 것이다. 해석에 따라서는 일원론이 노정한 한계라고 볼 수도 있는 문제이다.

만일 같은 경우를 송명 철학자에게 묻는다면 어떤 답변을 들을 수 있을까? 그들은 주가의 움직임[氣]이 바로 원리[理]라고 대답했을 것 같다. 활성적 기 속에 원리가 들어 있다는 말이다. 이 논리를 좀 더 자세히 설명해보자. 원래 중국에서 현상성과 초월성의 관계에 관한 역사는 장구하다. 앞 장에서도 언급한 윙칫 찬의 논문(Chan, 1964)에는 중국에서 리 개념이 우선 동사 다스리다[治]에서 패턴, 즉 무늬로, 거기에서 다시 질서 그리고 신유학의 최고 철학 개념인 원리로 발전하는 과정이 자세히 서술되어 있다. 중국인은 공자가 인간 내면에서 인(仁)이라는 초월적 가치를 구했듯이 초월성을 현상성, 운동성 안에서 찾았다. 기의 거친 활성 안에 정제된 정(精)이나 질서 정연한 리의 계기를 상정하고 이것을 초월성의 원리로 발전시킨 것이다. 한편 앞 장에서 보았듯이 정이는 기의 활성 속에 도라는 운동인의 계기도 상정했다.[4] 한편 주희는 동일한 맥락에서 리가 동력인이라고 주장하며 도가 바로 리라고 주장한다.[5] 이로부터 우리는 일원론의 사유 전통에서는 초월성이 현상성 안에 있다고 주장할 수 있을 것 같다. 이것을 내성적으로 파악한다면, 기가 바로 리이고 또 리가 곧 기이다. 하지만 지성적으로 구분하자면, 하나의 실체 안에 있는 두 성격은 서로 떨어지지도 않지만, 그렇다고 한데 섞이지도 않는다. 이러한 관계를 어떤 지성적 언어로 설명할 수 있을까? 나중에 주자에 와서 정형화되는 표현 "불상리 불상잡(不相離 不相雜, 서로 떨어지지도 않지만 한데 섞일 수도 없는)"이나 "일이이 이이일(一而二 二而一, 하나인 것 같지만 둘이고, 둘인 것 같지만 하나)"이라는 표현은 이러한 맥락과 관계를 염두에 둔 묘사가 아닐까?

이런 논리는 서양에도 있었다. 로마 황제 콘스탄티누스 1세는 325년 터키 아나톨리아, 지금의 이즈니크(Iznik) 지역에 있던 니케

---

4 "一陰一陽之謂道, … 所以陰陽者曰道."(『遺書』 15, 《二程全書》)
5 "陰陽, 氣也, 形而下者也. 所以一陰一陽者, 理也, 形而上者也. 道卽理之謂也."(『朱子語類』 64)

아(Nicaea)에서 제1차 니케아공의회(First Council of Nicaea)를 소집했다. 공의회의 중요한 네 가지 의제 중 가장 중요한 것은 그리스도론(Christology)에 관해 당시 힘을 얻고 있던 아리우스(Arius) 논란을 해결하는 것이었다. 아리우스는 성부(聖父)만이 하느님이고 성자(聖子) 그리스도는 죄가 없이 창조된 최초의 피조물, 인간이라고 주장했다. 태어나고 성장, 변화하는 피조물은 유일하고 불변하는 신성(神性)은 가질 수 없고 단지 제2의 신, 반신(半神)의 위상만 가질 뿐이라는 것이 아리우스의 주장이다. 그의 주장의 핵심은 하느님과 그리스도는 유사 본질(homo-iousios)일 뿐이라는 것으로 요약할 수 있다.

이러한 주장에 대해 아타나시우스(Athanasius)는 양자 사이의 동일 본질(homo-ousios)을 주장했다. 구원자가 인간이라면 어떻게 인간이 인간을 구원할 수 있느냐는 논지 위에서, 아타나시우스는 그리스도는 인성(人性)과 신성(神性)이 결합된 존재라고 주장했다. 결국 아리우스의 주장을 이단으로 규정하고 니케아 신경(Nicene Creed)으로 구체화된 동일 본질론의 논리는 그리스도에게서 인성과 신성은 "둘이면서 하나이고, 하나이면서 둘"이라는 것이다. 우리는 여기에서 하나의 존재 속에 두 가지 상이한 성질을 상정할 경우, "둘이면서 하나이고 하나이면서 둘"이라는 보편적 논리가 성립할 수 있다는 것을 알 수 있다.[6]

물론 리·기 관계에 관한 이러한 주장에 즉각 반론이 있을 수 있다

---

6 물론 차이점도 분명하다. 중국의 경우는 활성체 안에서의 긴장이지만, 서양에서는 정적인 두 성질 사이의 긴장이다.

는 점을 나는 잘 알고 있다. 주자에게서 리는 절대적 초월성과 깊게 연계되어 있고 또 모두들 그렇게 생각해왔기 때문이다. 그러나 이러한 전통적 견해의 문제점은 리·기 관계의 본래의 맥락, 모태에 대한 논의와 고려를 망각했다는 점이다. 도덕 존재론의 핵심 사안인 궁극 실재의 설명 방식에 대한 탐구에서 파생한 이 문제는 사실상 주자 사상을 종합적으로 고찰하기 위해서는 해명이 필수적인 부분이다. 결국 이 장에서 나의 목적은 주자 사상에서 기지리(氣之理)와 절대적 리의 관계를 해명하는 것이라고 할 수 있다.

주희에게는 왜 종합이라는 철학의 과제가 필요했을까? 이 문제를 다시 한번 정리하며 이야기를 풀어가 보자. 앞 장에서 거듭해서 설명했듯이 북송 삼철의 도덕 존재론 프로젝트는 모두 실패로 끝나고 말았다. 구조를 통해 목격했듯이 장재에게서는 체용이 구별되지 않아 존재론 자체가 성립할 수 없는 수준이었다. 그러나 그가 가끔 번뜩이는 통찰을 보여준 것도 사실이다. 사실상 앞으로 보겠지만 주희는 장재의 통찰력에서 도움을 받게 된다. 그런가 하면 정이는 장재의 실패를 지나치게 의식한 나머지 체에만 신경을 쓰다가 체·용이 분리되고 결과적으로 인간존재도 내·외로 분리되는, 문자 그대로 이원론에 빠지고 말았다. 이것도 장재의 문제 못지않게 심각한 문제를 노정했다. 즉 공자, 맹자 이래의 일원론의 기조를 포기한 것이 첫째 문제요, 결과적으로 도덕 존재론의 바탕인 내재론, 형이내학의 뿌리를 상실한 것이 둘째 문제다. 한편 정호는 아저씨와 동생의 근본 문제가 형이내학의 바탕을 망각한 것이라고 생각하고 공맹 이래의 내재적 전통을 고수했다. 그 결과 정호는 도덕 존재론의 목적이 내재적 가치의 합리적 설명이라는 점을 망각했다. 지성에 의한 합리적 설명을 불신하여 도덕 존재론의 형이상학을 포기한 것이다. 장재의 경우 실수로 형이하학으로 전락하여 도덕 존재론이 성립하지 못했다면, 정호의 경우는 의도적으로 형이상학을 배척하여 도덕 존재론을 포기한 것이다. 정이의 경우는 형이내학을 망각했다면, 정호의 경우는 형이상학을 거부한 것이다. 결국 도덕 존재론 프로젝트가 원만히 완수되기 위해서는 정호의 형이상학과 정이의 형이내학이 결합해야 한다는 답이 나온다. 바꿔 말하면 형이내학의 바탕 위에 형이상학의 체계를 수립해야 한다는 말이다. 어떻든 도적 존재론이 성립하기 위해서는 형이상학과 형이내학, 지성과 체험이 결합되어야만 한다. 모두에 인용한 주희의 주장에는 자신의 프로젝트에 내재한 이러한 긴장이 담겨 있다. 주희가 도덕 존재론을 완성하기 위해서는 먼저 정이의 문제 많은 형이상학을 교정해야 할 것이며, 실제로 주희의 깨달음은 그러한 방향으로 나아간다.

주희는 정씨 형제의 철학 모두를 접했던 것이 사실이지만(陳來, 1987: 93-94 참조) 그의 스승 이통(李侗, 호는 延平, 1093-1163)이 정이의 계보에 속했던 관계로 초기 수학기의 대부분 동안 정이의 심성론의 영향하에 있었다. 이통이 죽은 후 주희는 장식(張栻, 자는 欽夫, 1133-1180)의 문하로 들어갔다. 주희가 이 두 스승에게서 집중적으로 수학한 것은 마음에 관한 두 주요한 이론, 즉 미발설과 기발설이었다. 기축(己丑)년 봄인 1169년, 주희는 드디어 지금까지 그토록 신봉했고 의심 없이 받아들였던 정이의 이론에 심각한 문제점이 있다는 사실을 자각하게 된다. 이러한 자각은 인간존재의 근본 진실, 즉 마음의 신비한 성격을 철저히 파악하겠다는 주희의 오랜 기간에 걸친 노력의 결실이기도 했다. 자세한 경과를 주희 자신의 설명을 통해 한번 들어보자.

일찍이 나는 이연평 선생을 좇아 공부했다. 『중용(中庸)』에 대해서 배웠는데, 그중 희노애락의 감정이 아직 일어나기 전 상태인 미발의 참뜻을 알기를 원했다. 채 공부가 끝나기도 전에 선생께서 돌아가셨다. 깨우침이 늦음을 개인적으로 후회했는데, 그 처지가 마치 갈 곳 없는 거지와 같았다.
장흠부가 호형산(胡衡山, 胡宏, 1106-1161)의 학문을 전수(傳受)했다는 말을 듣고 배우기 위해 그에게로 갔다. 흠부는 그가 배운 것을 나에게 가르쳐주었는데, 나는 이번에도 깨닫지 못했다. 그를 떠나서 [깨달음에 스스로 이르기 위해] 깊은 생각에 빠졌는데 그 정도가 거의 자고 먹는 것을 잊을 지경이었다.
어느 날 나는 깊은 탄식과 함께 다음과 같이 외쳤다. "사람이 태어나서 갓난아기 때부터 늙어 죽을 때까지 말하고, 침묵하고, 활동하고, 휴식하는 행위가 비록 서로 다른 것이지만, 전반적으로 보았을 때 이것들은 모두 이발의 상태를 벗어나지 못한 것이 아닌가. 특별히 미발이라고 부르는 것은 다만 아직 일어나지 않았을 뿐이다[일어나는 것은 시간문제이다]." 이 순간 이후, 나는 미발과 이발에 대한 『중용』의 참뜻이 여기에서 벗어나지 않는다고 생각하고 더 이상 의문을 품지 않았다.

그 뒤 나는 호형산의 저서를 손에 넣었다. 이 책은 그가 증길부(曾吉父[1084-1166])와 토론했던 미발의 의미를 포함했는데, 이것도 또한 나의 생각과 같았다. 이것은 더욱 나의 생각에 자신을 갖게 하였다. 비록 정이 선생의 생각에 말이 안 되는 점이 있다고 생각했지만 그가 젊었을 때 이미 책이 전해지지 않아서 그러려니 하고 심각하게 생각하지 않았다. 그런 가운데 나는 다른 사람들과도 이야기해보았는데, 이 문제에 대해 정이 선생보다 깊은 이해를 가질 수 있는 사람을 발견하지 못했다.

건도(乾道) 기축년 봄, 친구인 채계통(蔡季通[1135-1198])과 이 문제에 대해 이야기했는데, 그와 토론하던 가운데 나는 갑자기 정이 선생의 이론에 의심을 갖게 되었다.[7]

윗글이 설명하듯이 주희는 이통과 장식에게서 배웠는데, 두 사람은 각각 도남(道南)학파와 호상(湖湘)학파를 대표하는 학자들이었다. 주희가 이통에게 배운 것은 미발의 체험이었는데, 특히 고요한 상태(靜)에서의 체험을 중심으로 하는 것이었다. 『중용』에 바탕을 둔 이 가르침은 양시(楊時, 1053-1135) 이래 도남학파의 핵심 종지를 구성해

---

[7] "余蚤從延平李先生學. 受中庸之書. 求喜怒哀樂未發之旨. 未達而先生沒. 余竊自悼其不敏. 若窮人之無歸. 聞張欽夫得衡山胡氏學, 則往從而問焉. 欽夫告余以所聞. 余亦未之省也. 退而沉思, 殆忘寢食. 一日喟然嘆, 曰人自嬰兒以至老死, 雖語默動靜之不同, 然其大體莫非已發. 特其未發者爲未嘗發爾. 自此不復有疑. 以爲中庸之旨, 果不外乎此矣. 後得胡氏書, 有與曾吉父論未發之旨者. 其論又適與余意合用, 是益自信. 雖程子之言, 有不合者. 亦直以爲少作失傳, 而不之信也. 然間以語人, 則未見有能深領會者. 乾道己丑之春, 爲友人蔡季通言之. 問辨之際, 予忽自疑斯理也."(「中和舊說序」, 『朱子大全』75)

왔던 것이다.[8] 이통은 또한 주희에게 마음의 보존을 통해서 원리의 탐구에 이르는 방법에 관한 핵심 사상을 전수(傳授)했다.[9] 한편 장식은 주희에게 미발의 의미, 태극의 오묘성, 하늘과 땅(건곤)의 움직임과 고요함 등에 관한 가르침을 전수했는데, 특히 주희에게 깊은 감명을 주었던 것은 장식이 주장한, 마음을 보존하고 본성을 보양하기 전에 먼저 미발의 기상[先察識, 後涵養] 또는 의식이 발생하는 단초[察識端倪]를 관찰하는 방법이었다.[10]

위에서 언급한 대로 주희의 수학기에 두 스승의 교수 내용은 『중용』을 중심으로 이루어졌으며, 그중에서도 『중용』의 핵심 사상인 미발과 이발의 두 측면으로 구별되는 마음의 활성 본체[心體流行]가 주를 이뤘다. 비록 이들의 생각이 정이와 조금은 달랐지만,[11] 주희는 여전히 정이의 생각 — 미발의 성격을 본성에서, 이발의 성격을 마음에서 찾는 것이 『중용』의 올바른 이해다 — 을 굳게 믿었다. 결국 주희는 앞에서 설명한, 이분(二分)의 문제로 점철된 정이 철학으로 교육받았고 그것을 진실이라고 신봉했던 것이다. 이 내용이 이른바 중화구설(中和舊說)이라고 불리는 것이다. 주희는 이렇게 말한다.

---

8 이통의 가르침 — 정중체인대본미발(靜中體認大本未發) — 에 관한 자세한 내용은 「答何叔京」2(『朱子大全』40)를 참조.
9 "延平說, 是窮理之要", "延平謂, 爲學之初, 且當常存此心, 勿爲他事所勝. 凡遇一事, 卽當且就此事反復推尋以究其極."(『朱子語類』18)
10 자세한 내용은 천라이의 『주희철학연구』(陳來, 1987: 106-107) 참조.
11 자세한 내용은 천라이의 『주희철학연구』(陳來, 1987: 98) 참조.

다시금 정이 선생이 주장하신, "일반적으로 말해 마음은 이발의 상태를 가리킨다"는 말씀으로 인해 나는 마음을 이발로, 본성을 미발로 생각하게 되었다.[12]

앞 장에서 살펴본 대로 마음을 이발로 본성을 미발로 여기는 정이의 생각은 그의 철학이 갖는 모든 문제, 대표적으로 마음과 본성의 이원과 그 결과 마음의 성격을 인식 기능으로만 국한하는 오류의 진원지였다. 주희는 이러한 중대 문제를 인식하지 못한 채, 마음을 이발로 규정하는 정이의 생각이 마음의 활성 본체라는 주제에 관한 정답인 양 생각했던 것이다. 그러나 주희는 오래지 않아 정이의 생각은 활성 본체와는 서로 배치되는, 인식 차원에 불과한 문제투성이의 생각이라는 사실을 동료와의 논변 과정을 통해 자각했다. 이러한 자각은 당연히 주희가 정이의 생각을 포기하는 계기가 되었는데, 이 계기에 있어 판단 기준이 되었던 것은 다시금 마음의 활성 본체 사상의 원전인 『중용』이었던 것으로 판단된다. 아마도 이러한 문제가 주희와 채계통 사이에 있었던 토론의 주제였던 것 같다. 다시 주희의 설명을 들어보자.

사실 "일반적으로 말해 마음은 언제나 이발을 가리킨다"는 정이 선생의 말은 마음의 활성 본체를 염두에 두고 한 말이었다. 이

---

12 "又因程子, 凡言心者皆指已發而言. 遂目心爲已發, 性爲未發."(「與湖南諸公論中和第1書」, 『朱子大全』 64)

것은 결코 [주객 분열의 인식 과정인] 사고와 사물의 대립을 가리
키려는 것은 아니었다. [그러나 이 말은 인식 차원의 주장이 되어버리
고 말았다.] 이 생각은 참으로 『중용』의 본뜻과는 일치되지 않는
다. 따라서 이 생각은 적절치 않기 때문에 다시금 이를 바로잡
는다.[13]

정이의 생각이 결국 인식 차원의 주장으로 전락해버린 근본적인
원인은 무엇일까? 주희로 하여금 정이의 한계점을 발견하는 계기를
만들어준 『중용』이 말하고 있는 마음의 활성 본체에 관한 가르침은
무엇일까?

앞 장에서 살펴본 대로 정호는 마음에 관한 정이의 생각이 편협하
다고 비판하였는데, 이 편협성은 "본성이 마음보다 크다"는 정이의
말이 잘 대변해주고 있다. 정이의 이와 같은 본성 본위 사고의 배후
에는 다음의 세 가지 이론적 근거가 있다.

첫째, 정이는 인간의 궁극 실재를 본성에서 찾았는데 그가 생각하
는 본성의 존재 방식은 주객 분리 이전의 원초적 의식[覺, feeling, 느
낌] 상태를 의미한다. 둘째, 이와 같은 본성 본위의 사고는 정이로 하
여금 마음의 위상을 주객 분열을 매개로 하는 인식 기능의 차원으로
전락시키는데, 그 이유는 외적 감각 소여의 자극에서 비롯하여 감정
의 발생으로 이어지는 주객 분열은 하늘로부터 원초적 의식, 느낌의

---

13 "程子所謂, 凡言心者, 皆指已發而言. 此却指心體流行而言. 非謂事物思慮之交也.
然與中庸本文不合. 故以爲未當, 而復正之."(「與湖南諸公論中和第1書」, 『朱子大全』 64)

형태로 부여받은 본성이라는 천리가 섞이는 계기가 될 수 있기 때문이다. 셋째, 이 결과 정이는 통전적 마음을 미발과 이발로 나누어 전자의 특성을 본성(느낌)으로, 후자의 특성을 마음(감정)으로 규정하게 된다. 여기에 나타난 명백한 문제점은 본성도 존재 방식이 원초적 의식인 한에서 역시 마음으로 분류해야 한다는 것을 정이가 고려하지 않았다는 점이다. 천리에만 집착하다가 마음을 이발, 감정[情]의 영역으로만 국한했던 것이다.

무엇이 정이로 하여금 본성을 이와 같이 생각하도록 만들었을까? 그 원인은 결국 통전적 기에 대한 정이의 관념적 이해로 돌릴 수밖에 없다. 정이는 장재의 표상적 이해가 갖는 근본적 결함, 즉 통전적 기의 체와 용이 구별되지 못하는 문제를 극복하기 위해 관념적 이해를 채택했다. 그리고 정이는 이 방법을 통해 궁극 실재를 기의 체인 리에서 찾고 이것을 그의 철학의 제1원리로 삼아 여기에서 인간의 존재와 가치를 연역했던 것이다. 정이는 이러한 제1원리가 인간존재에서 구체화된 것이 본성이라 생각했고, 따라서 제1원리의 내재적 표현인 본성만이 인간의 본질을 이룬다는 합리적 논리를 전개했던 것이다. 결론적으로 말하면 인간존재를 본성 위주로 이해하는 편협한 사고는 인간존재의 근거가 궁극 실재인 제1원리, 천리의 연속성이라는 성격에만 있다고 간주하는 것이다.

주희는 이와 같은 인간에 관한 편협한 존재 규정의 책임이 부분적으로 『중용』에도 있다고 생각하는 것 같다. 그가 특히 염두에 두는 것은 『중용』의 첫 줄인 것 같다. 『중용』이 강조하는 것은 마음, 즉 마음의 활성 본체임에도 정이를 포함한 많은 사람은 마치 본성의 개넘이 『중용』의 핵심인 양 성급한 결론을 내린다고 주희는 주장한다. 다시 말해 『중용』의 첫 줄이 이러한 오해를 부추길지도 모른다는 것이다.

> 하늘이 인간에게 명하신 것을 일러 본성이라 하고, 이 본성을 따르는 것을 일러 도라고 한다.[14]

아울러

> 많은 사람이 본성을 말하고 나서야 비로소 마음을 말하는데[본성을 마음보다 중요시하는데], 내가 보기에는 마음을 [본성보다] 먼저 언급해야 옳을 것 같다.[15]

이로부터 판단했을 때 통전적 기의 관념적 해석과 『중용』의 근본 사상에 대한 오해가 상승작용을 해서 정이로 하여금 미발을 본성으로 이발을 마음으로 나누고 본성의 가치가 오직 인식 기능뿐인 마음에 우선한다는 편협한 본성 위주의 인간관을 갖게 했을지도 모른다고 추정해볼 수 있겠다.

주희는 이러한 문제투성이인 본성 위주의 인간 이해는 마음의 활성 본체의 의미를 회복함으로써 바로잡을 수 있다고 믿는 것 같으

---

14 "天命之謂性. 率性之謂道."
15 "人多說性, 方說心. 看來, 當先說心."(『朱子語類』5)

며, 바로 이런 이유에서 마음의 위상을 본성 위에 놓아야 한다고 주장하는 것으로 생각된다. 이 마음의 활성 본체를 철학적으로 탐구하기 전에 주희에게 영향을 미쳤을, 정호가 생각하는 마음의 의미를 먼저 요약해보는 것이 논리적 순서일 것 같다.

앞 장에서 살펴보았듯이 정호는 공자, 맹자의 형이내학 전통에 충실한 인간관을 갖고 있다. 정호는 이 마음의 본질을 역(易)이 상징하는 통전적 기에서 찾았다. 역이 상징하듯이 정호의 마음은 활성 본체이다. 이것은 리와 기, 형이상과 형이하 모두를 포함하는 통전적인 것이기 때문에 그는 이것을 궁극 실재로 삼았다. 이러한 마음은 안과 밖 또는 본성과 마음 사이의 어떠한 분리도 허용하지 않는다. 더구나 이와 같은 내재적 본체의 철학에 의하면 오히려 바깥 세계가 인간의 마음에 의존하고 있다.[16] 정호는 이러한 마음의 독립성을 강조함과 동시에 통전적 기를 리와 기, 형이상과 형이하 등의 개념 장치를 동원해 구분하는 어떠한 지성적 시도 또한 반대하며, 그 대신 양자 사이의 완전한 일치를 주장했다.

주희는 인간 본성이 궁극 실재의 연장선상에 존재한다는 정이의 생각을 결코 부정하지 않는다. 그가 반대하는 것은 정이처럼 마치 연속성이 인간존재의 유일한 특성인 양 인간존재를 초월적 실재에게 종속시키는 것이다. 왜냐하면 북송 도덕 존재론 기획의 출발점은 공자의 형이내학 이래 중국철학의 중심을 차지해온, 마음이 상징하는 인간의 가치를 존재론으로 변증하기 위한 것이기 때문이다. 존재

---

16 "只是人爲天地心, 是心之動, 則分了, 天爲上, 地爲下." (『遺書』 2下, 《二程全書》)

론만이라면 이것은 본말을 전도시키는 것이다. 그런 의미에서 주희는 마음이 인간존재의 중추를 상징한다는 정호의 생각을 지지한다. 그것이 원래의 출발점이기 때문이다. 그러나 주희는 마치 인간이 자족적인 존재인 양 심지어 객체인 하늘과 땅의 존재마저도 마음에 종속시키는 정호의 극단적 유심론은 반대한다. 왜냐하면 그것은 불교의 혐의도 짙고 그리고 도덕 존재론 기획의 취지인 마음의 가치를 합리적으로 설명하는 장치도 결여하고 있기 때문이다.

결국 정호와 정이의 도덕 존재론 모식은 둘 다 결함을 드러내는 것 같다. 정호의 것은 활성 본체로서의 마음의 통전성은 확보했지만 합리적인 설명 장치를 결여했다. 정이의 것은 합리적인 설명 장치는 확보했지만 마음의 통전성을 희생시켜 이발의 감정 영역으로 추락시키고 말았다. 이 양자, 즉 마음의 통전성을 유지한 채 합리적인 설명 장치를 확보하는 것을 어떻게 가능하게 할 것인가? 이 철학적 딜레마를 돌파하는 데 크게 기여한 사유가 바로 장재의 "심통성정"이었다. 우리는 그 내용을 다음의 두 인용문으로 요약할 수 있을 것 같다.

> 인간의 마음은 본성과 감정을 통괄한다. … 통괄의 통은 겸한다의 겸과 같다.[17]

아울러

---

[17] "橫渠云心統性情, 此說極好, 統猶兼也."(『朱子語類』97)

인간의 마음은 이 둘[본성과 감정]을 포함한다. 본성은 마음의 본체를 가리키고 감정은 마음의 작용을 이른다.[18]

여기에서 통괄한다는 것[統]은 마음이 모든 기능을 관장하는 인간 존재의 통전적 중추임을 의미하는 것으로서 정이의 한계[心小性大]를 겨냥한 말이다. 아울러 여기에서 매우 중요한 사실은 주희가 통(統)을 겸(兼)으로도 해석한다는 점이다. 종래의 연구는 이 문제를 중요 사안으로 다루지 않았다. 내가 보기에 이것은 주희가 정호의 생각에 동의한다는 것을 상징한다. 마음이 본성과 감정을 겸한다는 말은 글자 그대로 마음이 본성이고 마음이 감정이라는 뜻이다. 이 문제를 좀 더 자세히 설명해보자.

이 장의 초입에서 설명했듯이 중국인들은 기의 활성 속에서 초월의 계기를 찾았다. 활성의 거친 움직임 안에서 순수 본질[精], 질서[理], 나아가 동력인[道]의 계기를 찾았다. 따라서 엄밀한 의미에서 기는 정, 리, 도를 겸한다. 기가 정이고, 리이고, 도라는 말이다. 활성적 기라고 하는 통전적 현상의 맥락 안에서 발생하는 초월의 계기인 것이다. 합리적으로 설명해서 현상성과 초월성 사이에 논리적 우선순위를 상정한다면, 어디에 우선권을 부여할까? 당연히 초월성에 체를, 현상성에 용의 위상을 부여할 수밖에 없다. 활성적 기가 체와 용을 포괄하는 통전성을 갖게 되는 이유가 여기에 있다.

이 논리를 활성적 기의 가장 친근한 경우인 마음에 적용해보자.

---

[18] "心是包得這兩箇物事. 性是心之體, 情是心之用."(『朱子語類』119)

합리적으로 분석할 때 마음에는 두 가지 구별되는 계기가 존재한다. 이른바 고요한 본성[定性]이라는 미발의 기상도 있고, 주객 분열 이후 감정이 일어나는 이발의 계기도 있다. 정이는 『중용』의 강령에 따라 본성에 우선순위를 두고 마음에는 감정의 위상만 한정했다. 이것, 즉 통괄하는[統] 주체의 증발이 바로 정이 철학이 노정하는 문제인 것이다. 이 문제의 궁극적인 책임이 통전체 안에서의 초월성과 현상성이라는 두 계기를 구별하려는 지성적 태도에 있다고 판단한 정호는 마음이 바로 본성이고, 감정이라고 강조했다. 결국 주희는 정호의 체험성과 장재와 정이의 합리성을 종합하려 한 것이었다. 주희는 이 문제를 다시 다음과 같이 종합하여 설명한다.

"[하늘의 활동은 소리도 없고 냄새도 없다.] 이것의 전체는 역이고, 이것의 원리는 도이고, 이것의 작용은 신[언표 불가능함]이다."
…

선생이 말씀하셨다. "이것을 인간에 비유해서 말하면 역은 마음에 해당하고, 도는 본성을 의미하며, 신비함은 감정을 나타낸다."

다음 날 제자가 다시 물었다. "이미 하늘을 인간에 비유해 설명하셨는데, 그렇다면 혹시 반대로 인간을 하늘과 땅에 비유해 설명하는 것이 가능할까요?"

대답: "천명의 활동에 있어, 이 원리를 주재하고 관섭하는 주체는 마음에 해당하고, 원리는 본성에 상당한다. 예를 들면 본성이란 사계절의 교체가 근거하는 원리라고 볼 수 있고, 만물의 발

육은 감정에 해당한다고 할 수 있다."¹⁹

주희는 위의 인용문을 통해서 마음과 본성에 관한 자기 사상의 골격을 우리에게 제공해주고 있다. 전체라는 말이 의미하듯이 주희에게 있어서 마음은 명목적, 실질적으로 인간존재의 전체를 의미한다. 명목적으로 마음은 개별 인간을 대표하며,²⁰ 실질적으로 "마음은 이발과 미발, 다시 말해 『역전』이 말하는 음양 기의 반복적 순환 작용을 본질로 하는 끊임없는 생명 활동의 전체를 포함한다."²¹ 종합하면 주희는 마음이 인간의 인식, 사고, 정서 등 모든 기능의 중추이며 아울러 가치의 담지자로서 도덕 가치 실현의 보루라고 생각하는 것 같다. 주희는 이와 같이 기능과 가치를 포괄하는 특수한 성격의 마음을 한마디로 지극히 신비스러운 존재 — "神明, 至靈"²² — 라고 표현하고 있다. 이러한 성격 때문에 마음의 전체를 명확하게 설명하기란 주희에게 좀처럼 쉬운 일이 아니다. 그럼에도 주희는 언어의 힘이 허용하는 범위 내에서 가능한 한 명확하게 이 "내재적인 성소"를 기술하려 한다.

---

19 "[上天之載, 無聲無臭], 其體則謂之易, 其理則謂之道, 其用則謂之神. … 先生曰, 就人身言之, 易猶心也, 道猶性也, 神猶情也. 翌日再問云, 旣就人身言之, 却以就人身者就天地言之, 可乎? 曰天命流行, 所以主宰管攝是理者, 卽其心也, 而有是理者, 卽其性也, 如所以爲春夏, 所以爲秋冬之理是也, 至發育萬物者, 卽其情也."(『朱子語類』95)
20 "心則其人也."(『朱子語類』5)
21 "心則通貫乎已發未發之間, 乃大易生生流行, 一動一靜之全體也."(「答林擇之」, 『朱子大全』43)
22 "這箇神明不測, 至虛至靈."(『朱子語類』18)

인간의 마음은 모든 이치를 다 갖추고 있어서 이 세상의 모든
변화를 다 느끼고 이해할 수 있다. 마음은 그 바탕이 끊임없는
생명 활동으로 이루어져 있기 때문에 우리는 그 본질적 특성을
역이라 부른다.[23]

아울러

역이란 변역을 말한다. [마음을 역이라 부르는 까닭은] 역은 활동과
정지[동정]를 반복하는 음양의 운동 및 미발과 이발을 한꺼번에
설명하기 때문이다. 본성과 감정 사이의 미묘한 관계를 의미하
는 태극은 동정을 반복하는 음양의 운동 및 미발과 이발의 원리
이다. … 만일 역을 가지고 다만 이발만을 의미한다면, 이것은
마음을 다시금 이발만으로 국한하는 것이다.[24]

지금까지 설명한 것을 도식으로 표현하면 다음과 같을 것이다.

---

23 "心具衆理, 變化感通, 生生不窮, 故謂之易."(「問張敬夫」5,『朱子大全』32)
24 "夫易變易也. 兼指一動一靜, 已發未發, 而言之也. 太極者, 性情之妙也. 乃一動一
靜, 未發已發之理也. … 若以易字專指已發爲言, 是又以心爲已發之說也."(「答吳晦
叔」4,『朱子大全』42)

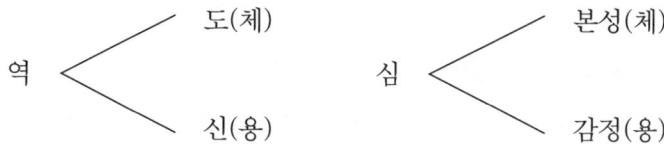

　그러면 역의 특성을 가지며 아울러 만물의 이치를 모두 구비하고 있는 마음의 정체는 무엇일까? 이 마음은 어떻게 체와 용, 본성과 감정, 미발과 이발로 각각 구분될 수 있을까? 주희는 이러한 문제들을 해명하기 위해 마음의 존재 방식을 각(覺, 知覺)으로 환원하는데, 이 각이란 역, 즉 통전적, 활성적 기의 또 다른 특성 중 하나이다. 달리 표현하면 주희는 마음을 구성하는 통전적, 활성적 기의 근본 특성을 각에서 찾는다. 지금까지 유보해왔던 각의 문제를 해명하기로 하자.
　주희, 나아가 송대 철학자들이 언급하는 각이란 원초적 의식을 가리킨다. 원래 심리학에서 말하는 인간의 가장 원초적인 인식 기능은 느낌(feeling, 感)이다. 이 느낌은 의식이나 막연한, 분명치 않은 인식을 가리킨다. 따라서 원초적 지각(primordial consciousness)은 느낌의 다른 이름이다. 감정(emotion, 情)은 그다음 단계로, 주객 분열이 발생한 후 구체적 감정들을 경험하는 정의적 의식 상태를 가리킨다. 그리고 센티멘트(sentiment)는 이보다 앞선 느낌이나 감정의 영향을 받은 순화된 감정이나 생각을 의미한다. 동양어에서는 이제껏 인식의 단계를 구분하지 않고 감과 정을 묶어 감정으로 표현했다. 더욱이 센티멘트의 단계는 생각의 틀이 없는데도 아무 생각 없이 막연히 정서로 번역해왔다. 보시다시피 동양어에는 센티멘트를 번역할 정확한 단어가 없다.[25]

지금까지의 송명 철학 및 주희 철학의 탐구는 이 각의 개념에 대한 명확한 이해와 정의(定義) 없이 진행돼왔다. 생각의 틀을 결여했는데 어떻게 원초적 의식의 개념이 나올 수 있느냐고 반문을 할 수 있다. 이 세상에는 신화를 제외하고는 무에서 유가 탄생하는 법이 없다. 송대 철학자들이 한때 몸담았던 불교에 유사 개념이 있다. 색·수·상·행·식(色·受·想·行·識, 물질·느낌·지각·형성력·의식)이라는 오온(五蘊)이 바로 그것이다. 불교 교리에 따르면 인간은 오온이라는 다섯 쌓임으로 구성되며 오온은 다시 명색(名色)으로 요약된다. 다시 말해 유정자(有情者)는 정신 인격과 신체 인격, 명색(名色)을 갖출 때 비로소 느낌[受, feeling]과, 이에 따른 자아의 분별을 통한 지각[想, perception]이 생기고, 그 결과 형성력(mental formation)이 생겨 의식(consciousness)을 형성한다. 이러한 불교적 인간 이해가 유학에 영향을 미치지 않았을까? 앞에서 살펴본 대로 영향을 받고서도 개념

---

**25** 이에 대해서는 1장 2절도 참조.

을 달리 사용하려는 유학자들의 자존심을 고려한다면, 신유학에서 말하는 생명 현상의 속성인 각(覺)은 주객 분열에 의한 분별적인 의식 작용, 즉 지각[想]이 아니라 원초적 의식인 느낌[感, 受]을 가리킨다고 할 수 있다. 신유학이 역, 활성적 기를 각, 느낌으로 파악한 데에서 우리는 불교가 끼친 자극과 영향을 짐작하고 또 확인할 수 있다고 생각한다.

앞에서 이미 살펴보았듯이 느낌, 원초적 의식의 문제는 북송 신유학자들이 공유하는 문제였다. 장재도 이를 언급했고, 정이는 미발의 본성을 통해 원초적 의식을 의미했다. 정호가 생각하는 인(仁)의 본질은 느낌이었다. 주희는 장재의 마음 개념의 문제점, 즉 본성과 지각을 별개로 만드는 문제점을 지적함으로써 본성이 바로 느낌과 동일하다는 점을 강조하려 한다.

"본성과 느낌이 합해서 마음을 구성한다"[26]는 생각은 문제가 있다고 생각된다. 이 주장은 본성과 느낌을 마치 별개의 것인 양 만든다.[27]

그렇다면 본성과 원초적 의식, 느낌이 어떻게 동일할 수 있을까? 주희는 이 문제를 설명하기 위해 정이보다는 좀 더 섬세한 논리를 채택하는데, 그것은 다름 아닌 미발 상태에서의 마음의 기본적 인식

26 "合性與知覺有心之名."(『正蒙』「太和」, ≪張子全書≫)
27 "合性與知覺有心之名, 則恐不能無病, 便似性外別有一箇知覺了."(『朱子語類』 5)

능력에 착안한 것이다. 좀 더 자세히 말하면 주희는 주객 분열이 아직 일어나기 전 단계, 즉 주체가 대상과 대립하기 전 단계에서 주체는 자기 지향적 또는 자기의식적이라는 기본적 사실에 초점을 맞춘다. 주희는 원초적 의식의 상태에서 인식주체[能覺]는 바로 인식 대상[所覺]과 일치한다는 사실에 주목한다.

> 소각[인식 대상]은 마음의 원리이고 능각[인식주체]은 기의 영(靈, 언표 불가능성)이다.[28]

얼핏 보기에 윗글에서 "인식 대상"과 "인식주체"는 각기 서로 다른 것을 가리키는 것처럼 보인다. 그러나 윗글의 내용을 잘 따져보면 이내 이것들이 동어반복, 동일한 대상의 다른 표현임을 알 수 있다. 다시 말해 양자는 동일한 대상을 가리키고 있는 것이다. 왜냐하면 마음과 기는 모두 통전적 기를 가리키고 또 "원리"와 "영"은 모두 통전적 기의 본체적 측면을 의미하기 때문이다. 주희가 윗글에서 말하려고 하는 것은 원초적 의식의 상태에서 인식주체(마음)는 바로 원리(본성)를 의식한다는 사실, 즉 능각(마음)과 소각(본성)이 일치한다는 점이다. 주희가 생각하는 원초적 의식이란 인이 대표하는 도덕 가치의 담지자이다. 신유학이 상정한 본성은 추상개념이 아니라 삶의 의지(생의)가 상징하는 원초적 의식, 즉 생명 현상의 느낌(feeling)을 의미했다. 원초적 의식을 다루는 이 부분의 진위가 미심쩍었는

---

**28** "所覺者, 心之理也, 能 覺者, 氣之靈也."(『朱子語類』 5)

지 기존의 연구들은 이 부분을 누락하고 있다. 그러나 신유학자, 특히 정호나 주희에게 미쳤을 불교의 영향, 더욱이 불교의 수행과 유식 불교를 생각할 때 앞에서 살펴본 대로 그들이 의식의 문제를 신유학의 철학적 사안에 적용했을 것이라는 점은 미루어 생각할 수 있는 부분이다. 이 자리에서는 불교의 영향과 연결하는 것으로만 만족하자. 이 의식에 관한 주희의 더 자세한 설명을 들어보자.

> 느낌이라는 것은 도덕원리를 느낀다는 것을 말한다. … 이것[도덕원리]은 바로 인(仁)을 가리킨다.[29]

윗글은 원초적 의식에 관한 주희 사상에서 인식주체인 마음은 도덕원리인 본성, 즉 인과 동일하다는 것을 효과적으로 보여준다. 달리 표현하면 주희에게 있어서 본성의 존재 방식은 원초적 의식, 즉 마음이라는 말이다.

이러한 생각을 접하고 우리는 주희가 생각하는 마음은 본성과 똑같다 혹은 무차별적이라는 결론을 내리고 싶은 충동을 느낄지도 모른다. 그러나 주희는 정호를 상기시키는 이러한 발상에 찬성하지 않는다. 주희는 본성과 마음이 비록 동일하다고는 하더라도 구별할 수는 있어야 한다고 생각한다. 그렇다고 해서 정이처럼 양자의 이원화는 결코 용납하지 않는다. 따져보면 마음(원초적 의식)은 의식 주체이고 본성(인)은 의식 대상이라고 구별할 수 있다. 다른 관점에서 보

---

[29] "覺者, 是要覺得箇道理. … 這便是仁."(『朱子語類』 101)

면 주희의 의식 대상인 인(본성)은 정호의 주장처럼 의식주체인 마음에 원래 갖추어져 있는 것이 아니다. 오히려 주희는 본성을 "하늘에서 얻어서 마음에 갖춘 것"[30]이라고 구별한다. 주희는 이러한 생각을 간추려 다음과 같이 주장한다.

> 예를 들면 이것은 하나의 긴 연결 사슬에 비유할 수 있다. 활성을 속성으로 하는 것은 천도이고, 인간이 천도를 계승하는 것은 본성이다. 천도는 하늘의 특성을 의미하는 원·형·이·정을 가리킨다. 인간이 태어나면서 이러한 하늘의 특성은 인·의·예·지가 된다.[31]

아울러

> "하늘이 인간에게 명한 것을 일러 본성이라 한다." 이 구절은 다음과 같이 해석해야 한다. 하늘이 인간에게 마음을 명하자마자 이것은 본성이 된다.[32]

지금까지의 논의를 바탕으로 했을 때, 주희가 상정하는 원초적 의식에서 본성과 마음은 "서로 떨어지지도 않지만 한데 섞일 수도 없

---

30 "得之於天而具於心者."(『朱子語類』 98)
31 "譬如一條長連底物事. 其流行者是天道, 人得之者爲性, 乾之元亨利貞, 天道也, 人得之, 則爲仁義禮智之性."(『朱子語類』 28)
32 "且如天命之謂性, 要須天命箇心了, 方是性."(『朱子語類』 5)

는" 관계에 있다거나 본성과 마음은 "하나인 것 같지만 둘이고, 둘인 것 같지만 하나이다"라고 주장할 수 있을 것 같다. 주희는 이처럼 주도면밀한 개념화를 통해 본성의 독특한 존재 방식을 설명하고 있지만, 이 인간의 "내재적인 성소"를 남김없이 설명해내기에는 언어라는 도구의 능력에 한계가 있음을 다른 한편에서 시인한다.[33] 주희는 이러한 명백한 모순을 해결하기 위해 최종적으로 체험의 방법을 사용할 것을 호소한다.

> 일반적으로 말해서 마음과 본성은 마치 하나인 것 같아도 실제로는 둘이고, 둘인 것처럼 보이지만 사실은 하나이다. 이러한 점은 체험으로 이해하는 것이 제일 좋다.[34]

주희가 본성이 구체적 언표의 대상이 아님을 체험적으로 파악할 것을 요구했을 때, 이것이 시사하는 것은 본성의 자기 지향성인 것 같다. 다시 말해 본성이라는 원초적 의식 상태는 아직 대상과의 교섭이 이루어지기 전 단계로서 자기 폐쇄성을 갖기 때문에 본성을 완전히 파지하기 위해서는 이 "내재적인 성소" 안으로 내성적 방법을 통해 들어가야만 한다는 것이다. 이때에야 비로소 우리는 이 미발 상태가 단순한 추상개념이나 무의식의 상태가 아니라 주체의 생명과 가치의 활성적 현장인 것을[35] 깨닫게 된다고 주희는 주장한다. 이

---

33 "性不可言."(『朱子語類』 5)
34 "大抵心與性, 似一而二, 似二而一, 此處最當體認."(『朱子語類』 5)
35 "未發不是漠然全不省, 亦常醒在這裏."(『朱子語類』 5)

러한 점들을 종합적으로 고찰하면, 주희는 지성적 개념화와 체험의 긴장 속에서만 본성을 완전히 이해할 수 있다고 생각하는 것 같다.

그렇다면 이러한 원초적 의식의 마음은 어떻게 사물을 인식할 수 있을까? 본성의 도덕 가치는 어떻게 밖으로 전파될 수 있을까? 달리 표현해서 체인 리는 어떻게 용인 기로 발전하는가? 이 문제는 일차적으로는 인식설에 해당하고, 이차적으로는 원초적 의식의 외적 표현, 또는 마음의 작용, 즉 감정의 문제를 의미한다. 주희는 이러한 문제들을 마음이라는 통전적 기의 근본 특성인 의식(지각)을 매개로 설명한다. 주희 자신의 설명을 들어보자.

기뿐만 아니라 의식의 리가 먼저 존재해야 한다. 리는 의식 작용이 없다. [리가 반드시 포함되는] 기가 모여야 형체가 생기듯이 리와 기가 결합해야만 의식이[36] 발생한다. 이 횃불을 예로 들어보자. 지방[기] 때문에 밝은 빛[리]을 낼 수 있다.[37]

아울러

만일 마음을 거울에 비교한다면, 거울 빛의 비추고 반사하는

---

**36** 이 인용문은 주희가 기의 두 가지 개념(통전적 기와 형이하의 기)을 구별 없이 사용하고 있다는 사실을 분명히 보여주고 있다. "응결 작용의 기"는 통전적, 활성적 기를 의미하지만, "리와 기의 결합"에서 말하는 기는 형이하의 기이다.

**37** "不專是氣, 是先有知覺之理. 理未知覺, 氣聚成形, 理與氣合, 便能知覺. 譬如這燭火, 是因得這脂膏, 便有許多光燄."(『朱子語類』 5)

작용은 감정이고, 거울이 빛을 낼 수 있는 까닭은 본성에 해당한다.[38]

여기에서 보는 것처럼 주희에게 있어 의식은 인식의 계기이며 아울러 감정이 발생하는 계기이다. 그렇다면 주희가 사용하는 거울의 비유는 의식과의 관계에서 무엇을 상징할까? 이 문제를 다루기 전에 정씨 형제가 생각하는 인식에 관한 주장을 먼저 간단히 살펴보는 것이 좋을 것 같다.

앞에서 살펴본 것처럼 정이는 원초적 의식이 훼손되는 이유를 외부의 감각 소여의 촉발에서 찾았다. 그는 이 훼손은 주객 분열을 초래하며, 이 주객 분열에 의해 인식이 성립한다고 설명했다. 정이는 이러한 가정하에 원초적 의식의 상태만을 본성이라고 규정하고 인식의 현실, 즉 주객 분열의 상태는 마음이라고 규정했다. 또한 그는 인식의 성격을 외적 자극에 대한 주체의 반응, 즉 감정이라고 생각하여 결과적으로 마음의 위상을 감정과 동일시했다.

한편 정호는 정이가 마음을 인식 기능 위주로만 생각하게 된 근본 원인이 인간존재를 안과 밖, 본성과 마음 등 이원으로 구별했기 때문이라고 생각한다. 정호는 마음과 인식에 관한 이러한 편협한 생각에 대처하기 위해 대안으로 성물(成物)이라는 이념을 제시했다. 이것으로써 정호는 인식이란 반드시 주객 분열과 그에 따른 대립을 의미할 필요가 없고, 그 대신 사물을 있는 그대로 수용하여 그 본질을 파

---

[38] "如以鏡子爲心, 其光之照見物處便是情, 其所以能光者是性."(『朱子語類』95)

악하는 것이 인식의 목적이 되어야 한다고 주장했다. 이 주장을 뒷받침하기 위해 정호는 내외, 주객의 구별을 포기한다는 의미의 양망(兩忘)이라는 개념을 제시했다. 양망이 암시하듯이 이러한 구분은 현실에서 존재하지만, 정호는 그 원인이 정이가 생각하듯 객체적, 필연적인 것이 아니라 이기심이나 해이해진 마음 등 주체적, 우연적인 것이라고 주장했다.

의식 개념에 나타난 주희의 인식설은 정씨 형제의 인식설을 종합하여 성립한다. 주희는 우선 의식 개념을 가지고 성물과 양망이 표상하는 이상의 실현을 목표로 삼는다. 위에서 거울이 암시하듯이 주희에게 있어서 인식은 사물을 있는 그대로 받아들이는 수용적 방식으로 발생한다. 마음, 좀 더 자세히 표현해 가치를 담지한 거울과 같은 원초적 의식은 사물이 촉발[感]하는 대로 수용적으로 반응한다. 따라서 우선적으로는 바깥 현실을 경계할 필요도 없고 더욱이 주객 분열을 꺼릴 이유도 전혀 없다. 이에 대한 주희의 설명을 들어보자.

> 인간의 마음이란 잔상이 전혀 없는 상태에서야 아름다움과 추함을 있는 그대로 반영할 수 있는 거울과 같다. 만약 거울에 잔상이 있다면 어떻게 반사를 할 수 있겠는가. 원래 인간의 마음은 고요하고 텅 빈 것 같으면서도 신비한 능력을 갖고 있다.[39] 마음은 촉발에 따라 반응한다.[40] 이런 이유로 인간의 마음은 사

---

[39] 비슷한 표현이 『순자』에도 보인다. "텅 비고, 전일하며, 고요하기 때문에 인간의 마음을 일러 위대한 순수 신비성이라 한다[虛一而靜, 謂之大淸明]."(『荀子』「解蔽」)
[40] 『관자』에도 비슷한 표현이 보인다. "마음은 촉발 이후에 반응한다. … 마음은 사물

물의 높낮이와 경중을 있는 그대로 판단할 수 있다.[41]

여기에서 "반응"이란 단어를 좀 더 자세히 음미해볼 필요가 있을 것 같다. 주희에게 있어서 대상의 인식을 의미하는 마음의 반응은 세 과정으로 나눌 수 있는데, 실제로 이 세 과정은 동시적으로 발생한다. 먼저 사물이나 사건이 인간의 마음을 촉발하면, 이제까지 자기 한정적이던 원초적 의식은 대상을 접촉, 즉 인식하게 되는데, 이때 주체는 자신의 본유적인 도덕 가치를 사용하여 관계된 상황에 해당하는 도덕 가치를 감지하는 것이다. 이때 감지된 도덕 가치의 외적 반응(표현)을 감정이라고 부르는데, 이 감정은 물론 인간(주체)적인 것이지만 감정 자체는 대상을 기준으로 삼는다. 인식이 갖는 주체적이면서도 객체를 지향하는 특성을 달리 "무아(無我)"라고 하며, 이 이상의 실현은 이기적인 마음의 제거[無私]를 조건으로 한다. 다시 말해 주희가 생각하는 인식의 이상은 "대상을 주체의 관점에서 보는 것이 아니라 대상의 관점에서 보는 것이다."[42] 주희가 사용하는 거울과 반사의 비유는 이러한 철학적 맥락에서 마음과 반응의 개념과 관계한다. 이러한 생각의 요점을 주희는 다음과 같이 정리한다.

---

이 나타나면 반응한다[感而後應. … 物至則應]."(『管子』「心術上」)

41 "人心如一箇鏡, 先未有一箇影象, 有事物來, 方始照見姸醜. 若先有一箇影象在裏, 如何照得. 人心本是湛然虛明, 事物之來, 隨感而應, 自然見得高下輕重."(『朱子語類』 16)

42 "以物觀物, 無以己觀物."(『朱子語類』 11)

의식이란 도덕원리를 의식해야 한다는 것이다. 이 원리를 의식하는 데 추호의 착오도 있어서는 안 된다. 그래야만 이 마음의 덕을 보전할 수 있는데 이 덕이 바로 인이다.[43]

지금까지 살펴본 대로 주희 철학에 있어 주체와 대상의 접촉은 이제까지 본성이라는 이름으로 원초적 의식 속에 저장되었던 도덕 가치가 감정의 형태로 자신을 표출하는 것을 의미한다. 주희가 생각하는 인식의 개념은 여기에서 끝나지 않는다. 주희의 생각에 의하면 감정은 행동을 수반하도록 되어 있고 이러한 지행합일 속에서 대상의 도덕적 본질을 성취하게 된다.[44] 달리 표현하면 주희에게 있어서 인식이란 대상의 내재화와 주체의 외재화가 균형을 이루는 것, 또는 합일을 목표로 한다. 그리고 감정을 매개로 하는 이 합일에서 주희가 응용하는 양망과 성물의 정신은 그 절정에 이르게 된다.

성물에 관한 주희의 생각을 유학에서 흔히 인용하는 맹자의 예, 즉 "구덩이에 빠지려는 어린아이의 경우"에 적용해서 다시 한번 음미하여보자. 맹자의 비유는 다시금 세 단계로 나누어볼 수 있다. 첫째, 어린이에게 임박한 위험이 인식주체를 "촉발[감]"한다. 둘째, 원

---

**43** "覺者, 是要覺得箇道理. 須是分毫不差, 方能全得此心之德, 這便是仁."(『朱子語類』 101)

**44** 인식과 행동의 일치를 전통적으로 "지행합일(知行合一)"이라고 부르는데, 주희에게 있어서 이 생각은 그의 도덕적 수련에 관한 생각 속에 구체화되어 있다. 주희는 도덕적 수련은 "함양", "치지", "역행"의 세 단계로 구성되지만, 만일 지식이 행동으로 옮겨지지 않는다면 무지와 동일하다고 주장하며, 지식과 행동은 반드시 동시성을 가져야 한다는 사실을 강조한다. "旣涵養, 又須致知. 旣致知, 又須力行. 若致知而不力行, 與不知同. 亦須一時並了."(『朱子語類』 115)

초적 의식의 형태로 존재하던 본성이 이 대상을 인식하여 자신의 속성인 인이라는 가치로 여기에 반응[應]한다. 셋째, 이 반응이 측은히 여기는 마음[情]을 매개로 하여 행동으로 옮겨진다[形].[45] 물론 이와 같은 성물의 정신의 완성은 관계된 주체와 객체 사이를 분열시킬 수 있는 어떠한 생각도 배제하는 것(양망)을 전제로 하고 있다. 여기서 우리가 분명히 알 수 있는 것은 체와 용으로 나뉘어 진행되는 이와 같은 도덕 인식 행위는 모두 의식(지각)의 차원에서 벌어지고 있다는 사실이다. 이 사실은 왜 주희가 마음을 구성하는 통전적 기의 특성을 의식에서 찾는지에 대해 해답을 줄 수 있으리라고 생각한다.

이와 같은 논의를 바탕으로 종합적으로 생각해볼 때, 주희에게 있어서 주체의 생득적 도덕성은 대상의 인식을 매개로 하여 현실화된다고 결론을 내릴 수 있을 것 같다. 그러나 여기서 다시 한번 강조해야 할 것은 주희에게 있어서 인식은 주체가 자신의 도덕성을 대상에게 강요하는 일방적 계기가 아니라 대상이 갖는 가치를 내면화하는 것과 주체가 그 가치를 행동을 통해 외재화하는 것이 동시에 발생한다는 점이다. 그러나 도덕 인식이 대상의 도덕 가치를 인정하는 이러한 이상을 표방한다고 하더라도, 주희는 그가 생각하는 도덕 가치는 대상을 "인식 못한다고 해서 없고, 인식한다고 해서 있는" 그런 것이 아니라 인식에 구애받지 않고 "내 마음에 본래부터 있어온 것"이라고 주장한다.[46] 주희의 이 생각을 다시 요약하면 다음과

---

**45** "如赤子入井之事, 感則仁之理便應, 而惻隱之心於是乎形."(「答陳器之」2, 『朱子大全』58)
**46** "不以未知而無, 不以旣知而有. … 吾心素有之物."(「答李孝述繼善問目」, 『朱子文集續

같다.

> 본성이란 다만 원리이고 감정은 이 원리가 운용되고 표현되는 부분이다. 마음의 의식[인식]은 이 원리를 갖추고 이 감정을 실행하는 조건이다.[47]

인간의 마음에 있어 의식을 매개로 하는 체와 용에 관한 위와 같은 설명은 읽는 이로 하여금 주희에게 있어 본성(체)과 감정(용)은 차이가 없다는 인상을 줄지도 모르겠다. 주희는 명백히 본성과 감정은 하나라는 점을 강조하고 있다.[48] 그러나 본성은 하늘에서 부여받은 가치요 감정은 이것의 표현이라는 점을 감안해본다면, 양자는 주희가 위와 같이 주장함에도 구별이 가능하다는 것을 알 수 있을 것 같다. 결국 주희 철학에 있어서는 본성과 감정의 사이에도, 마음과 본성의 관계처럼, "하나인 것 같지만 둘이고, 둘인 것 같지만 하나"인 긴장 관계가 성립함을 볼 수 있다.

주희는 본성과 감정이 마음, 즉 의식의 체와 용으로서 갖는 이와 같은 긴장의 특성을 인이라는 가치의 차원으로 환원하여 다시 설명한다. 앞에서 살펴본 대로 주희가 생각하는 인이란 가치적 측면의 본성을 상징하는데, 본성은 또한 마음의 체이기 때문에 인이란 마음

---

集』10)
47 "性只是理. 情是流出運用處. 心之知覺卽所以具此理, 而行此情者也."(「答潘謙之」1, 『朱子大全』55)
48 "性情則一."(『朱子語類』56)

의 체, 즉 마음을 마음 되게 하는 본질이었다. 주희는 이 생각을 "인이란 마음의 덕이며 사랑의 원리이다[仁者, 心之德愛之理]"로 요약해서 표현한다. 주희가 이와 같은 생각을 하게 된 근본 동기는 당시 정씨 형제의 문하생들 사이에서 발견된 인의 의미에 관한 두 가지 상당히 보편적이며 또 심각한 오해를 교정하기 위해서였던 것으로 보인다. 주희는 한마디로 말해 이러한 오해는 체와 용의 관계를 설명하는 "하나인 것 같지만 둘이고, 둘인 것 같지만 하나"이고, 또 "서로 떨어지지도 않지만 한데 섞일 수도 없는" 긴장 관계를 이해하지 못한 데서 온 것이라고 생각하는 것 같다. 다시 말해 양자 사이의 긴장이 깨어지고 어느 한쪽으로만 치우쳐서 생각하기 때문에 오해가 생긴다는 것이다.

첫 번째 오해는 양시의 견해가 대표하는데, 이 견해는 인 개념을 물아일체로 일반화하면서 인의 용(用)인 사랑을 인으로 간주하기를 거부한다. 주희는 인의 특성을 체 또는 미발 측면으로만 국한시키는 데에서 이러한 오해가 발생한다고 생각한다. 주희는 이러한 생각에 대해 두 가지 측면에서 반론을 제기한다. 우선 주희의 생각에 따르면 물아일체를 상징하며 마음의 본성인 인이 부여되었다는 사실 하나만으로 이미 인간이 이 이상을 실현하였다는 것은 아니라는 것이다. 이 이상의 실현은 실제 생활에서 인의 표현인 사랑을 실천할 때에야 비로소 성취될 수 있다는 것이다. 다음으로 주희는 물아일체는 주체와 객체의 무차별한 동일화를 의미하는 것이 아니라 사사로운 생각을 매개로 야기되는 주객 사이의 인위적 구분을 단지 잊는 것이라는 점을 암시한다.

따라서 주희는 인에 관한 양시의 이러한 일반적 개념화가 대체로 두 가지 폐해를 일반 대중에게 초래할 수 있다고 생각한다. 첫째, 이러한 생각은 인을 체의 측면으로만 국한함으로써 실제 생활에 있어서 인의 실천을 등한시하게 만들고 결과적으로 인의 의미를 모호하고 혼란스럽게 만들 우려가 있다는 것이다. 둘째, 이러한 일반화는 일반 대중으로 하여금 물아(物我)가 무차별이라는 그릇된 관념을 갖게 하여 실제 양자가 "하나인 것 같지만 둘이고, 둘인 것 같지만 하나"인 "서로 떨어지지도 않지만 한데 섞일 수도 없는" 긴장 관계에 있다는 사실을 호도할 우려가 있다는 것이다.

인에 관한 두 번째 오해는 사양좌(謝良佐, 별칭 上蔡先生, 1050-1120)가 대표하는데, 그는 인을 지각(의식, 용)이라는 특수 성격으로 정의하면서 사랑을 인으로 간주하는 것을 거부한다. 인에 대한 이러한 표피적 이해는 실제로 정씨 형제의 인에 관한 생각을 잘못 이해한 데서 유래한다.

앞에서 언급했듯이 정이는 (원초적) 지각의 성격을 본성과, 그리고 나아가서 인과 동일시했다. 한편 정호는 인으로써 활성적, 통전적 마음의 상태를 의미함으로써 암시적으로 지각과 인을 동일시했다. 이와 같은 정호의 생각은 신체의 마비(무감각)를 불인(不仁)으로 해석하는 당시의 의학 이론의 영향을 받은 것으로 보인다. 비록 형제 사이에 어떤 공통점이 있는 것처럼 보이지만, 실제 따지고 보면 정이의 생각은 체의 측면에 국한된 것이고 정호의 생각은 체와 용을 포괄한 것이었다. 짐작컨대 이러한 생각들, 특히 잘못 이해된 정호의 생각이 사상채로 하여금 인을 통증이나 가려움 같은 지각과 혼동하

도록 만든 것으로 보인다.[49]

주희의 생각에 의하면 사상채의 생각은 세 가지 점에서 오류를 범하고 있다. 첫째, 사상채는 인과 지각(의식)을 동일화함으로써 체와 용을 혼동하였다. 위에서 논의한 대로 정씨 형제는 인을 추상개념이 아니라 활성적, 통전적인 인간존재, 마음의 특성을 가리키는 지각(feeling)이라고 생각하는 점에서 의견의 일치를 보았다. 주희는 이 통전적 지각이 체, 용을 의미하는 미발과 이발, 다시 말해 원초적 지각과 인식적 지각으로 나뉘며, 인은 이 가운데에서 전자를 의미한다고 생각한다. 따라서 주희의 논리에 따르면 인을 지각이라고 정의할 수는 있어도 그 역은 성립하지 않는다는 것이다. 주희의 "원래 인은 지각을 갖고 있지만 그렇다고 지각이 바로 인이라고 말할 수는 없다"[50]는 주장의 의미는 이러한 맥락에서 이해할 수 있을 것 같다.

주희가 지각이 인을 정의하는 데 충분조건이 아니라고 생각하는 주된 이유는 용의 측면이 갖는 악의 가능성 때문인 것 같다. 이 문제에 있어 주희가 염두에 두고 있는 것은 "인을 통증과 가려움의 지각"이라고 주장하여 감각을 인과 동일시하는 사상채의 지나친 생각인 것 같다.

사상채가 범한 세 번째 오류는 자기모순이다. 위에서 살펴본 대로 인은 사랑으로 자신을 표현하는데, 인의 존재를 시사하는 사랑은 또 다른 형태의 지각이라고 할 수 있다. 주희의 판단에 의하면 이러한

---

**49** "仁是識痛癢."(『上蔡語錄』中 43)
**50** "仁固有知覺, 喚知覺做仁, 却不得."(『朱子語類』6)

문제는 사상채가 인의 의미를 용의 측면으로 제한하면서도 사랑이 인의 용이라는 사실을 깨닫지 못한 데서 기인하는 것이다.

따라서 주희는 사상채의 이러한 생각이 우선 도덕성의 근거인 인의 뿌리를 상실했기 때문에 사람들로 하여금 일상생활에 있어 도덕적 목적을 상실케 할 위험이 있다고 생각한다. 둘째, 아울러 이러한 생각은 인을 이기적 욕구나 개인적 감각과 동일시할 위험성이 있다고 주희는 생각한다.

주희의 판단에 의하면 양시와 사상채로 대표되는 인에 관한 이러한 오해들은 결국 지각이 체, 용으로 구별된다는 점과 이때 양자는 "하나인 것 같지만 둘이고, 둘인 것 같지만 하나"이며 "서로 떨어지지도 않지만 한데 섞일 수도 없는" 특별한 관계에 있다는 사실에 대한 무지에서 비롯하는 것이다. 이러한 생각을 주희는 그의 「인설(仁說)」에서 개진하고 있다.

어떤 이가 물었다. "당신[주희]의 설명에 따른다면, 정이 선생이 사랑은 감정이고 인은 본성이기 때문에 사랑을 본성으로 여길 수 없다고 한 말은 틀린 것인가요?"
대답: "그렇지는 않다. 정이 선생이 비판한 것은 사랑의 표현을 인이라 부르는 것이고 내가 주장하는 것은 사랑의 원리를 인이라 불러야 한다는 것이다. 이른바 인간의 본성과 감정은 그 말은 영역이 서로 다르지만, 이들은 각자 속한 계통이 다르더라도 결국은 서로 통해 있는 혈관과 같다. 그러니 어떻게 그들이 서로 판연히 떨어져서 상호 관계가 없을 수 있겠는가? 방금 나는

학자들이 그 뜻은 따져보지 않은 채 정이 선생의 말만을 암송하여 드디어는 사랑을 완전히 제외한 채 인을 이야기하는 것을 걱정했다. 이런 이유로 해서, 나는 정이 선생의 숨은 뜻을 드러내기 위하여 특별히 이러한 설명을 했는데, 그대들은 내 생각이 정이 선생과 다르다고 생각하는가? 정이 선생의 말은 역시 틀림이 없다."

어떤 이가 물었다. "정이 선생의 제자 중 인을 이야기한 이가 많습니다. 어떤 이[대표적으로 양시]는 사랑은 인이 아니라고 말하면서도 물아일체를 인의 본질이라고 생각하고, 어떤 이[대표적으로 사상채]는 사랑은 인이 아니라고 주장하면서도 마음이 갖고 있는 지각을 인이라고 해석합니다. 이제 당신의 말대로라면 그들은 모두 틀린 것입니까?"

대답: "그[양시]가 말한 인의 물아일체적인 성격으로부터 판단해보면, 인이란 모두를 [자신처럼] 사랑하는 것임을 알 수 있다. 그러나 물아일체는 인을 체가 되게 하는 본질적인 성격은 아니다. 그[사상채]가 말한 마음이 지각을 갖고 있다는 점으로부터 판단해보면, 인은 지각을 포함하고 있음을 알 수 있다. 그러나 지각 때문에 인이 인이란 이름을 갖게 된 것은 아니다. 자공(子貢)의 박시제중 질문에 대한 공자의 대답을 참고한다면, 정이 선생의 이른바 지각으로써 인을 해석할 수 없다는 것을 이해하게 될 것이다. 그대는 어찌 이것을 되풀이하여 인을 설명하려 하는가!

오히려 인의 성격을 물아일체로 일반화하려는 것은 사람들을 모호하고 혼란스럽게 하여 아무런 경각심도 갖지 않게 만들 것이다. 그 폐단으로 인해 사람들은 사물을 마치 자신인 양 여기게 될 것이다. 인의 성격을 전적으로 지각으로만 설명하는 것은 사람들을 초조하고 신경질적이 되게 하여 아무 깊이도 없게 만들 것이다. 그 폐단으로 인해 사람들은 사욕을 마치 리인 양 여기게 될 것이다. [맹자의 말을 빌려 설명하자면] 먼저 경우의 문제는 마음이 그 해야 할 목적을 잊는 것이고, 나중 경우의 문제는 마음을 인위적으로 조장하는 것이다. 양자는 모두 틀린 방법이다."[51]

지금까지 주희가 설명하려고 노력한 것은 유학의 전통적인 주제인 인간의 마음에 갖추어진 도덕성이 어떻게 현실에서 그대로 발현하여 인간의 생활을 조화롭게 만드는지의 문제였다. 장재에서 정이, 정호에 이르기까지 해결하려다 결국은 실패한 이 문제를 주희는 위

---

[51] "或曰若子之言則, 程子所謂愛情仁性, 不可以愛爲仁者, 非歟? 曰不然. 程子之所訶, 以愛之發而名仁者也. 吾之所論, 以愛之理而名仁者也. 蓋所謂情性者, 雖其分域之不同. 然其脈絡之通, 各有攸屬者則, 曷嘗判然離絶, 而不相管哉. 吾方病夫學者誦程子之言, 而不求其意. 遂至於判然離愛而言仁. 故特論此以發明其遺意, 而子顧以爲異乎. 程子之說不亦誤哉. 或曰程氏之徒言仁多矣. 蓋有謂愛非仁, 而以萬物與我爲一爲仁之體者矣. 亦有謂愛非仁, 而以心有知覺釋仁之名者矣. 今子之言, 若是然則, 彼皆非歟? 曰彼謂物我爲一者, 可以見仁之無不愛矣, 而非仁之所以爲體之眞也. 彼謂心有知覺者, 可以見仁之包乎智矣, 而非仁之所以得名之實也. 觀孔子答子貢, 博施濟衆之問, 與程子所謂覺不可以訓仁者比, 可見矣. 子尙安復得復以此, 而論仁哉. 抑泛言同體者, 使仁含胡昏緩, 而無警切之功. 其幣或至於認物爲己者有之矣. 專言知覺者, 使人張皇迫躁, 而無沈潛之味. 其幣或至於認欲爲理者有之矣. 一忘一助, 二者皆胥失之."(「仁說」, 『朱子大全』 67)

에서 설명한 대로 먼저 마음을 본성과 감정의 두 계기로 구분하고 또 이 마음이 갖는 통전적 기의 특성을 지각으로 환원하여 체와 용, 즉 원초적 지각과 인식적 지각의 차원에서 해결한다. 물론 주희가 설명하려는 것은 원초적 지각의 본질인 도덕 가치가 인식적 지각을 계기로 현실에서 막힘없이 실현되는 것이었다.

그러나 도덕성이 언제나 현실에서 막힘없는 전이를 이루는 것은 아니다. 장재와 정이 철학에 이상과 현실 사이의 건널 수 없는 심연이 있었던 것처럼 주희 철학에도 원초적 지각(의식)과 인식적 지각 사이의 간극이 존재한다. 예를 들어 인간의 마음을 의미하는 "거울"에서의 "잔영"이라든지 "티끌"이라는 비유가 암시하듯이 주희의 철학에는 도덕적 현실을 있는 그대로 파악하지 못하는 이른바 악의 가능성이 현실적으로 존재한다. 다만 주희가 상정하는 악은 기본적으로 장재와 정이처럼 구조적이고 필연적인 것이 아니라 정호가 생각하는 주체적이고 우연적인 것이다. 그러나 이 악을 설명함에 있어서 주희는 정호보다 더 정교한 이론을 갖고 있다.

앞에서 설명한 대로 체를 의미하는 원초적 지각의 단계에서는 능각(能覺, what is feeling)과 소각(所覺, what is felt) 사이에 어떠한 불일치도 발생하지 않는다. 주희는 그 이유가 원초적 지각에는 용(用)으로서의 기 요소가 배제되어 있기 때문이라고 생각한다. 그러나 체와 용, 또는 리와 기가 합쳐서 성립하는 인식적 지각에서는[52] 주체

---

52 이때의 기는 무엇을 의미할까? 이에 대한 자세한 설명은 없지만 전후를 미루어볼 때, 이때의 기로 주희는 사유, 의지, 욕망 등의 주체적 조건을 의미하는 것 같다. "리는 감정, 계산, 또는 획책함이 없다"는 주희의 말은 이런 맥락에서 이해할 수 있

적 조건으로 인해 능각과 소각이 반드시 일치하는 것은 아니어서 주체와 객체가 분리될 수 있다. 주체와 대상이 분리될 때, 내재적 가치는 출로를 차단당한 채 주체 안에 고립되어 있어야만 한다. 이러한 이원적 대립의 가능성, 어떤 의미로는 현실성으로 인해 주희는 궁극 실재의 개념을 수정한다.

위에서 논의한 대로 주희에게서 궁극 실재는 통전적, 활성적 기 자체인 마음인데, 이것은 미발과 이발, 본성과 감정, 체와 용 모두를 포괄하는 존재이다. 주희는 도덕성을 본질로 하는 이 같은 마음 개념을 정당화하기 위해 마음을 체인 본성과 용인 감정의 두 계기로 구분하고 도덕 가치가 어떻게 양자의 계기를 통해 현실화하는지를 설명한다. 주희는 말로는 이렇게 간단하고 분명할지라도 실제로 두 계기를 언어로 개념화하는 것은 불가능하다는 것을 누차 강조한다. 주희는 다시 이러한 생각을 "태극이란 본체의 오묘함을 의미한다"[53]든가 또는 "태극이란 본성과 감정 사이의 오묘한 관계를 의미한다"[54]는 주장 속에 압축시킨다. 주희가 궁극 실재에 관해 이러한 주장을 하는 이론적 근거는 역시 선진 유학에 있는 것 같다. 모든 이치가 인간의 마음에 갖추어져 있다는 맹자의 기본 신조에 근거하여 주희는 따라서 인간은 이 궁극 실재[大本]에서 추론하면 누구나 도, 리, 또는 인을 실현할 수 있다[55]는 근본적 믿음을 갖고 있다. 이러

---

을 것 같다. "蓋氣則能凝結造作, 理却無情意, 無計度, 無造作."(『朱子語類』1)
53 "太極者本然之妙也."(「答楊子直」1, 『朱子大全』45)
54 "太極者性情之妙也."(「答吳晦叔」4, 『朱子大全』42)
55 "只要自大本而推之達道耳."(『朱子語類』114)

한 맥락에서 주희는 "인을 실현한 이에게 있어 리는 곧 마음이고 마음은 곧 리이다"[56]라거나 "마음과 리는 하나다"[57]라는 주장을 한다. 명백한 사실 하나는 주희가 여기에서 말하는 리는 체용을 모두 포괄하는, 정호가 주장한 리의 개념이라는 점이다. 왜냐하면 리와 동격인 마음이 통전적 기를 가리키기 때문이다. 이 같은 포괄적인 궁극 실재의 개념 속에서 우리는 체와 용 사이의 조화로운 관계를 시각화할 수 있을 것 같으며, 이 상태를 조화[和]라고 부르는 유학의 전통은 아마도 이런 것을 그렸던 것 같다.

그러나 주체의 요인에 의해 주체와 대상이 별개의 것이 될 때 주체가 대상을 있는 그대로 파악할 수 없는 이른바 악이 발생하고 결과적으로 체와 용을 포괄하는 마음은 그 통전적 효력을 상실한다. 따라서 이와 같은 이원적인 세계 구조에서는 마음이 체(본성)로 제한되고 결과적으로 궁극 실재도 정호의 개념에서 정이의 것으로 축소된다. 주희는 앞에서 살펴본 대로 미발, 중(中), 원초적 지각 등의 특징을 갖는 이 같은 협의의 마음이 궁극적으로는 하늘에서 품수받은 것이라고 믿고 있다. 이와 같은 궁극 실재를 가리켜 주희는 "본성이 바로 원리이다"[58] "본성은 마음의 원리이다"[59] 또는 달리 표현해 "마음의 원리는 태극이다"[60]라고 설명한다. 한편 같은 맥락에서 주

---

56 "仁者理卽是心, 心卽是理."(『朱子語類』 37)
57 "心與理一."(『朱子語類』 5)
58 "性卽理."(『朱子語類』 5)
59 "性者心之理."(『朱子語類』 5)
60 "心之理是太極."(『朱子語類』 5)

희는 "본성은 통전적 태극의 체이다"⁶¹라고 주장한다. 여기에서 언급되는 원리 개념이 통전적 기의 체 측면을 의미한다는 것은 재론의 여지가 없을 것이다.

주희의 미발과 이발을 중심으로 하는 궁극 실재의 개념에 관한 지금까지의 논의를 통해 우리는 주희 철학 속에서 그가 계승하는 정씨 형제의 철학적 유산, 즉 추상개념과 통전적 활성, 지성적 합리주의와 체험, 리와 역, 그리고 본성 본위와 마음 본위의 충돌을 발견할 수 있다. 주희는 궁극 실재를 둘러싼 이러한 개념들의 대립을 통전적 마음속으로 흡수하여 긴장적 조화의 관계로 변화시킨다. "하나인 것 같지만 둘이고, 둘인 것 같지만 하나", "서로 떨어지지도 않지만 한데 섞일 수도 없는" 같은 주희의 독자적 표현의 진의는 이러한 맥락에서 이해할 수 있을 것 같다.

이러한 긴장은 정씨 형제의 생각에 뿌리를 두고 있는 주희의 도덕 수련에 관한 생각 속에서도 느낄 수 있다. 앞에서 논의한 대로 정이는 악의 근원을 감각의 촉발과 그에 따른 이발 상태에서 찾기 때문에 천리를 악의 원인인 감각의 촉발로부터 차단하려는 의도에서 도덕 수련을 미발 기상의 보존으로 한정한다. 한편 정이의 도덕 수련에 관한 구체적 지침은 객관적 사물에 있어서의 리의 탐구, 즉 궁리이다. 그러나 정호는 악의 원인을 해이해진 마음이나 습관적 마음 등 주체의 요인에서 찾는다. 따라서 그가 제시하는 도덕 연마의 적절한 방법은 자기 성찰, 즉 도덕 가치와 그것의 실행 능력이 마음속

---

61 "性是太極渾然之體,"(「答陳器之」 2,『朱子大全』 58)

에 원래부터 갖추어져 있다는 사실의 깨우침이다. 두 사람은 아울러 도덕 수련의 목적을 인의 성취라는 이상에 두고 있는데, 이 이상의 실현은 경(敬, 삼가는 마음)의 실천을 통한 사사로움의 배격, 무아를 목표로 한다.

앞에서 언급한 대로 주희도 원칙적으로는 인식에서 감각의 촉발을 우려의 대상으로 삼지 않는다. 주희는 인식이 정이처럼 감각의 촉발에 의해 발생하는 것이 아니라 오히려 정호가 제창한 양망과 성물의 이상을 좇는다고 보기 때문이다. 주희가 생각하는 인식은 내재적인 도덕 가치가 감정의 형태로 밖으로 전파되는 계기이다. 따라서 논리적으로 볼 때 도덕 가치 전파의 성공 여부는 전파자의 상태와 여건에 달려 있다고 볼 수 있을 것이다. 이런 맥락에서 우리는 주희가 악의 원인을 거울에서의 잔영, 먼지와 티끌이 상징하는 주체의 요인으로 돌리는 이유를 이해할 수 있다.[62]

정호의 경 개념은 주희의 도덕 수련에 관한 생각 속에도 살아 있다. 다시 말해 인간의 마음에 먼지와 티끌이 끼지 않도록 하기 위해서 주체가 해야 할 일은 원래 상태를 인지하고 보존하려는 노력이다. "인간의 마음과 본성의 보존은 경의 실천 여부에 달려 있다"[63]는 주희의 주장에서도 알 수 있듯이 그는 이 주체의 노력을 경이라고 부르고 있다. 그리고 주희가 생각하는 이 주체의 노력, 즉 "경은 이 마음이 늘 깨어 있도록 깨우치는 것 외에 다른 것이 아니다."[64] 종합

---

62 "心猶鏡也. 但無塵垢之蔽則, 本體自明, 物來能照."(「答王子合」12, 『朱子大全』 49)
63 "人之心性, 敬則常存, 不敬則不存."(『朱子語類』 12)

적으로 말해 주희가 생각하는 경의 실천이란 인이 대표하는 타고난 도덕적 자산의 상태를 "점검"하는 태도를 의미한다고 볼 수 있다.[65] 이러한 맥락에서 보았을 때 경을 성공적으로 실천한 이에게는 인의 성취가 부수적으로 따라온다[66]는 주희의 생각은 너무나 당연하다고 할 것이다.

경의 실천 방법인 정좌(靜坐)는 외관상으로는 불교의 참선과 유사한 것처럼 보인다. 주희는 이러한 오해의 소지에 대해 기본적으로 경은 참선처럼 감각과 지각을 완전히 차단하고 바위처럼 앉아 있는 것이 아니라고 주장한다.[67] 외견상 경과 참선은 비슷하지만, 심층에 있어서 전자는 후자와 판연히 다르다고 주희는 설명한다.[68] 그 이유는 참선과 달리 경은 원초적 지각이 상징하는 구체적 생명 현상이며, 도덕성의 모체인 생동하는 내재적인 성소를 대상으로 삼기 때문이다. 주희는 이러한 설명에도 불구하고 여전히 존재하는 오해의 소지를 없애기 위해 정이의 생각을 받아들인다. 정이는 유학의 도덕 수련인 정좌와 불교 참선의 불필요한 혼란을 막기 위해 경의 실천을 객관적 기준에 의해 보완할 것을 주장했다. 주희의 설명을 직접 들

---

64 "敬非別是一事, 常喚醒此心便是."(『朱子語類』 6)
65 "學者須常存此心, 漸將義理只管去灌漑. 若卒乍未有進, 卽且把見成在底道理將去看認. 認來認去, 更莫放着, 便只是自家底. 緣這道理, 不是外來物事, 只是自家本來合有底, 只是常常要點檢."(『朱子語類』 9)
66 "其實敬不須言仁, 敬則仁在其中矣."(『朱子語類』 6)
67 "敬非是塊然兀坐, 耳無所聞, 目無所見, 心無所思, 而後謂之敬. 只是有所畏謹, 不敢放縱. 如此則心身收斂, 如有所畏."(『朱子語類』 12)
68 "人須是自向裏入深去理會. 此箇道理, 才理會到深處, 又易得似禪. 須是理會到深處, 又却不與禪相似, 方是."(『朱子語類』 18)

어보자.

> 질문: "주체적 도덕 수련은 반드시 경에 근거해야 하고, 객관적 학문 수행은 지식의 철저한 추구에 기초해야 한다는 말의 뜻을 설명해주실 수 있습니까?"
> 대답: "양자 중 어느 것 하나도 소홀히 하거나 포기할 수 없다. 지식의 철저한 추구는 반드시 도덕 수련에 기초해야 하고, 도덕 수련은 모름지기 지식의 철저한 추구에 입각해야 한다."[69]

아울러

> 미발을 대상으로 삼는 주체적 도덕 수련은 이발을 대상으로 하는 객관적 사물과 그 원리의 탐구보다 시간적으로 우선한다.[70]

위의 인용문이 잘 보여주듯이 체와 용, 미발과 이발의 기본 구조로 이루어지는 주희 철학의 체계는 그의 도덕 수련에도 적용됨을 알 수 있다. 주희의 생각은 경의 실천을 핵심으로 하는 도덕 수련조차도 치지(致知, 객관적 지식의 추구), 격물(格物, 사물의 탐구), 궁리(窮理, 원리의 철저한 탐구) 등으로 구성되는 객관적 프로그램에 의한 보완으로 균형이 이루어져야 한다는 것이다. 주희는 그 이유로서 중(中, 내적 평

---

69 "問, 涵養須用敬, 進學則在致知. 曰, 二者偏廢不得. 致知須用涵養, 涵養必用致知."(『朱子語類』 18)
70 "涵養於未發見之先, 窮格於已發見之後."(『朱子語類』 18)

형)의 달성을 목표로 하는 자기 수련은 정적인 상태에서의 주체적 노력[靜功夫]이고 화(和, 외적 조화)를 이상으로 하는 사물의 성찰은 동적인 상태에서의 주체적 노력[動功夫]인데,[71] 거경(居敬, 삼가는 마음의 실천)과 궁리가 대변하는 양자의 정신은 인간의 도덕 수련을 위해 마치 인간의 두 다리처럼 서로 균형을 이루어야 한다는 것이다.[72]

주희는 도덕 수련을 축으로 주체와 객체가 이와 같이 상호 의존 관계를 갖는다는 주장의 이론적 배경으로 다음과 같은 두 가지 근거를 생각하고 있는 것 같다. 첫째, 주희는 사물과 자아가 이론상, 즉 존재론적으로 차별이 불가능하다는 점을 주목한다. 그 이유는 삼라만상은 기화 작용을 통해서 천리가 구체화된 서로 다른 형태들(이일분수)이기 때문이다. 주희는 굳이 구별을 하면 자아가 품수한 천리는 본성, 사물에 내재하는 천리는 리라고 부르는 차이가 있을 뿐이나 결국 본성이 바로 리라고 주장한다.[73]

이러한 이론은 주희에게 두 번째 근거를 마련해주는 것으로 보인다. 주희는 천리가 만물에 내재하기 때문에 도덕 수양에 있어 천리를 찾기 위해 불교와의 오해를 무릅쓰면서까지 굳이 내성적 방법을 고집할 필요가 없다고 생각한다. 그리고 주희의 이러한 생각은 송대 유학의 원본적 믿음에 근거한 것 같은데, 송대 유학은 마음도 천리

---

71 "存養是靜工夫. 靜時是中, 以其無過不及, 無所偏倚也. 省察是動工夫. 動時是和. 才有思爲, 便是動."(『朱子語類』62)
72 "學者工夫, 唯在居敬, 窮理二事. 此二事互相發. 能窮理, 則居敬工夫日益進. 能居敬, 則窮理工夫能日益密. 譬如仁之兩足, 左足行, 則右足止. 右足行, 則左足止. 又如一物懸空中, 右抑則左昂, 左抑則右昂, 其實只是一事."(『朱子語類』9)
73 "性卽理也. 在人喚做性, 在事喚做理."(『朱子語類』5)

의 구현체의 하나이기 때문에 같은 구현체인 사물 속의 내재적 리를 파지할 수 있는 선천적 능력[良能]을 갖추고 있다고 믿는다.[74] 주희는 이 경우 사물 속의 내재적 리는 체가 되고 인간의 마음은 오히려 용이 된다고 생각한다. 그 이유로 주희는 사물의 리의 파악과 이것의 운용은 인간의 마음에 의존한다는 사실을 든다.

> 리는 천지 만물에 보편적으로 내재한다. 그러나 리를 관장하는 것은 인간의 마음이다. 마음이 리를 관장하는 까닭에 리가 운용되는 범위는 실제로 인간의 마음을 벗어나지 못한다. 이러한 까닭에 리의 체는 사물에 내재하지만 이것의 용은 인간의 마음에 의존한다고 말할 수 있을 것 같다.
> 다음 날 아침 선생께서 말씀하셨다. "이와 같이 생각하면서 나는 자아를 인식의 주체로 사물을 객체로 생각하고 그렇게 말한 것이다. 간단히 말하면 사물에 내재하는 리와 자아에 내재하는 리는 동일하다는 것이다."[75]

지금까지 살펴본 대로 경 개념을 중심으로 전개된 주희의 도덕 연

---

74 주희가 생각하는 원리의 철저한 탐구[窮理]의 대상은 "외재적 사물의 원리"뿐만이 아니라 "주어진 상황에서 제일 타당한 도덕 가치"의 추구도 포함하고 있다. "窮理, 非是專要明在外之理. 如何而爲孝弟, 如何而爲忠信, 推此類通之, 求處至當, 卽窮理之事也."(『朱子語類』 30)
75 "理徧在天地萬物之間, 而心則管之. 心旣管之, 則其用實不外乎此心矣. 然則理之體在物, 而其用在心也. 次早先生云, 此是以身爲主, 以物爲客, 故如此說. 要之, 理在物與在吾身, 只一般."(『朱子語類』 18)

마에 관한 생각 속에서도 우리는 이발과 미발을 포괄하는 통전성과 미발만의 국부성 사이에서 발생하는 긴장을 쉽사리 감지할 수 있다. 다시 말해 주희가 생각하는 경 개념은 기본적으로 정이가 주장하는 미발 개념에 기초하고 있지만 전체적으로 볼 때는 정호의 통전성을 표방하는 것 같다. 그러나 이 통전성은 결코 정호가 생각하는 무차별적 통일성은 아니고 오히려 주체의 함양 및 객관적 프로그램과 각각 관계하는 미발과 이발을 겸전하겠다는 상호 보완적 통전성이라고 생각된다.[76]

### 2절 완성

지금까지 우리는 주희 철학, 즉 그의 도덕 존재론의 종합적 성격의 해명에 초점을 맞추었다. 우리는 주희의 도덕 존재론에서 그가 각각 흠결이 있는 장재, 이정의 이론들의 장점을 조합하여 지성과 체험, 형이상학과 형이내학이 긴장 관계를 이루는 종합 체계를 수립하는 과정을 지켜보았다. 뒤집어 말하면 지금까지 논의된 주희 철학의 주요 사안들은 장재와 이정의 것으로 분해, 환원될 수 있는 것들

---

[76] 다음의 글에서 우리는 주희가 보여주는 정호 철학의 보완적 성격을 확인할 수 있다."不涵養則無主宰. 如做事須用人, 纔放下或困睡, 這事便無人做主, 都由別人, 不由自家. 旣涵養, 又須致知. 旣致知, 又須力行. 若致知而不力行, 與不知同. 亦須一時並了."(『朱子語類』115) 같은 맥락에서 주희는 아울러 다음과 같이 주장한다. "須是內外交相養."(『朱子語類』119)

이었다. 주희가 단순히 종합자일까? 주희의 철학적 독자성은 어디에 있을까? 주희 철학에 관한 기존의 연구는 이 문제에 둔감했다. 기존의 연구는 주희 철학에 있어 종합과 완성을 구분하지 못했다. 그 이유는 주희 사상을 편년체적으로 연구하는 데에만 집중했지 그의 사상을 구성하는 엉킨 실타래의 역동성을 읽지 못했기 때문이다. 주희의 독자성은 지금까지 집중해서 설명했던 내재적인 궁극 실재를 외재적인 궁극 실재로부터 연역하는 부분에 있다. 이것이 바로 리의 절대성, 모든 연구자의 리에 관한 표상을 지배하는 리의 초월성과 관계하는 부분이다. 이 문제에 대한 해명 없이는 도덕 존재론이 성립할 수 없다.

앞에서 살펴본 대로 중국의 내재철학에서 초월성의 계기는 현상성 속에 있었다. 이러한 생각의 상징적 표현이 "심정기리(心情氣理)"에 담겨 있었다. 이것은 체험으로만 설명할 수 있는 부분이다. 그러나 인간존재의 지성적 해명을 위해서 이것을 체용으로 구분하고 리와 기, 본성과 감정을 설명했다. 주희 철학에서 이 사상을 집약적으로 보여주는 것이 "심통성정(心統性情)"과 "심겸성정(心兼性情)"이었고, 이 내용을 구조적으로 파악할 때 그 의미가 더욱 분명해지는 것을 우리는 목격했다.[77] 주희에게 남은 과제는 성(본성)의 출처에 관한 해명이다. 이에 관한 주희의 해명을 직접 들어보자.

단지 한 번은 음이었다가 다시 한번은 양이 되는 반복 운동이

---

[77] 195쪽 참조.

바로 도이다. 추우면 다시 더워지고 더우면 다시 추워지는 도리는 단지 그침 없이 반복될 따름이다. "하늘이 정하심은 어찌 그리 아름다운지요!" 이러한 음양 운동은 태고부터 이렇게 계속되어왔다.[78]

고대 중국인들은 이 세상의 근본원리, 도의 본질은 음양 기의 순환 운동이라고 생각했다. 따라서 아울러 태고로부터 지속된 이러한 순환 운동이 하늘이 정한 아름다움이라고 찬미한다. 그러나 이 음양의 순환 운동은 무질서한 마구잡이 운동이 아니다. 이 음양의 운동에는 리가 내재한다. 기가 있으면 반드시 리가 존재한다. 앞에서 이미 누차 설명한 부분이다. 따라서 만물의 생성과 변화에는 모두 기와 리가 개재한다. 다시 주희의 설명을 들어보자.

음양은 기이다. 이 리가 존재하면 바로 이 기가 존재하고, 이 기가 존재하면 바로 이 리가 존재한다. 천하 만물의 무수한 변화 가운데서, 이 리에서 비롯하지 않은 것이 어디 있고, 음양에서 유래하지 않은 것이 어디 있겠는가?[79]

이 음양의 순환 운동을 미시적으로 분석할 때 우리는 이 순환 운

---

[78] "只是一陰了, 又一陽, 此便是道. 寒了又暑, 暑了又寒, 這道理只循環不已. 維天之命, 於穆不已. 萬古只如此."(『朱子語類』77)

[79] "陰陽是氣, 纔有此理, 便有此氣. 纔有此氣, 便有此理. 天下萬物萬化, 何者不出於此理? 何者不出於陰陽?"(『朱子語類』65)

동의 성격이 양과 음이 각각 상징하는 동정(動靜, 움직임과 고요함)의 순환임을 알 수 있다. 음양의 동정 운동은 다만 동정의 리가 있기 때문에 가능한 것이다. 하지만 우리는 리를 볼 수가 없다. 음양 운동이 있고 나서야 비로소 그것을 알 수 있을 뿐이다.[80] 이것으로 궁극 실재를 삼기에는 아직 불충분하다. 주희는 이러한 순환 운동은 끝이 없을 것이므로 존재론적 시원을 마련할 수 없다고 고백한다.

> 음의 고요함은 태극의 근본이다. 그러나 음의 고요함은 다시 양의 움직임에서 생긴다. [기의] 고요함과 움직임의 순환 운동은 바로 열고 닫힘의 순환 운동이다. [기의] 열고 닫는 운동의 으뜸[처음]에서부터 추론해 올라갈 때, 이 순환 운동은 끝이 없을 것이므로 이것으로 존재론적 시원을 설명할 수는 없다.[81]

이 곤경에서 주희의 합리주의는 다시 모종의 대책을 세워야만 했다. 궁극 실재를 확보하려는 주희의 지성적 노력은 다시 이 순환 운동을 논리적으로 분석하고 절단하여 음의 정(고요함)의 비중을 양의 동(움직임) 위에 놓고, 이 정동, 즉 고요함과 움직임의 리를 이른바 태극이라고 상정한다.[82] 주희가 이러한 생각을 하게 된 데에는 주돈이(周敦頤, 1017-1073)의 영향이 컸다.

---

80 "陽動陰靜, 非太極動靜, 只是理有動靜. 理不可見, 因陰陽而後知."(『朱子語類』 94)
81 "陰靜是太極之本, 然陰靜又自陽動而生. 一靜一動, 便是一箇闔闢. 自其闔闢之大者推而上之, 更無窮極, 不可以本始言."(『朱子語類』 94)
82 "其動其靜則必有所以動靜之理焉. 是則所謂太極也."(「答楊子直」 1, 『朱子大全』 45)

동정의 순환에는 끝이 없고 음양의 운동에는 시작이 없다. 원래 우리는 이들 사이의 선후를 말할 수 없다. 그러나 그 순환 운동의 가운데를 임의로 절단하여 말한다면, 선후가 있다고 하여도 그리 잘못은 없을 것이다. 주돈이의 "태극이 움직여 양을 낳는다"는 말에 비추어 생각해본다면 태극이 움직이기 전에 항상 고요함이 있음이 분명하다. 또 말하기를 "고요함이 극에 달하면 다시 움직임으로 돌아간다" 하였으니 고요함 다음에는 반드시 움직임이 있음이 분명하다.[83]

주희 철학에서 궁극 실재, 태극은 이러한 합리적 추론의 사유 과정을 거쳐 마련되었다. 그리고 주희는 이 태극을 정점으로 이 세계의 구조를 연역한다.

역의 체계에는 태극이 정점에 있고, 그 밑에 양의와 사상, 팔괘가 있다. 현상을 구성하는 384효는 64로, 64는 다시 팔괘로, 팔괘는 다시 사상으로, 사상은 다시 양의로, 양의는 결국 태극으로 종합된다. 이러한 관계를 구체적 사물을 가지고 설명하면 역의 체계에서 태극은 나무에서 뿌리, 부처에서 이마와 같은 것이다. 그러나 나무의 뿌리와 부처의 이마는 형체가 있는 근본인 데 반해, 태극은 물체가 아니어서 놓을 곳이 없는 형체

---

[83] "動靜無端, 陰陽無始. 本不可以先後言. 然就中間截斷言之則, 亦不害其有先後也. 觀周子所言, 太極動而生陽則, 其未動之前, 固已嘗靜矣. 又言靜極復動則, 已靜之後, 固必有動矣."(「答王子合」11, 『朱子大全』49)

없는 근본이다.[84]

주희가 태극을 "형체 없는 근본"이라고 천명하고 있고, 다른 곳에서는 "형체 없는 리"[85] 라고 설명함에도 태극은 현대에서도 그렇듯이 절대적, 초월적 위상을 갖게 된다. 이런 심적 표상을 방지하기 위한 듯, 주희는 다시 "태극 이전에 당연히 [음양 기의] 세계가 먼저 와야 한다. 마치 어젯밤과 오늘 낮의 관계와 같다"[86]고 주장하여 태극의 발생 맥락인 순환성을 강조한다. 이로써 주희는 태극은 방편일 뿐 이 세계에서 초월하여 절대적 실재가 될 수 없다는 것을 강력하게 시사한다. 주희가 마지막으로 사용하는 수단은 주돈이의 "무극이태극(無極而太極)"을 새롭게 해석하여 사용하는 것이다. 주희가 무극을 언급한다는 이유만으로 그를 도가라고 비난하는 육구연(陸九淵, 호는 象山, 1139-1193)에게 보낸 다음의 편지에 궁극 실재를 둘러싼 주희의 깊은 사려가 잘 나타나 있다.

만약 무극을 말하지 않으면 태극은 하나의 물체와 같아지기 때문에 만화의 근본[궁극 실재]이 될 자격을 잃게 된다. 만약 태극을 말하지 않으면 무극은 [언어로 설명할 수 없어] 공허와 적막에

---

84 "易有太極, 便是下面兩儀, 四象, 八卦. 自三百八十四爻總爲六十四, 自六十四總爲八卦, 自八卦總爲四象, 自四象總爲兩儀, 自兩儀總爲太極. 以物論之, 易之有太極, 如木之有根, 浮屠之有頂. 但木之根, 浮圖之頂, 是有形之極, 太極却不是一物, 無方所頓放, 是無形之極."(『朱子語類』75)
85 "無形而有理."(『朱子語類』94)
86 "太極之前, 須有世界來, 正如昨日之夜, 今日之晝耳."(『朱子語類』94)

빠지기 때문에 궁극 실재가 될 자격을 잃게 된다.[87]

나는 이 "무극이태극"을 주희 철학을 지배해온 지성과 체험, 형이상학과 형이내학의 긴장의 맥락에서 해석해야 한다고 생각한다. 뒤집어 표현하면 "무극이태극"은 주희 철학의 근본적 긴장을 간결하게 표출한다고 생각한다. 인간 내면의 궁극 실재는 앞 장에서 보았듯이 말로 표현할 수 없는 성질의 존재이다. 그러나 말로 표현되지 않으면 인간 내면의 성소를 설명할 방법이 없다. 대우주의 궁극 실재는 앞에서 설명했듯이 이치만 있을 뿐 실제 존재하는 것은 아니다. 그러나 이 실재를 상정하지 않으면 인간의 도덕 존재론을 설명할 수 없다. 따라서 형이상학, 지성의 관점에서 볼 때 태극은 "존재하지 않지만 존재해야 되는 것"인 반면에, 형이내학, 체험의 관점에서 볼 때 태극은 "말로 표현할 수 없지만 말로 표현할 수밖에 없는 것"이다. 이러한 주희 철학의 맥락에서 우리는 요청(postulate)적 실재로서의 태극을 읽을 수 있으며 아울러 송대 도덕 존재론의 완성을 목격한다.

샤머니즘을 모태로 태동한 중국의 철학적 사유는 주나라, 특히 춘추시대라고 불리는 동주 시대에 인문학적 바탕을 갖추었다. 인간 사유의 무게중심이 초월적 존재에서 인간, 인간의 내면으로 바뀐 것이다. 초월의 가치를 인간 내면에서 찾았다는 표현이 더 정확할 것이

---

[87] "不言無極, 則太極同於一物, 而不足爲萬化根本. 不言太極, 則無極淪於空寂, 而不能爲萬化根本."(「答陸子靜」5, 『朱子大全』36)

다. 앞에서 살펴본 대로 공자의 유학 사상은 이렇게 전환되어 성숙한 일원론, 형이내학의 초기 형태를 표출한다. 맹자는 이 형이내학을 이어받아 체험의 구조로 심화시킨다. 리쩌허우는 이 유학에 대한 최초의 존재론적 해명을 시도한 것이 삼강오륜으로 구체화된 동중서의 천인감응론이라고 주장한다. 그러나 나는 이 생각에 동의할 수 없다. 왜냐하면 동중서의 사상은 형이내학을 부정한 정치 이데올로기였기 때문이다. 그러나 분명한 것은 한나라 이후, 특히 위진 시대에 발전한 기 개념을 중심으로 하는 도가 우주론과 특히 불교 철학의 존재론이 송대에 들어와 유학이 근대적 모습의 도덕 존재론 체계를 갖추는 데에 많은 공헌을 했다는 점이다. 제3장에서 살펴본 대로 장재와 정이는 공자의 형이내학의 구조를 지성, 형이상학의 구조로 바꾸어 도덕 존재론을 시도했다.[88] 정호는 이러한 형이상학은 필연적으로 형이내학을 부정하게 된다는 이유로 맹자의 체험적 형이내학을 고수했다. 장재와 정이는 "출발점"을 부정했고, 정호는 "목적지"를 거부했다. 장재는 실패해서 예외지만, 궁극 실재를 정이처럼 바깥에다 상정하면 내면의 궁극 실재를 축소시키며 부차적인 존재로 만들고, 정호처럼 내면에다 붙들어두면 "아무 데도 갈 수 없다". 주희는 이러한 사유의 무게와 깊이를 "무극이태극"에 담고 있다. 그런 의미에서 "무극이태극"은 북송 도덕 존재론을 완결하고, 더 나아가서 유학 철학의 인문주의의 정수를 표출하는 결정체라고 나는 생각한다. 한두 문단으로 설명할 성질의 것이 아니기에 적극적 비교는

---

[88] 공자의 구조와 장재, 정이의 구조에서 체(體)의 위치가 바뀐 점을 주목하라.

여기서는 자제하겠지만, 신유학 체계의 정점을 상징하는 주희의 요청적 성격의 태극에서 서양 계몽주의의 정점에서 신을 요청적 존재로 규정하는 칸트의 모습을 볼 수 있지 않을까? 물론 그 역도 성립한다. 이것이 신유학의 본래 면목이요 그 속에 내재하는 보편 철학의 정신이 아닐까?

### 3절 양면성, 모순, 혼란 그리고 오해

주희 철학은 역사적으로 철저하게 오해되어왔다. 아니 몰이해라는 표현이 더 정확할지 모르겠다. 왜 이런 심오한 보편적 철학 사상이 자료들 속에만 매몰되어 있었던가? 내가 자료들을 날조했나? 나는 있는 자료들을 맥락화해서 해석했을 뿐이다. 그런 의미에서 나는 주자학의 역사는 오해의 역사였다는 대담한 그러나 근거가 있는 주장을 하고 싶다. 이 시점에서 우리는 이러한 이해를 방해한 원인들에 대해서 물어야만 할 것이다. 우선 주희는 시대적 사유의 문법, 즉 푸코(M. Foucault, 1926-1984)의 방식으로 표현하면 북송의 에피스테메(episteme)를 초월하는 사유의 깊이와 폭을 가졌던 것 같다. 그렇지 않고서는 어떻게 서양에서는 18세기 칸트에게서나 나올 수 있는 생각을 주희가 12세기에 할 수 있었겠는가? 우리는 문헌에서 심지어 주희의 생시에 그의 지도를 받았던 제자조차도 전혀 스승의 생각을 이해하지 못했다는 구체적 증거를 발견할 수 있다.

질문: "무극과 태극은 단순히 하나인가요?"

대답: "원래 하나이다. 그런데 네가 그렇게 말하니 마치 두 개 같구나."[89]

이 제자는 스승의 생각에 대해 전혀 감을 잡지 못하고 이른바 "헛소리"를 하고 있다. 이런 경우 선생은 맥이 빠진다. 가르쳐본 사람은 대개 이런 경험을 가지고 있다. 그가 스승을 이해하지 못한 궁극적 원인은 스승의 사상이 일련의 긴장 위에 세워졌다는 것을 이해하지 못했다는 데에 있다. 앞에서 누누이 설명했듯이 주희 철학의 긴장적 성격의 정점에는 일원론이 있고, 이 일원론의 중심에 리와 기의 관계가 있다. 이 관계의 이해에 있어 다시 체험과 지성의 긴장이 있으며, 이 긴장이 다시 형이내학과 형이상학의 긴장으로 발전한다. 주희의 기축년(己丑年, 1169년)의 깨달음의 핵심은 이 긴장을 이해한 것이다. 중화구설을 상징하는 심소성대(心小性大)가 긴장을 상실한 결과라면, 중화신설(中和新說)의 핵심인 심통성정과 심겸성정은 긴장의 복원을 상징했다. 따라서 여기에서 주자학의 다른 오해의 핵심인 1175년에 있었던 아호지회(鵝湖之會)를 다루는 것이 순서에 맞을 것이다.

모임의 성격과 성립 과정은 잘 알려진 이야기인 관계로 생략하고 본론으로 들어가자. 어렵사리 주선된 만남에서 육구연은 심즉리(心

---

[89] "問. 無極太極只是一物? 曰. 本是一物, 被他恁地說, 却似兩物."(『朱子語類』 99) 다른 곳에서 주희는 이 문제를 다음과 같이 설명한다. "無極而太極, 此而字輕, 無次序故也."(『朱子語類』 94) 또는 "無極而太極, 只是一句."(『朱子語類』 94)

卽理, 마음이 곧 리이다)를 주장하고 이에 주희는 성즉리(性卽理, 본성이 곧 리이다)로 맞선다. 주희 이전에 정이도 성즉리라는 주장을 한 적이 있다. 추측컨대 이런 이유로 후대에 와서 주희는 정이와 함께 정주학(程朱學)으로 분류되었고 성즉리는 정주학 및 주자학의 표지(標識)가 되었다. 요즘 말로 "어떻게 이런 일이!"가 이 경우를 두고 하는 말일 것이다. 주희의 학문이 정이의 학문과 동일하단 말인가? 자신을 지배하고 있던 정이 철학의 문제점을 자각한 것이 기축년의 깨달음이고 이것을 계기로 중화신설, 주희 자신의 철학이 수립되었는데! 역사의 아이러니요 중국철학의 수치가 아닐 수 없다.

앞에서 반복해서 설명한 대로 정이는 자신의 도덕 존재론을 위해 궁극 실재인 리를 외부에 상정하고, 여기에서 인간의 존재와 도덕을 연역하려고 했다. 천리를 인간의 내면에서 대리하는 것이 본성이라고 상정했다. 이 추론을 상징하는 표현이 정이의 성즉리이다. 정이는 천리의 존재 양태가 미발이라고 생각하고 도덕 수양의 실천도 미발의 기상의 보존으로만 국한했고 결과적으로 마음의 영역은 이발의 감정 상태일 뿐이라고 단정했다. 이것을 총괄하는 표어가 심소성대였다. 따라서 정이 철학에서 성즉리와 심소성대는 상호 치환 관계에 있다.

주자의 성즉리는 이와는 전혀 다른 맥락의 생각을 대변한다. 주희는 정이의 제일 큰 문제가 심의 통전성을 확보하지 못한 것이고, 그 다음 문제가 체용이 분리, 이원화되는 것이라고 진단했다. 주희는 장재의 심통성정에서 해결의 시사를 받아 통(統)을 겸(兼)으로도 해석해 문제를 해결했다. 다시 말해 마음이 본성과 감정을 겸하지만(모두 포괄하지만), 그 안에서 구분하자면 본성이 체이고 감정이 용이라는 말이다. 따라서 육구연은 심겸성정의 입장에서 심즉리라고 주장한 것이고, 반면에 주희는 그렇게 하면 정호의 경우처럼 도덕 존재론이 성립할 수 없으니, 그 입장은 존중하되 그 안에서 다시 체용을 구분해 체인 본성을 리로 삼아야 한다는 것이다. 똑같은 성즉리라는 표현이지만 그 속에 담고 있는 내용은 전혀 판이하게 달랐다. 어떻게 정이와 주희의 철학을 성리학으로 동일하게 취급할 수 있는가? 안타깝게도 기존의 중국철학에서는 그렇게 이해해왔다. 이 와중에 주희에게 있어 마음의 측면은 완전히 잊혀지고 왜곡되어 심과 성, 즉 마음과 본성이 대립하는 양상으로 이해되었다. 엄밀히 말해 주희 철학의 특징인 긴장을 살려 표현하면 심성학(心性學)이 보다 더 주희 철학의 성격을 적절하게 표현하는 용어일 것이다.

주희 철학의 심, 즉 마음의 측면을 발견한 이는 다름 아닌 왕수인(王守仁, 호는 陽明, 1472-1529)이었다. 이러한 발견을 한 왕양명은 자신의 이른바 심학 이론을 주자의 이름으로 정당화하기 위해 『주자만년지정설(朱子晚年之定說)』을 저술했다. 그러나 왕양명은 주희 철학에서 절반, 즉 체험과 통전성의 측면만을 이해했지 성과 리의 주지적인 측면은 보지 못했다.

이러한 오해는 어느 면에서 주희의 주지주의가 자초한 면도 있다. 주희는 제자들을 훈계하는 어느 자리에서 "말이 많으면 많을수록 조리는 더욱더 없어진다"[90]라고 말한다. 이 경우는 바로 주희 자신에

---

[90] "言語多則, 愈支離." (『朱子語類』 115)

해당될 수도 있다. 태극이나 리의 존재는 단지 이치일 뿐이라고 설득하기 위해 주희가 사용한 비유[91]는 오히려 "음양 위에 형체도 그림자도 없는 존재"가 있거나 "하나의 빛나고 휘황찬란한 존재가 하늘에 있는"[92] 것 같은 실체감을 조장한다. 특히 다음의 비유가 이것을 강력하게 증명한다.

> 리가 기 가운데 존재하는 것은 마치 보석이 물속에서 빛나는 것과 같다.[93]

이 문제는 본성에도 해당된다. 주희가 일찍이 본성은 언표 불가능하다고 주장하며, 본성과 마음의 관계를 올바로 이해할 수 있는 가장 좋은 방법은 체험이라고 고백한 사실을 상기할 필요가 있겠다.[94] 주희가 본성의 존재를 주장하게 된 본래 이유는 본성은 다만 가정으로만 존재할 수 있다는 그의 믿음 때문인 것 같다. 이러한 생각은 주희의 다음과 같은 주장 속에 잘 나타나 있다. "본성은 내면에 존재하는 사물을 일컫는 것이 아니다. 본성은 다만 당연한 이치일 뿐이다. 다시 말해 인간이 마땅히 그렇게 해야 하는 것이 바로 본성이다."[95] 이 본성의 존재를 가정하는 것은 도덕 존재론을 수립하기 위한 것이

---

91 "陰陽上面別有一箇無形無影底物是太極."(『朱子語類』 95)
92 "今人都想像有箇光明閃爍物事在那裏."(『朱子語類』 116)
93 "理在氣中, 如一箇明珠在水裏."(『朱子語類』 4)
94 이 장의 각주 33 참조.
95 "性不是有一箇物事在裏面喚做性, 只是理所當然者便是性, 只是人合當如此做底便是性."(『朱子語類』 60)

다. 다시 말해 주희가 생각하는 본성은 이발, 즉 감정과 사유의 인식적 지각에서 논리적으로 요청된 존재라고 할 수 있다. 아마도 이런 이유 때문인지 주희는 이발의 마음을 끄트머리[端]나 실마리[緒]라고 부르는 것으로 보인다.[96] 주희의 생각은 인간 현실, 즉 이발의 마음은 도덕성이라는 긴 "끈"의 한쪽 끝으로서, 이 끝에서 더듬어 올라갈 때 도덕과 존재의 본체와 근원인 다른 끝에 도달할 수 있다는 것이다. 그런데 이 근원은 주희의 생각에 의하면 원래 언표가 전혀 불가능한 영역이라는 것이다.[97]

그러나 이와 같은 본성의 언표 불가능성에 대한 근본적 믿음은 이내 자기모순에 빠지고 만다. 주희는 도덕성의 바탕인 본성의 존재를 확신시키기 위하여 여러 가지 비유와 은유가 갖는 언어의 힘에 의존하고, 결과적으로 본성은 하나의 실체가 되어버리고 만다.[98] 주희는 언어가 이상적인 수단이 될 수 없다는 한계를 명백히 인식하면서도 그나마 언어를 사용하지 않고서는 설명할 수단이 전혀 없다고 주장한다. 언젠가 본성을 설명하는 기회에 주희는 다음과 같은 질문을 받는다.

"일찍이 선생님께서는 본성이 바로 원리이지만 본성은 원래 실

---

96 "端, 緒也. 因情之發露, 而後性之本然者可得而見."(『朱子語類』53)
97 "不容說處, 卽是性之本體."(『朱子大全』6) "不容說, 蓋此道理未有形見處."(『朱子語類』95)
98 주희가 '본성'을 설명하기 위해 사용하는 은유는 대략 다음과 같다. "性如日光."(『朱子語類』4); "人性如一團火."(『朱子語類』4); "心性之別, 如以碗盛水."(『朱子語類』18); "性如寶珠."(『朱子語類』74)

제로 존재하는 것이 아니라고 말씀하셨습니다. 그런데 만약 본성을 보석에 비유하시면 본성을 하나의 사물로 만드시는 겁니다."

대답: "이 비유는 적절한 것이 못 되네."⁹⁹

아울러

"일찍이 선생님께서는 본성은 사물에 비유될 수 없다고 말씀하셨습니다. 그렇다면 본성을 물에 비유한 정명도의 생각은 문제가 있는 것 아닙니까?"

대답: "만일 본성을 이런저런 방법으로 비유해서 설명한다면 종국에는 문제가 있을 걸세. 그러나 비유를 통하지 않고는 명백히 이해할 수가 없으니 어떻게 하겠나."¹⁰⁰

문제를 명백히 알면서도 굳이 비유를 통해 본성을 설명하려는 주희의 고집은 도덕성의 원천인 본성을 효과적이고 확실하게 설명해서 인간의 도덕 생활에 그루터기를 만들려는 의도에서 연유한다. 그러나 이러한 노력으로 인해, 주희의 사상에서 본성과 마음 사이에도 관계의 역전이 발생한다. 주희가 인간존재의 중추로 생각하고 자기

---

99 "先生嘗說性是理, 本無是物. 若譬之寶珠, 則却有是物. 曰譬喩無十分親切底."(『朱子語類』74)
100 "先生嘗云, 性不可以物譬. 明道以水喩性, 還有病否? 曰若比來比去, 也終有病. 只是不以這箇比, 又不能得分曉."(『朱子語類』95)

철학의 출발점으로 받들었던 마음 개념은 오히려 그 본질을 본성에 의존해야 하는 비본질적이고 공허한 형식으로 전락하고 만 것이다. 주희는 이와 같은 마음과 본성의 관계를 빈껍데기인 만두피와 그것이 담는 내용물, 즉 만두소의 관계를 빌려 설명한다.[101] 마음은 빈 것이고 본성이 본질이라는 것이다. 주희 자신은 기축년의 깨달음에서 멀리 떨어져 나왔다.

주희 철학에는 이러한 불일치가 많다. 불일치의 근본 성격은 주희 철학의 바탕에 놓인 긴장의 파괴이고 그 내용은 성리학으로 요약된다. 이러한 불일치가 역사적으로 주희 철학의 전체적 모습의 파악을 방해해온 것이 사실이다. 이러한 불일치를 어떻게 해석할 것인가? 주희 철학에 대한 판단 기준을 어디에다 둘 것인가? 이러한 불일치를 발전으로 볼 것인가, 아니면 일탈로 볼 것인가? 수징난은 이 문제에 대해 침묵하고 있다. 천라이가 주희 철학의 연대기적 이해를 주장한 목적은 추측컨대 이 문제를 해결하기 위한 것으로 짐작된다. 주희의 생각이 변화했다는 것을 보여주려는 것이다. 나는 이 문제를 맥락에서 판단해야 한다고 생각한다. 거시적으로는 공맹의 원본적 맥락에서, 미시적으로는 북송 삼철의 쟁론의 맥락에서 판단해야 한다고 생각한다.

주희는 만년에 정치적 투쟁에 휘말리는 불운 속에서 힘겨운 시간을 보냈다. 주자의 학문은 그의 생시에 전혀 인정받지 못했을 뿐만

---

**101** "心是虛底物, 性是裏面穰肚餡草."(『朱子語類』 60)

아니라 오히려 위학(僞學)으로 매도되었다. 그의 학문이 빛을 본 것은 순전히 제자들 덕분이다. 원나라 때 주희의 제자들이 원의 조정에 고문으로 참여하고, 스승의 『사서집주(四書集註)』를 과거 시험의 텍스트로 채택하도록 만든 것이 계기가 되었다. 그러나 부활한 주자학에는 우리가 앞에서 목격했던 기축년의 깨달음의 내용은 들어 있지 않았다.[102]

---

[102] 주자의 학문이 정통 관학으로 등장하게 되는 당시에 대한 자세한 정보는 Wm. Theodore de Bary, *Neo-Confucian Orthodoxy and the Learning of the Mind-and-Heart*(de Bary, 1981), 제1부 참조.

# 제5장 맺는 글: 이데올로기를 넘어서

　청대 철학자 대진(戴震, 1724-1777)은 나에게 학문적 도전 의식을 갖게 해준 학자이다. 나의 학문의 출발점이 다산 정약용이었다면, 대진은 나에게 주희를 지향점으로 삼도록 지적 자극을 제공했다. 그의 문집 중 철학적 저작을 관통하는 근본 주제는 이른바 주자학, 특히 리의 실체성[如有物焉]에 대한 통렬한 비판이다. 그의 비판을 통해 우리는 주자학이 원대에 제왕학(帝王學)으로서 정통 관학(官學)의 위상을 확보하고 주희의『사서집주』가 과거 시험의 텍스트가 된 후, 명대와 청대 중반에 이르기까지 주자학이 중국 사회에서 떨친 맹위와 이에 따른 폐해의 실상을 간접적으로 이해할 수 있다. 이 실상을 이해하기 위해 결코 문집『대진집(戴震集)』전체를 소개할 필요는 없다. 단 두 구절이면 충분하다.

　「여모서(與某書)」에서 우리는 리에 대한 대진의 피를 토하는 것 같은, 실로 믿을 수 없도록 충격적인 진술을 대면할 수 있다. "가혹한 관리는 법으로 사람을 죽이지만, 후대의 유자는 리로써 사람을 죽인다[酷吏以法殺人, 後儒以理殺人]." 리 개념을 정점으로 하는 주자학의 자연법 철학은 모든 전제군주 체제에서 보편적 가치를 가졌을 것이다. 형이상의 순수 선(善)인 리 개념과, 형이하의 따라서 악의 가능성을 갖는 기 개념으로 구성되는 고도로 조직화된 주자학의 세계관은 리를 황제와 동일화하고 기를 백성과 동일화함으로써 엄격한 가치의 위계질서와 고도로 정교하게 규정된 신분의 도덕률을 강조했다. 리를 실체화[有物]함으로써 그 결과 질식할 것만 같은 — 마치 서양 중세의 기독교적 닫힌 세계관을 연상시키는 — 폐쇄적인 현실을 초래한 유교를 대진은 고발하고 있는 것이다.

대진은 이러한 현실을 초래한 주자학의 핵심 원인의 하나가 형이상과 형이하를 잘못 이해한 데에 있다고 생각하는 것 같다. 「맹자자의소증(孟子字義疏證)」에서 대진은 "형이상은 오히려 형체 이전이라 말해야 하고, 형이하는 오히려 형체 이후라고 말해야 한다[形而上猶曰形以前, 形而下猶曰形以後]"라고 주장한다. 원래 형이상과 형이하에서 상·하의 개념은 기화(氣化)의 과정에서 형체가 발생하는 시점을 기준으로 그 전·후를 구별하는 개념이라는 것이다. 대진은 정치적으로 악용된 형이상과 형이하의 수직 관계를 형 이전과 형 이후의 수평 관계, 평등 관계로 치환하려 한다. 리가 형이상이고 기가 형이하라는 이론적 근거를 평계로 얼마나 백성들을 짓밟았으면 대진은 이러한 주장을 하게 되었을까! 대륙에서의 연구는 간혹 "타도공자점(打倒孔子店, 유교 이데올로기를 타도하자)"의 맥락에서 "이리살인(以理殺人)"을 인용한 적은 있다. 하지만 주희와 대진에 관한 기존의 연구는 전반적으로 이러한 중요한 자료에 눈을 감았다. 주희가 이러한 생각을 지지했을까? 분명한 사실은 주자학이 송대 삼철이 시도하고 주희가 완성한 인본학의 도덕 존재론이 아니라, 전제 체제를 정당화하는 정치 이데올로기로 전락하고 만 점이다.

지금까지 우리는 이 책에서 두 가지 형태의 주자학을 목도했다. 하나는 내가 지금까지 자세히 설명한 것이고, 다른 하나는 중국철학에 관한 모든 책에서 접할 수 있는 우리에게 익숙한 것이다. 하나는 맥락이 공맹에까지 소급하는 것이고, 다른 하나는 공맹은 이름뿐인 것이다. 하나는 공맹 사상의 구조로 환원할 수 있는 것이고, 다른 하나는 공맹 사상의 구조와는 관계가 없는 것이다. 하나는 일원론 철학이고, 다른 하나는 이원론 철학인 것이다. 하나는 내재론(형이내학)과 초월론(형이상학)이 긴장 관계에 있는 것이고, 다른 하나는 초월론, 즉 형이상학만 있는 것이다. 하나는 체험과 지성의 긴장 속에 있는 것이고, 다른 하나는 연역의 지성만 있는 것이다. 하나는 맥락화를 통해 복원된 것이고, 다른 하나는 전통으로 묵수되어온 것이다. 하나는 인본론이고, 다른 하나는 중세 신학과 유사한 비인본론이다. 마지막으로 가장 중요한 것은 하나는 인간 모두를 대상으로 하고 누구나 동의할 수 있는 보편 철학이고, 다른 하나는 제왕학으로 출발한 정치 이데올로기이다.

어떤 것이 진정한 주자학일까? 어떤 것이 본래 주자의 의도일까? 기존의 이해처럼 보다 시간적으로 후대의 것을 주자의 본의로 인정해야 할까? 이 문제에 집착하는 것은 유치한 발상일 수 있다. 이 시점에서 우리는 역사와 가치를 구분해야 할 것 같다. 그렇다고 청말 사상가 량치차오의 딜레마를 조명하는 레븐슨의 해묵은 방법론을 원용하려는 것은 아니다. 내가 주장하려는 것은 역사적 사실과 지향해야 할 가치를 구분하자는 것이다. 21세기를 사는 우리가 2500년 전 공맹의 사상과 800년이 지난 주자의 사상을 얼마나 객관적으로 이해할 수 있을까? 내가 이해하고 해석한 중국 사상의 텍스트에는 기독교의 환경에서 성장했고 서양철학을 공부했으며 나중에 불교를 공부한 나의 지적 배경과 환경이 용해되어 있음을 부인할 수 없다. 그렇다고 나의 지적 시도를 무가치한 것으로 폄하할 수도 없다. 그런 지적 모험이 허용되지 않는다면 철학을 포함하는 넓은 의미의 인문학은 존재 이유를 상실할 것이다. 중요한 것은 과거가 아니라 현재이고 미래이다. 그러한 지적 모험을 배제한 과거 지향의 중국철학 연구가 이해의 지평이 점점 확대되는 현금의 다문화적 환경에서 생존할 수 있을까? 중요한 것은 중국철학 연구의 지향점을 모든 인류를 대상으로 하는 인간학적 보편 철학에 두는 것이다. 이 길만이 중국철학이 생존하는 길일 것이다.

중국철학사는 다시 써야 한다. 각종 오리엔탈리즘, 그 변종인 "포장 전문업" 그리고 중화주의 등의 이데올로기를 넘어 보편 철학의 지평에서.

## 참고 문헌

『管子』
『國語』
『老子』
『論語』
『論衡』
『論六家要指』
『戴震集』
『孟子』
「孟子字義疏證」
『墨子閒詁』
『山海經』
『尙書』
『上蔡語錄』中
『西銘』
『荀子』
『詩經』
「與某書」
『易傳』
『禮記』
『王弼老子注』
≪二程全書≫
『資治通鑑』

『莊子』
≪張子全書≫
『正蒙』
『左傳』
『周易正義』
『朱子大全』
『朱子文集續集』
『朱子語類』
『中庸』
『楚辭』
『韓非子』

「여호수아」
「출애굽기」

구라하라 고레히토(藏原惟人), 1996,『중국고대철학의 세계』, 김교빈 외 옮김, 한울.
그레이엄, 앤거스, 2001,『도의 논쟁자들: 중국 고대 철학 논쟁』, 나성 옮김, 새물결.
나성, 2001,「옮긴이의 글」, 앤거스 그레이엄,『도의 논쟁자들: 중국 고대 철학 논쟁』, 나성 옮김, 새물결.
리쩌허우, 2005a,『학설』, 노승현 옮김, 들녘.
리쩌허우, 2005b,『중국고대사상사론』, 정병석 옮김, 한길사.
리쩌허우, 2013, 류쉬위안 엮음,『중국철학이 등장할 때가 되었는가』, 이유진 옮김, 글항아리.
메츠거, 토머스, 2014,『곤경의 탈피』, 나성 옮김, 민음사.
소광희, 2010,「형이상학에 대한 나의 견해」,『철학과 현실』제85호, 2010년 여름: 197-202.
수징난, 2015,『주자평전』상권, 김태완 옮김, 역사비평사.
슈워츠, 벤자민, 2004,『중국 고대 사상의 세계』, 나성 옮김, 살림.
시라카와 시즈카, 2009,『한자의 기원』, 윤철규 옮김, 이다미디어.

야스퍼스, 칼, 1986, 『역사의 기원과 목표』, 백승균 옮김, 이화여자대학교출판부.

엘리아데, 미르치아, 1992, 『샤마니즘』, 이윤기 옮김, 까치.

張光直, 1990, 『신화 미술 제사』, 이철 역, 동문선.

칼루파하나, 데이비드, 2011, 『붓다는 무엇을 말했나: 불교철학의 역사적 분석』, 나성 옮김, 한길사.

팔켄하우젠, 2011, 『고고학 증거로 본 공자 시대 중국 사회』, 심재훈 옮김, 세창출판사.

펑유란, 2011, 『펑유란 자서전: 현대사의 격랑에 맞선 한 철인의 삶』, 김시천 옮김, 웅진지식하우스.

펑유란, 1999a, 『중국철학사』 상, 박성규 옮김, 까치글방.

펑유란, 1999b, 『중국철학사』 하, 박성규 옮김, 까치글방.

황태연·김종록, 2015, 『공자, 잠든 유럽을 깨우다』, 김영사.


牟宗三, 1985, 『心體與性體』 1卷, 正中書局印行

楊寬, 1999, 「第六編西周時代的文化教育和禮制」, 『西周史』, 臺灣商務印書館.

李澤厚, 2006, 『李澤厚近年答問錄』, 天津社會科學出版社.

朱伯崑, 1986, 『易學哲學史』 2권, 北京大學出版社.

陳來, 1987, 『朱熹哲學研究』, 中國社會科學出版社.

陳來, 1989, 『朱子書新編年考證』, 上海人民書店.

馮友蘭, 1981, 「張載哲學思想及其在道學中的地位」, 『中國哲學』 5.

胡適, 1997, 『胡適散文』, 浙江文藝出版社.


Albom, Mitch, 1977, *Tuesdays with Morrie*, New York: Doubleday.

Armstrong, Karen, 1993, *A History of God*, New York: MJF Books.

Ch'ien, Edward T.[錢新祖], 1980, "The Transformation of Neo-Confucianism as Transformative Leverage", *Review Symposium*: Thomas A. Metzger's *Escape from Predicament*, Journal of Asian Studies, Feb. 1980: 255-258.

Chan, Wing-tsit, 1978, "Patterns for Neo-Confucianism: Why Chu Hsi differed from Ch'eng I", *Journal of Chinese Philosophy* 5.

Chan, Wing-tsit[陳榮捷], 1964, "The Evolution fo Neo-Confucian Concept Li as Principle", *The Tsing-hua Journal of Chinese Studies* 2: 123-133.

Chang, Hao[張灝], 1971, *Liang Ch'i-ch'ao and Intellectual Transition in China, 1890-1907*, Harvard University Press.

Chang, Hao, 1980, "Neo-Confucian Moral Thought and its Modern Legacy", *Review Symposium*: Thomas A. Metzger's *Escape from Predicament*, Journal of Asian Studies, Feb. 1980: 259-272.

de Bary, Wm. Theodore, 1981, *Neo-Confucian Orthodoxy and the Learning of the Mind-and-Heart*, Columbia University Press.

Fingarette, Herbert, 1972, *Confucius: The Secular as Sacred*, NY: Harper Torchbooks.

Graham, A. C., 1978, *Two Chinese Philosophers*, London: Lund Humphries.

Hall, David L. and Roger T. Ames, *Thinking Through Confucius*, State University of New York Press, 1987.

Harootunian, H. D., 1980, "Metzger's Predicament", *Review Symposium*: Thomas A. Metzger's *Escape from Predicament*, Journal of Asian Studies, Feb. 1980: 245-254.

Kasoff, Ira E., 1984, *The Thought of Chang Tsai(1020-1077)*, Cambridge University Press.

Lau, D. C.[劉殿爵], 1983, *The Analects*, Hong Kong: The Chinese University Press.

Liu, James T. C., 1959, *Reform in Sung China: Wang An-shih(1021-1086) and His New Policies*, Harvard East Asian Studies n. 3.

Liu, James T. C., 1988, *China Turning Inward: Intellectual-Political Changes in the Early Twelfth Century*, Harvard University Press.

Madeleine Yue Dong, Ping Zhang, 2014, "Joseph Levenson and the possibility of dialogic History", *Journal of Modern Chinese History* v. 8, no. 1.

Meisner, Maurice, Rhoads Murphey (eds.), 1976, *The Mozartian Historian*, University of California Press.

Niebuhr, Richard R., 1964, *Schleiermacher on Christ and Religion*, Charles Scribner's Sons, New York.

Schwartz, Benjamin, 1979, *Chinese Communism and the Rise of Mao*, Harvard University Press.

Tillman, Hoyt Cleveland, 1978, "Review Article. *Escape from Predicament: Neo-Confucianism and China's Evolving Political Culture*, by Thomas A. Metzger", *Philosophy East & West*, Vol. 28, No. 4: 503-510.

# 찾아보기

ㄱ

감정(emotion, 情) 28-29, 117, 122, 138-142

격의불교(格義佛敎) 93

『고고학 증거로 본 공자 시대 중국 사회』 61

『곤경의 탈피』 23

공영달 98, 114

공자 30, 36, 43-44, 47, 49-55, 62-63, 68-79, 81-82, 84-88, 90-91, 120, 170, 178, 180, 189, 213, 231

『공자 잠든 유럽을 깨우다』 51

『공자, 해체와 재사유』 46

『공자: 신성으로서의 범속』 74

『관자』 77, 81, 111, 132-133, 204

관중 77

『국어』 77

그레이엄 19, 46, 50-52, 54, 74, 76-77, 86, 92

그리스도론(Christology) 179

근신 윤리(probationary ethic) 25

『기독교 신앙』 40

기일분수(氣一分殊) 120, 130

ㄴ

남자 85

노자 30, 47, 93, 129, 132

『논어』 41, 43, 49-50, 64, 70-71, 73, 82

『논형』 99

느낌(feeling, 感) 28-29, 39, 41, 110, 117, 136-137, 186-187, 195-199

능각(能覺) 198, 216

니버, 리처드 39-40

니시 아마네 37

니체 18

니케아 신경(Nicene Creed) 179

니케아공의회(First Council of Nicaea) 179

ㄷ

대진 7, 241-242

찾아보기 249

『대한화사전』 41
『도의 논쟁자들』 76-77
동일 본질(homo-ousios) 179
딜타이 39
뚜웨이밍 36, 91

ㄹ
라오쓰광 31
량치차오 19-20, 34
『량치차오와 현대 중국의 심리』 20, 34
레븐슨, 조지프 18-23, 33-34
렉, 제임스 43
루터 16
류, 제임스(劉子健) 24-25
리쩌허우 31, 36-37, 77, 91, 231

ㅁ
맹자 7-8, 36, 53, 118, 132, 143-144, 151, 158, 168, 180, 189, 206, 214, 216, 231
『맹자』 53, 76, 163
「맹자자의소증」 242
메츠거, 토머스 23-29
메타윤리학 87
『메타피지카』 88-89
멸진정(滅盡定) 28
명분(名分) 78-79, 85
모우쭝산 8, 31, 42, 91-92, 111, 121
무극이태극(無極而太極) 9, 229-231
묵식(默識) 148, 151, 172

모차르트 22

ㅂ
버거, 피터 7
범기주의(凡氣主義) 114
베버, 막스 16
베이컨 21
보편적 인간(universal humans) 32, 45
보편주의 32, 34, 38-39, 45
『부강을 찾아서: 옌푸와 서구』 32, 34
불상리, 불상잡(不相離 不相雜) 128, 178
『붓다는 무엇을 말했나』 39-40

ㅅ
사마담 73
사양좌(사상채) 210-213
사이드, 에드워드 15
『산해경』 59
삼강오륜 231
삼위일체(trinity) 83
『상서』 58, 68
상수멸정(想受滅定) 41
『서명』 109, 159
『설문해자』 65
『성서』 57
성즉리(性卽理) 234-235
세계수(世界樹) 59
센티멘트(sentiment) 196
소각(所覺) 198, 215-216
소광희 89

소명(召命) 16
소크라테스 47, 50, 53
수징난 173, 239
수행적 발언 87
순자 36, 53, 68
『순자』 204
쉬푸꽌 42
슈워츠, 모리 56
슈워츠, 벤자민 8, 19, 32-38, 45, 50, 52-54, 56, 75-76, 89
슐라이어마허 39-40
『슐라이어마허의 그리스도 및 종교론』 39
스미스, 아담 177
『시경』(『시』) 62-63, 70-72, 76, 129
시라카와 시즈카 79
식사 철학(吃飯哲學) 37
「식인」 158
신단수(神檀樹) 59
신베버주의 24, 38
신실재론(neo-realism) 30-31
신플라톤주의 47
심성학(心性學) 235
심소성대(心小性大) 141, 169, 233-234
심즉리(心卽理) 233, 235
심통성정(心統性情) 189-190, 225, 233-234

ㅇ
"인간에 대한 생각(men thinking)" 19

아리스토텔레스 55, 88-89, 176
아리우스 179
아벨라르 21
아우구스티누스 21
아퀴나스 58
아타나시우스 179
안드로니코스 88
야스퍼스 51-52
양시 183, 209-210, 212-213
에임즈, 로저 46
에코, 움베르토 90
에피스테메(episteme) 232
여대림 145
「여모서」 241
『역경』 102
역사주의 18-19, 33, 38
『역설』 114
『역전』 93-94, 118, 127, 143-144, 193
영공 85-86
『예기』 60-61, 65, 68
옌푸 32-34
오리엔테이션(orientation, 定向) 35
오스틴 87
오온(五蘊) 196
왕수인(왕양명) 31, 235
요청(postulate) 47-48, 230, 232, 237
우주산 59
원초적 의식(primordial consciousness) 110, 136-138, 141, 186, 195-206
윙칫 찬 106, 127, 177
『유교 중국과 그 현대적 운명』 20

유사 본질(homo-iousios) 179
유종주 31
육구연 31, 229, 233, 235
융즉(融卽) 80
『의례』 68
의미의 맥락화 37, 41, 44-45, 92
이념형(ideal type) 16, 24, 27, 29, 38
이노우에 데쓰지로 88-89
이리살인(以理殺人) 242
이일분수(理一分殊) 120, 130
≪이정전서≫ 141, 174
이통/연평 181-184
이한빈 10
「인설」 212
일이이 이이일(一而二 二而一) 178

ㅈ
자공 213
자유(子遊) 53
자장 53
자하 53, 70-72
잠존(潛存, subsist) 30-31
장공 괴외 82, 85-86
장식(흠부) 181, 183-184
『장자』 98, 102
≪장자전서≫ 174
장재(횡거) 31, 41-42, 44, 90-125,
    127, 130-131, 133, 135, 138, 141,
    145, 147-149, 157-158, 161, 166,
    169-170, 174, 180-181, 187, 190,
    192, 197, 214-215, 224, 231

장쥔마이 42
장지동 21
『정몽』 99
「정성서」 158, 167
『정씨역전』 127
정약용 7, 241
정이(정이천) 31, 42, 92, 120-152,
    157, 160-161, 166, 169-170, 175,
    178, 180-181, 183-192, 197, 199,
    203-204, 210, 212-215, 217-
    220, 224, 231, 234-235
정태적 동사(static verb) 72, 76
정호(정명도) 31, 42, 92, 141, 146-
    158, 160-162, 165-170, 175
제2기 유학 91
제왕학(帝王學) 241, 243
제일철학 89
조간자 86
좌구명 77
『좌전』 60, 68, 74
주돈이 31, 91, 227-229
『주례』 68
주보쿤 127
『주역』 163
『주자대전』 43, 173
『주자서신편년고증』 173
『주자신학안』 44
『주자어류』 8, 43-44
『주자평전』 173
주희(주자) 21, 31, 48, 92, 100, 110,
    120, 127, 141, 172-174, 178,

180-193, 195-212, 214-243
『주희철학연구』 173, 184
『중국 송나라의 개혁: 왕안석과 그의 신법』 24
『중국 고대 사상의 세계』 77
『중국의 종교: 유교와 도교』 17
『중국철학사』 29, 34, 38, 50
『중국철학사대강』 30
『중문대사전』 41
『중용』 182-188, 192
중화구설(中和舊說) 184, 233
중화신설(中和新說) 233-234
증길부 183
증자 53
진공묘유(眞空妙有) 93, 96

ㅊ
차이나타운 현상(Chinatown phenomenon) 46
창조적 소수(creative minorities) 51
채계통 183, 185
천라이 44, 173, 184, 239
천인감응론 47, 231
청교도 정신 17
체용일원(體用一源) 145
첸무 44
『초사』 59-60
초월의 돌파(transcendental breakthroughs) 51-52, 62
『춘추』 68
출공 괴첩 82, 85-86

ㅋ
카소프 92, 111
칼루파하나, 데이비드 39
칼리마쿠스 173
칼뱅 16
케인스 177
콘스탄티누스 1세 178
『크리스마스이브: 대화』 40

ㅌ
탕쥔이 42

ㅍ
팔켄하우젠 61
펑유란 29-32, 34, 36, 38, 42, 50-51, 53, 91, 111, 120, 174, 176
포퍼 18
푸코 232
『프로테스탄트 윤리와 자본주의 정신』 16
핑거렛 54, 74-76, 86-87

ㅎ
『학설』 36
한강백 114
『한비자』 53
『한영사전』 41
형이내학(形而內學) 88, 120, 170-171, 175, 180-181, 189, 224, 230-231, 233, 243
형이상학 17, 42, 87-89, 91, 116, 120,

　　　　170-171, 175, 181, 224, 230-
　　　　231, 233, 243
호형산(호핑) 31, 182-183
홀, 데이비드 46
황석영 9
후스 30, 78
희양 85

S
study of above form 89
study of into form 88